## Elogios para *A Fórmula do YouTube*

"Somente uma ou duas outras pessoas no mundo todo entendem o YouTube tão bem quanto Derral. Eu tenho um dos três canais mais assistidos no YouTube e ainda converso com ele sobre dados e estratégia, pois ninguém consegue raciocinar como Derral. Não importa se você tem cinco inscritos ou 5 milhões, ainda pode aprender a ter sucesso no YouTube lendo o livro dele."

— Jimmy Donaldson,
MrBeast

"Estude... entenda... sonhe... Derral Eves simplesmente escreveu a Bíblia para o sucesso no YouTube."

— Jordi van den Bussche,
Kwebbelkop

"Derral teve a rara experiência de ser bem-sucedido no YouTube como criador, marketeiro, anunciante e empreendedor. Este livro nos ensina a entender o YouTube desde o panorama geral até os detalhes mais importantes."

— Chad Wild Clay e Vy Qwaint,
cocriadores de Spy Ninjas

"Quando falamos do 'cérebro por trás do trono' entre as principais estrelas do YouTube, estamos falando de Derral Eves. Sua compreensão única do funcionamento do YouTube, combinada com uma fome insaciável por descobrir por que certos vídeos têm mais sucesso enquanto outros padecem, o colocou na vanguarda dos especialistas em vídeos online. Derral entende não só O QUE você precisa para conquistar um enorme público, mas também POR QUE isso é preciso. Esteja você buscando construir um grande negócio no YouTube ou apenas uma comunidade de fãs fervorosos, este livro reúne mais conteúdo do que você obteria com meses de consultorias caras e processos minuciosos de tentativa e erro. Descubra por que tantos youtubers de sucesso chamam Derral de amigo e confidente e dê o primeiro passo para realizar todos os seus sonhos com o YouTube!"

— Jim Louderback,
GM VidCon

"Derral Eves tem um superpoder no YouTube. Em apenas cinco minutos de observação de uma análise de dados de um canal, ele consegue dar diversas sugestões práticas. Não apenas dicas úteis, mas mudanças significativas no algoritmo. Grande parte dos meus maiores sucessos tem um dedo do cérebro estratégico de Derral."

— **Jeffrey Harmon,**
**cofundador da Harmon Brothers e da VidAngel**

"Derral é uma autoridade com especialidade notória em vídeo marketing na era moderna das plataformas sociais e digitais. Ele presta consultoria para os principais criadores e plataformas do YouTube e criou seus próprios canais de conteúdo gerando milhões de seguidores. *A Fórmula do YouTube* é leitura obrigatória para qualquer pessoa interessada em ganhar notoriedade, aprender sobre criação de conteúdo para a plataforma e seu misterioso algoritmo ou otimizar o crescimento de seu público."

— **Ricky Ray Butler,**
**CEO BEN Group**

"Derral analisa o algoritmo do YouTube há mais tempo do que qualquer outra pessoa que conheço. Esteja você apenas começando ou já buscando chegar a 10 milhões de inscritos, o livro de Derral contém ideias específicas que podem ajudá-lo a se sair muito melhor do que faria por conta própria."

— **Mark Rober,**
**engenheiro da NASA que virou criador do YouTube**

# DERRAL EVES

# A FÓRMULA DO YOUTUBE

**COMO DESVENDAR O ALGORITMO PARA IMPULSIONAR AS VISUALIZAÇÕES, CONSTRUIR SEU PÚBLICO E AUMENTAR SUA RENDA**

www.dvseditora.com.br
São Paulo, 2022

# A FÓRMULA DO YOUTUBE
## COMO DESVENDAR O ALGORITMO PARA IMPULSIONAR AS VISUALIZAÇÕES, CONSTRUIR SEU PÚBLICO E AUMENTAR SUA RENDA

Copyright © 2022 - DVS Editora. Todos os direitos para a língua portuguesa reservados pela editora.

# THE YOUTUBE FORMULA
## HOW ANYONE CAN UNLOCK THE ALGORITHM TO DRIVE VIEWS, BUILD AN AUDIENCE, AND GROW REVENUE

Copyright © 2021 by John Wiley & Sons, Inc. All rights reserved.
All rights reserved. This translation published under license with the original publisher John Wiley & Sons, Inc.

Nenhuma parte deste livro poderá ser reproduzida, armazenada em sistema de recuperação, ou transmitida por qualquer meio, seja na forma eletrônica, mecânica, fotocopiada, gravada ou qualquer outra, sem a autorização por escrito do autor.

*Diagramação:* Joyce Matos
*Tradução:* Samantha Batista
*Revisão:* Ana Gabriela Dutra
*Copidesque:* Rafael Surgek

*Design de capa:* Derral Eves
*Imagem de capa:* Doodles - Derral Eves
*Recorte da capa:* ©stockcam/iStockphoto

---

Dados Internacionais de Catalogação na Publicação (CIP)
(Câmara Brasileira do Livro, SP, Brasil)

Eves, Derral
  A fórmula do Youtube : como desvendar o algoritmo para impulsionar as visualizações, construir seu público e aumentar sua renda / Derral Eves. -- São Paulo, SP : DVS Editora, 2022.

  Título original: The YouTube formula : how anyone can unlock the algorithm to drive views, build an audience, and grow revenue.
  ISBN 978-65-5695-064-8

  1. Empreendedorismo 2. Sucesso nos negócios 3. Vídeos para Internet - Aspectos econômicos 4. YouTube (Recurso eletrônico) I. Título.

22-114095  CDD-384.38

Índices para catálogo sistemático:

1. YouTube : Recurso eletrônico : Comunicação   384.38

Eliete Marques da Silva - Bibliotecária - CRB-8/9380

---

**Nota:** Muito cuidado e técnica foram empregados na edição deste livro. No entanto, não estamos livres de pequenos erros de digitação, problemas na impressão ou de uma dúvida conceitual. Para qualquer uma dessas hipóteses solicitamos a comunicação ao nosso serviço de atendimento através do e-mail: atendimento@dvseditora.com.br. Só assim poderemos ajudar a esclarecer suas dúvidas.

*Para minha esposa, Carolyn:*

*Nenhuma meta ou realização teria qualquer significado sem você ao meu lado.*

*Você é tudo para mim... eternamente!*

# PREFÁCIO

Todo mundo deveria ter um canal no YouTube. Literalmente, todo mundo, mas especialmente as marcas. A meu ver, as que não se fizeram presentes no YouTube são loucas. Não explorar essa oportunidade é algo incompreensível. Esse é o trabalho mais cobiçado nos Estados Unidos, e por uma boa razão. É praticamente uma mina de ouro!

Eu assistia a vídeos no YouTube o tempo todo quando era criança. Sempre foi meu emprego dos sonhos. Eu não queria ser um astronauta ou um médico — não conseguia me ver em um mundo em que não fosse um youtuber. Comecei meu canal em 2012 e só consegui 40 inscritos no primeiro ano. Agora tenho um dos canais que mais cresce no mundo. Ganhei mais de 15 milhões de inscritos só em 2019, com pouco mais de 4 bilhões de visualizações de vídeos. E ele continua crescendo dia após dia.

Se você está começando no YouTube, não espere conseguir audiência no primeiro ano. Se não puder aceitar isso, nem comece. Entretanto, se puder, precisa fazer o seguinte: crie cem vídeos. Não importa o quê, pois serão horríveis, mas faça algo que você goste. Seus primeiros dez vídeos serão um lixo. Então faça outros dez. Esses também serão um lixo, assim como os próximos dez. Mas finalmente as coisas começarão a melhorar. Você se aperfeiçoará aos poucos. A melhor maneira de aprimorar seu conteúdo é criá-lo e ver do que as pessoas gostam.

Então, você notará algo no 101º vídeo. Ele estará em um patamar muito diferente do primeiro. Você ainda estará longe de criar um bom conteúdo, mas será melhor do que seu primeiro vídeo. Antes de ficar bom, eu precisei de centenas de vídeos no decorrer de muitos anos. Após dois anos, eu ainda não criava bons vídeos, mesmo os achando bons na época. Eu era como muitos outros criadores: achava que o algoritmo me odiava porque não conseguia inscritos e visualizações. Mas, na verdade, meu conteúdo não era bom o bastante. Sinceramente, meus vídeos eram horríveis, tal como a maioria dos que estão no YouTube. Boa parte dos youtubers invertem suas prioridades. Passam todo o tempo pensando no algoritmo de seus primeiros cem vídeos quando deveriam pensar em como criar um conteúdo melhorado e voltado para o público.

Você provavelmente é (no máximo) mediano no assunto, a menos que seja um dos raros youtubers que criam conteúdo profissionalmente. Não é possível passar de não entreter ninguém para entreter milhões em um dia. Esse é um caminho árduo, de desenvolvimento lento e progressivo, como deve ser. Afinal, se você conseguisse milhões de espectadores da noite para o dia, não saberia lidar com eles.

Todos os vídeos são seus concorrentes, então é preciso continuar se esforçando para manter seu conteúdo relevante e competitivo. As pessoas precisam escolher dentre diversos vídeos sempre que entram no YouTube, e elas escolherão o melhor sem pensar duas vezes. Faça com que esse seja o seu vídeo.

Se um vídeo de seis meses atrás no seu canal não lhe causa náuseas quando você vê como seu conteúdo atual é melhor, você está fazendo algo de errado. Eu não consigo assistir aos meus vídeos de seis meses atrás, pois me aperfeiçoei muito de lá para cá. Consigo ver claramente o quanto meus vídeos antigos são ruins. Poderiam ter sido muito melhores! Fico até deprimido só de pensar naqueles vídeos.

Existe uma oportunidade gigantesca no YouTube para marcas. Se todas elas soubessem o que eu sei, poderiam obter uma audiência cem vezes maior do que conseguem na TV pelo mesmo preço. Deveriam direcionar seu orçamento de publicidade para criadores, como eu, fazerem vídeos para o YouTube sobre sua marca. Darei um exemplo. Se eu fosse a Coca-Cola, construiria uma pirâmide com 1 milhão de latas. Ou faria um vídeo chamado "Enchi a casa do meu amigo com 1 milhão de latas de Coca-Cola". Ambas são ideias magníficas que conquistariam milhares de visualizações se executadas da maneira correta. (Essa dica foi de graça, Coca-Cola! Da próxima vez, precisarão me pagar! Hahaha). Vídeos como esses poderiam render milhões e milhões a mais do que comerciais de TV e são muito mais baratos. E, falando sério, quem é que realmente assiste a comerciais de TV? Todo mundo fica no celular durante os comerciais.

As marcas precisam sair da TV se quiserem ter uma visibilidade real. O que você acha que as pessoas — especialmente as com menos de 30 anos — fazem quando entram os comerciais de TV? Elas pegam o celular e param de prestar atenção! Não assistem ao seu comercial! A atenção delas está no Twitter, no SnapChat, no YouTube, no TikTok. A quantidade de tuítes aumenta vertiginosamente durante os comerciais de TV. E as pessoas não largam seus telefones até que o programa volte a ser transmitido. A quantidade de pessoas que pula ofertas de marcas no YouTube é três vezes menor do que a que muda de canal, pois essas pessoas costumam vê-las pelo celular. Elas não têm outro telefone para pegar quando dão de cara com uma propaganda ou uma marca em promoção no YouTube, então a assistem. E geralmente estão vendo um youtuber a quem assistem sempre, então há menos probabilidade de pularem a propaganda, pois confiam nele.

Existem mais olhos no meu conteúdo semanalmente do que no Super Bowl. E eu tenho uma conexão especial com meus espectadores que passaram a confiar em mim. Essa confiança do público vale muito mais do que uma celebridade ou um atleta aparecendo de forma impessoal em um comercial de TV. Marcas pagam mais de US$5 milhões por 30 segundos de tempo em meio a várias outras propagandas durante o Super Bowl. Com youtubers como eu, poderiam conseguir de 10 a 15 minutos de atenção totalmente centrada em sua marca por um valor muito mais baixo. Depois poderiam fazer os espectadores assistirem a mais vídeos e interagir com sua marca de outras formas, se forem espertas o bastante. É moleza! Você tem que ser literalmente maluco para não capitalizar essa oportunidade.

Os executivos acham que sabem mais do que o youtuber, especialmente se ele for muito jovem. Querem controlar sua integração dando uma lista de temas que ele abordará como se estivesse recitando um ditado, com uma chamada para ação no final. Mesmo que isso funcione até certo ponto, as marcas conseguiriam converter muito mais e ter maior reconhecimento e exposição se deixassem os youtubers serem eles mesmos. Uma marca *deveria* dizer: "Pegue esse monte de dinheiro e faça o que sempre faz para se conectar com seu público... como já fez em literalmente centenas de vídeos com centenas de milhões de visualizações. Faça o que achar melhor para que comentem sobre nossa marca ou para que nosso produto seja vendido. Confiamos em você."

É garantido que marcas que dão licença criativa para youtubers e permitem que eles falem normalmente com seu público conseguem mais exposição e ROI do que de qualquer outra forma. E elas devem parar de se concentrar na quantidade de visualizações e começar a reparar no tipo de impressão que deixam. As pessoas lembrarão de você ou somente estarão ouvindo mais uma oferta ardilosa?

Deixe-me dar um exemplo do poder de um youtuber. Eu criei um app chamado Finger On the App [Dedo no Aplicativo] e anunciei no meu Instagram, Twitter e SnapChat que todos os que fizessem download e colocassem seu "dedo no aplicativo" em determinado momento teriam a chance de ganhar US$25 mil. Bastava ser a última pessoa que ainda estivesse com o dedo no aplicativo. O app só ficou disponível para iPhones, e somente nos Estados Unidos. Mesmo com essas restrições, e sem nem fazer muito esforço, 1,5 milhão de pessoas baixou e instalou meu app. Nem cheguei a promovê-lo no meu canal do YouTube, que na época tinha mais de 37 milhões de inscritos. Por outro lado, recém-chegado ao mundo dos vídeos para aparelhos móveis, o Quibi foi lançado ao mesmo tempo que meu app, mas tinha um orçamento de US$1,7 bilhão. Consegue adivinhar a quantidade de vezes que os usuários o instalaram? Somente 300 mil no primeiro dia.

O Finger on the App era legal por natureza, então as pessoas falavam dele, o que, naturalmente, o fez viralizar. É assim que os negócios devem lançar produtos. Mude sua mentalidade: em vez de querer muitas visualizações, queira ser a pessoa mais falada. Meu app era tendência em todos os lugares. Eu criei um impacto social. E tudo isso aconteceu porque eu era dono do meu próprio aplicativo e tinha o controle para transmitir a mensagem do meu jeito. As marcas acham que sabem mais, mas teriam muito mais sucesso se deixassem que os youtubers fizessem o seu trabalho. Nós sabemos viralizar. Conhecemos intimamente esse mundo digital porque é nossa razão de viver. Sabemos naturalmente como fazer sua marca ser comentada. Isso é muito mais importante do que uma mera visualização.

O YouTube não vai sumir tão cedo. A Alphabet, empresa controladora do Google, e o Android, seu sistema operacional, direcionam um tráfego gigantesco para o YouTube, também do Google. Essas empresas têm tanto poder e uma quantidade tão absurda de dinheiro que o YouTube não pode ser apenas uma modinha. Vale a pena dedicar seu esforço a algo seguro e com tamanho poder de permanência. Muito do conteúdo do YouTube está abaixo da média, mas as pessoas vão começar a compreendê-lo e ele vai se tornar mais competitivo e caro com o passar do tempo. Compreenda-o agora.

Se você escolheu este livro, é porque já deve estar no YouTube ou está pensando nisso. Espero tê-lo ajudado a entender que você realmente deve estar no YouTube. Seria louco se não estivesse. A oportunidade de ganhar dinheiro, aumentar um negócio e espalhar uma mensagem é muito grande, seja você uma pessoa normal como eu ou uma grande marca. E este livro tem todos os elementos necessários para que você faça exatamente isso.

Encontrei Derral Eves pela primeira vez em Dallas, no Texas, com o único objetivo de falar sobre o YouTube. Eu estava trabalhando duro para alcançar meu sonho de me tornar o maior youtuber do mundo quando encontrei o canal de Derral. Tive certeza de que precisava conhecê-lo, pois ele sabia coisas que eu precisava saber. Então mandei uma mensagem para ele e peguei um avião. Desde então, somos melhores amigos de dados do YouTube.

Derral conseguiu dezenas de bilhões de visualizações no YouTube e até em outras plataformas devido ao seu profundo conhecimento de algoritmos relacionados aos espectadores. Ele é dono da VidSummit, a principal conferência de dados do YouTube do mundo. Apenas uma ou duas pessoas no mundo todo entendem o YouTube como ele. Eu tenho um dos três canais mais assistidos da plataforma e ainda falo sobre dados e estratégias do YouTube com Derral, pois ninguém está no mesmo patamar que ele. Ao ler este livro, é possível aprender a ter sucesso no YouTube, seja você um criador ou uma marca. Esteja aberto ao que ele pode ensinar, tendo cinco inscritos ou 5 milhões. E lembre-se: você deve se aperfeiçoar em todos os níveis, sempre criando um conteúdo melhor. *A Fórmula do YouTube* o ajudará com isso.

MrBeast

# PREFÁCIO PARA A EDIÇÃO BRASILEIRA: A FÓRMULA DO YOUTUBE

MrBeast já escreveu um prefácio fantástico para este livro, e você definitivamente não deve ignorá-lo. Prefácios e Introduções não são supérfluos ou opcionais apenas porque aparecem antes dos capítulos. Na verdade, eles indicam a mentalidade e a perspectiva adequadas para a leitura, sobretudo quando o leitor escolheu o livro pelas razões erradas. E não hesito ao afirmar isso.

Há uma certeza que você precisa compreender logo de cara, e é por isso que MrBeast e eu a abordamos antes do Capítulo 1: existe uma grande oportunidade no YouTube.

Independentemente de onde você more, isso é uma verdade, mas há algo único quanto à América do Sul.

Em lugares como os Estados Unidos, desenvolver um canal do YouTube é uma tarefa cada vez mais difícil à medida que a plataforma continua a crescer e à medida que mais pessoas se tornam conscientes do enorme sucesso de vários canais. Isso não quer dizer que é impossível ter um canal de sucesso nos Estados Unidos, mas, sim, que a plataforma está saturada. Não é tão fácil quanto antes.

Em comparação, o Brasil também tem uma próspera presença no YouTube, mas ainda há bastante espaço! Os maiores canais brasileiros abrangem gêneros que são populares em outros países: videoclipes, gamers, conteúdo infantil e muito mais. Mas você não precisa ser uma celebridade da música ou um gamer famoso para ser bem-sucedido. Seja qual for o gênero escolhido, garanto que há uma grande oportunidade para impulsionar as visualizações, construir seu público e aumentar sua renda. Esse é o subtítulo do livro por uma razão: são os objetivos que você deve ter em mente ao criar um canal do YouTube. Se você seguir a Fórmula, ela funciona. E funciona independentemente do local ou do idioma.

Há seis anos, estive no Brasil como palestrante principal em uma conferência. Os organizadores queriam que eu explicasse o que é o YouTube e discorresse sobre a oportunidade para os brasileiros. Eles até tentaram facilitar a compreensão ao comparar o YouTube com a Uber: o YouTube é para a Netflix o que a Uber é para os táxis. Uma atualização moderna para um sistema desatualizado — assim que se popularizasse, a plataforma seria um sucesso. Abordei a economia do YouTube e o quanto as pessoas poderiam crescer com seu conteúdo. Dei exemplos específicos de YouTubers que aproveitaram a oportunidade e se beneficiaram consideravelmente. Ainda era algo novo no Brasil, mas algumas pessoas na plateia compreenderam a importância e colocaram o aprendizado em prática. Elas têm sido capazes de adquirir milhões e milhões de inscritos, mudando completamente suas vidas. Para mim, é incrível ouvir suas histórias e testemunhar seu crescimento.

Como você pode se tornar uma dessas pessoas? Uma sugestão: siga o exemplo dos YouTubers norte-americanos que o inspiram, introduzindo os melhores aspectos em seu próprio país, com seu próprio estilo. Conheci muitos brasileiros que são supertalentosos, engraçados, criativos e cativantes. Fiz questão de que este livro fosse traduzido para o português, pois queria ajudar essas pessoas incríveis a alcançar o sucesso almejado, mudando suas vidas por meio do YouTube.

Ao mergulhar neste livro, você descobrirá que a Fórmula leva tempo para ser aperfeiçoada. Antes de se tornar um profissional do YouTube, há uma curva de aprendizagem de "analisar e ajustar". O sucesso não acontece da noite para o dia. É algo que exige dedicação ao estudo do YouTube. Aprenda, aprenda, aprenda. Você precisa se esforçar para implementar o aprendizado em seu próximo vídeo e, então, recorrer à experiência adquirida para melhorar cada vez mais.

Claro, alguns criadores obtêm resultados rápidos, e isso é incrível. Para outros, porém, leva mais tempo. Se você não está disposto a ter paciência para alcançar os resultados que deseja, talvez o YouTube não seja o ideal. Mas, se você é apaixonado por criar conteúdo, custe o que custar, está no caminho certo. Não desista. Estou torcendo por você.

Derral Eves

# INTRODUÇÃO

Um unicórnio mágico que faz cocô de sorvete me fez escrever este livro. Não foi como tudo começou, mas foi o que me fez mergulhar de cabeça. Se você acha que isso me faz parecer um louco, permita-me explicar.

Era 1999. Eu havia acabado de me formar em publicidade e marketing e tinha um emprego estável com benefícios e potencial de crescimento. E, então, eu pedi demissão. Não era o plano de carreira certo para mim. Eu queria começar meu próprio negócio e criar meu próprio futuro. Isso parecia loucura, porque minha esposa acabara de ter nossa primeira filha, Ellie, naquele ano e eu sentia a pressão de sustentar a minha família. Manter um emprego estável e poupar dinheiro era a coisa certa a se fazer, mas, em vez disso, gastei todas as nossas economias no mais novo computador Macintosh e no software do qual ele precisava (teria sido mais barato comprar um PC! Maldito Steve Jobs). Eu estava determinado a ser um empresário bem-sucedido e estava pronto para enfrentar o mundo... da mesa da cozinha, que virou uma estação de trabalho.

Levei dias para criar as informações da minha empresa, um site e meu próprio cartão de visitas. Eu sabia que seria um ótimo empreendedor. Mas, depois de apenas duas semanas, minha esposa, Carolyn, disse que a mesa de jantar da família, cheia de respingos de comida (era ali que ela alimentava nossa bebezinha), não poderia mais ser meu escritório. Ela se formara em contabilidade, tinha um ótimo emprego e pagou meus estudos, mas ambos queríamos que ela pudesse ficar em casa com Ellie e com nossos filhos vindouros. Carolyn era minha sócia — cuidava da folha de pagamentos, dos boletos e da contabilidade. Discutimos sobre o futuro da empresa e como poderíamos fazer o dinheiro entrar. Eu precisava de clientes para começar a lucrar, a fim de que ela não precisasse voltar a trabalhar.

    Todavia, minha primeira ordem de serviço foi mudar meu espaço de trabalho. Isso me fez ir até a Staples para comprar uma mesa para o meu computador. Eu estava contemplando tudo o que queria para meu novo negócio enquanto caminhava pelo corredor com impressoras a laser coloridas. Se ao menos eu conseguisse convencer minha esposa-sócia de que precisava de uma daquelas belezuras! Uma impressora chique seria útil para apresentar amostras de anúncios que poderiam ser feitos para meus futuros clientes. Meu sonho tecnogeek foi interrompido por um homem que me fez uma pergunta sobre impressoras. Ele se apresentou como Chuck e queria saber se eu poderia ajudá-lo a escolher uma impressora colorida. Eu expliquei a diferença entre as duas impressoras sobre as quais ele tinha dúvidas, pois conhecia todas as especificidades — eram essas as que eu queria para o meu negócio. Eu não tinha dinheiro para uma impressora porque não tinha clientes. Recomendei a mais cara por causa de sua capacidade de impressão e porque seu toner era mais barato. Ele disse: "Venho há anos à Staples e você é o melhor funcionário com quem já falei." Eu expliquei que não trabalhava lá (o que o deixou surpreso, pois eu estava usando uma camisa polo vermelha e calças caqui — o uniforme clássico de um funcionário da Staples). "Tem certeza?", perguntou ele. Eu provei que não era empregado da loja contando minha história sobre começar o próprio negócio de criação de sites e design gráfico. Para minha surpresa, ele tinha acabado de abrir sua própria empresa, chamada 1001 Business Cards, e estava à procura de um designer. Ele contratou minha empresa para projetar seu site e cartões de visitas. Que maravilha! Eu saí da Staples com uma escrivaninha de US$200 e um cheque de US$300 do meu primeiro cliente, um lucro líquido de US$100. "Isso foi fácil!", afirmei, imitando o slogan da Staples ["*That was easy*", em inglês]. Ter um negócio seria mamão com açúcar.

    Mal podia esperar para chegar em casa e compartilhar meu primeiro sucesso com Carolyn. Minha confiança foi às alturas e eu sabia que poderia fazer qualquer coisa que decidisse. No entanto, poucos meses depois, essa confiança se transformou em um sentimento de incerteza. Eu não estava chegando a lugar nenhum. Mal ganhava dinheiro para pagar algumas contas e alimentar minha família. Estávamos mexendo demais na nossa já escassa poupança. Eu precisava de mais clientes, e rápido.

## Você Sabe Qual É o Seu Problema?

Procurei meu pai para pedir conselhos. Ele foi dono de diversos negócios, realizou muitas empreitadas imobiliárias e foi bem-sucedido nas duas coisas. Ele me deu conselhos simples, mas alguns dos melhores que já recebi. "Você precisa dar um jeito de ganhar mais dinheiro em menos tempo com diversas fontes de renda", afirmou. O jeito padrão dele era assim: sempre reformulava meu problema antes de me dar um conselho paternal. "Derral, não pense nas soluções, pense no problema. Quando nos concentramos e ficamos obcecados pelo problema, a solução aparecerá por si mesma." Pare por um momento e absorva essa ideia. Einstein acreditava que nossa habilidade de identificar problemas era diretamente proporcional à qualidade das soluções que geramos. Ele disse: "Se eu tivesse uma hora para resolver um problema, passaria 55 minutos pensando nele e 5 minutos pensando nas soluções." Eu acreditava nas palavras de Einstein e confiava muito no meu pai.

Eu estava determinado a descobrir o que deveria fazer focando o problema, que era o seguinte: eu precisava de mais clientes. Passei a manhã seguinte internalizando o que meu pai me disse e identificando os problemas que me impediam de diversificar minha renda. Fiz uma lista dos problemas associados a ter apenas um cliente. Pensei em todos os problemas que poderia encontrar na semana, no mês e no ano seguinte se continuasse seguindo esse caminho. Quando folheei essa lista, a solução se apresentou para mim. Eu tinha uma relação de empresas e todas as suas informações de contato em uma pilha de cartões de visitas na minha mesa.

Como designer gráfico independente, eu criava novos cartões de visitas para Chuck, meu único cliente, na 1001 Business Cards. Ele me pagava US$10 por cartão. Geralmente, eu não tinha contato algum com essas empresas que pediam os cartões. Chuck conseguia um novo cliente, coletava sua logo, imagem e necessidades de design e enviava tudo para mim. Eu criava o cartão e mandava para Chuck. Depois da aprovação do cliente, Chuck os mandava para impressão e entrega. Não havia motivo para que eu interagisse com essas empresas. Mas agora eu tinha um plano para diversificar. Queria vender para elas um pacote de design de sites de cinco páginas por US$299. Comecei fazendo cold calls para essas empresas com a minha oferta. Após passar uma semana ligando para cada um dos clientes para quem criei cartões de visitas, apenas dois de duzentos aceitaram minha oferta. Fazer vendas pelo telefone era difícil; o telemarketing não era a minha praia.

Eu precisava de um novo plano, então voltei a pensar no problema. Analisei o conteúdo de minhas falas e o que aprendi com minha experiência de telemarketing. Criei uma nova estratégia que transformaria o processo de cold calls em warm leads, mas isso significava que teria que encontrar esses clientes pessoalmente. Perguntei a Chuck se eu mesmo poderia entregar os cartões de visitas e oferecer meus serviços de anúncios e sites. Ele autorizou, o que me proporcionou a oportunidade de encontrar frente a frente essas pessoas que poderiam ser clientes em potencial para meu próprio negócio. Elas eram candidatas perfeitas para empresas que precisavam de um web designer.

Os donos ou gerentes dos negócios sempre ficavam impressionados com a qualidade dos cartões de visitas quando eu os apresentava finalizados. Nós não fazíamos cartões simples; eles eram impressos com qualidade gráfica full color e todas as características de um cartão de visitas premium, o que era incomum na época. Assim que percebia o momento de entusiasmo ou a aprovação do produto, eu agarrava a oportunidade. Essa era minha chance de conseguir um novo cliente! Eu falava que era o designer, que estava feliz por terem gostado do meu trabalho e que poderia fazer muito mais pelo negócio ajudando-os a criar um site. Explicava que todo negócio precisava de um site — esse era o futuro do marketing, pois leads e vendas seriam feitos digitalmente. Era muito difícil vender essa ideia, porque a maioria dos negócios na minha área ainda usava internet discada na época. Deixe-me explicar para vocês, jovens, que não estão familiarizados com a internet discada: ela tinha uma velocidade de 56K (kilobits) por segundo. Não eram megabits. O que significa que, se você quisesse baixar a atualização mais recente do *Fortnite* hoje, levaria 30 dias, 22 horas e 3 minutos, supondo que sua conexão não fosse interrompida e você não tivesse que recomeçar do zero.

É possível deduzir que as pessoas não veriam vantagem em gastar dinheiro em algo tão lento e pouco usado, mas logo no pitch de vendas eu começava a convencê-las. Isso se tornaria o futuro. Mesmo que apenas 10% da cidade usasse a internet para buscar um serviço, essas empresas receberiam esse chamado se seus concorrentes não estivessem online. Um site daria a elas um espaço para organizar perguntas e respostas frequentes, compartilhar um histórico da empresa ou uma biografia do dono e, o mais importante, gerar leads. Era um catálogo digital de vendas e o futuro do marketing.

Esse plano novo funcionou quase todas as vezes. Eu converti praticamente toda a clientela dos cartões de visitas para o site. Consegui mais de cem clientes originalmente, além de indicações a cada venda. E ainda havia um bônus: eles precisavam de um segundo cartão de visitas, pois o primeiro que criei e imprimi não continha a informação do site! Maravilha! Eu vendi esses cartões de visitas atualizados por US$20, ajudando meu cliente original, Chuck, e dando a ele uma clientela adicional. Ele tinha sido meu primeiro e único cliente, e eu me tornei seu maior cliente ao longo dos anos, levando diversos negócios até ele.

## O Sucesso do Seu Cliente É o Seu Sucesso

Mas a criação de sites era um trabalho que só se fazia uma vez. Eu era pago uma única vez por cliente, o que significava que estava sempre correndo atrás de realizar outra venda. Havia muitos altos e baixos, e isso estava começando a me cansar. Era hora de visitar meu pai novamente. Contei-lhe sobre meu dilema e ele sorriu, dizendo: "Você se lembra do conselho que lhe dei?" É claro que eu me lembrava. Tinha passado de um para centenas de clientes e até consegui ajuda de outros designers para que pudesse ganhar tempo enquanto fazia mais dinheiro. Meu velho pai sorriu e disse: "Bem, eu só lhe dei metade do conselho. Você precisava aprender essa primeira parte antes de estar pronto para a segunda. Você já está batendo cabeça há alguns meses, certo? Houve muitos altos e baixos?" Era como se ele estivesse lendo meus pensamentos. "Você não tem conseguido dormir, não é mesmo?" Como ele sabia? "Agora você está pronto para entender a segunda parte: o sucesso é uma questão de aquisição e retenção de clientes, e de fazê-los voltar querendo mais. Você já entendeu a aquisição. Mas e a retenção? Quantos clientes lhe pagam mensalmente?" Eu expliquei como é a natureza de serviço unitário do design de sites. Cada cliente me pagava apenas uma vez. Meu pai disse: "Você sempre terá altos e baixos e insônia se não retiver sua clientela. Descubra como retê-la — como fazer com que queira mais — e você conseguirá entender como funciona o sucesso." Se você ainda não se deu conta disso, meu pai é um gênio.

Então analisei novamente meus problemas. O que poderia fazer de diferente? Cheguei à conclusão de que havia duas maneiras de obter pagamentos mensais recorrentes de meus clientes: hospedagem e classificação, ou seja, marketing de internet. Todos os sites precisam ser hospedados, o que exigia pagamento de mensalidade. Então, comecei uma empresa de hospedagem chamada FatBoy Hosting. O nome se referia ao tamanho dos pacotes de hospedagem, não ao meu peso (ou será que sim...?). Tínhamos de tudo, do tamanho P ao XXXG. Eu também sabia que empresas pagavam mensalmente por marketing online. Elas precisavam que seus sites fossem bem classificados nos diretórios e em outros serviços. Então comecei a fazer classificação de sites para empresas que me pagassem mensalmente. Meu negócio logo se estabilizou e começou a produzir uma renda residual. E eu consegui dormir. Obrigado, pai.

Continuei a criar, hospedar e classificar sites para clientes na relativamente nova internet, ou na World Wide Web, como era mais conhecida na época. Eu usava diretórios de pesquisa como Yahoo, Excite, Ask Jeeves e AltaVista. O "Google" ainda não era um nome familiar. Fiz isso durante muitos anos, tentando expandir minha empresa. Em 2005, eu contratei alguns novos funcionários e precisei comprar móveis baratos para escritório, então fui procurar boas ofertas nos classificados online. Quando você acaba de sair da faculdade e está empolgado com um futuro brilhante no empreendedorismo, você compra uma mesa de escritório novinha em folha na Staples, mas, quando você está com mais rodagem e mais cansado, economiza dinheiro e compra produtos de segunda mão (ou, melhor ainda, os consegue de graça) que atendem tão bem quanto!

Nos classificados online, vi um anúncio de um concurso para ganhar um novo iPod Nano. Qualquer um que conseguisse fazer com que as pessoas entrassem em um novo site chamado YouTube poderia participar. O modelo de iPod que estava à venda antes desse era do tamanho de um tijolo e conseguia armazenar mil músicas! Além disso, se fosse arremessado em alguém, poderia matar essa pessoa, porque também pesava como um tijolo. Steve Jobs tinha acabado de anunciar o novo iPod Nano, que era do tamanho de um pacote de chicletes (muito mais leve que um tijolo) e tinha capacidade para ainda mais músicas. Eu queria aquele iPod! Criei minha conta no YouTube, enviei spam para todos os meus contatos e clientes fazerem o mesmo e até criei novas contas de e-mails pessoais para aumentar minhas chances. Acabei sendo um dos felizardos que ganhou o melhor e mais recente iPod do mercado.

Mas aí comecei a assistir a vídeos no YouTube e fiquei impressionado com a qualidade e com a falta do temido tempo de "buffering", o pré-carregamento de um vídeo, muito comum na época. Fiquei vidrado! Descobri que era possível incorporar vídeos do YouTube em qualquer site e que as pessoas podiam reproduzi-los de qualquer lugar do mundo. PÁ, uma ideia me ocorreu: eu poderia fazer upsell para que meus 865 clientes incorporassem um vídeo em seus sites. Seria tão fácil quanto imprimir meu próprio dinheiro. Ninguém fazia isso. Eu poderia ser o primeiro a colocar vídeos nos sites dos meus clientes.

Em novembro de 2006, o YouTube foi comprado pelo Google por US$1,65 bilhão. Naturalmente, os vídeos da plataforma começaram a ganhar tração nas classificações das pesquisas do Google — agora que a empresa era dona do site, obviamente queria que ele fosse notado. Naquela época, meu trabalho era manter os sites dos meus clientes classificados em primeiro lugar na primeira página do Google. Mas havia um czar anti-spam no Google chamado Matt Cutts, que fez da minha vida um inferno. Ele era meu inimigo. Eu passava o dia tentando descobrir truques para burlar o sistema e manter os sites dos meus clientes com as melhores classificações, mas Matt e sua equipe identificavam as vulnerabilidades no sistema e sempre acabavam com tudo. Eu me sentia como se estivesse preso em uma montanha-russa sem fim.

Eu estava cansado de brigar com Matt Cutts e de receber os temidos telefonemas de meus clientes insatisfeitos toda vez que a classificação deles caía. Isso estava me enlouquecendo. Então, novamente me concentrei no problema. Olhei para meu empreendimento e me perguntei qual seria a maneira mais fácil de conseguir o que eu precisava. De repente, entendi: se me mantivesse alinhado com os objetivos do Google, sempre seria bem classificado. Eu não precisava mais lutar contra o sistema (ou contra Matt Cutts). Parece tão simples agora, mas foi uma grande epifania para mim naquela época. Observei tudo o que o Google estava tentando conseguir. Li todos os blogs e assisti a todas as palestras dos fundadores do Google, Larry Page e Sergey Brin, e de seu CEO, Eric Schmidt. Comecei a ouvir o que eles queriam. Eles falavam muito sobre classificação e rastreamento orgânicos. Também falavam sobre o futuro do Google, com inteligência artificial que buscaria padrões para prever o que as pessoas poderiam querer. Eu me certifiquei de atender a todos os requisitos quando se tratava do que o Google queria.

Foi então que notei alguns padrões nos dados dos meus clientes. Você se lembra dos 865 vídeos que fiz e incorporei a seus sites? A maioria deles estava na primeira página do Google sem nenhum hack ou auxílio. UAU! Quer dizer que eu não precisava brigar com Matt Cutts? Nem receber ligações frenéticas de clientes? Estou dentro! Tudo o que eu precisava fazer era criar vídeos que facilitassem sua própria busca. Então, elaborei um plano de ataque: fiz uma série de vídeos para algumas empresas selecionadas e me concentrei na geração de leads. Meu cunhado é optometrista e pedi a ele que me deixasse fazer marketing de sua clínica com vídeos. Consegui classificar alguns termos-chave difíceis que exigiriam muito esforço em um site, mas que apareceram facilmente nos resultados em questão de horas quando usei vídeos. *Foi muito louco!* Para ter certeza de que não foi obra do acaso, tentei com um segundo empreendedor, um advogado especializado em danos civis. Obtivemos os mesmos resultados: uma alta classificação no Google e mais telefonemas com leads.

Eu consegui. Resolvi um dos maiores problemas da minha empresa e queria ir com tudo nos vídeos e no YouTube. Eu precisava me tornar o especialista em ajudar empreendimentos a gerar leads e vendas a partir de vídeos. Mantive meus grandes clientes que pagavam milhares de dólares por mês, mas vendi o restante da carteira. Cheguei no meu ponto sem volta, tal como Cortés, o navegante espanhol que afundou seus navios e conquistou o Império Asteca. Ao afundá-los, ele deu a si mesmo duas alternativas: ter sucesso ou morrer. Não haveria como voltar atrás. Da mesma forma, vendi minha carteira de clientes de marketing de sites e internet para uma empresa de SEO em Salt Lake City, com a cláusula de que eu poderia manter todo o trabalho de marketing de vídeo. Eles concordaram porque não sabiam o que eu sabia — os vídeos eram classificados no Google sem nenhum hack ou estratégia black hat. Eles estavam sendo mais bem divulgados, pois o YouTube era do Google, que queria que os vídeos fossem encontrados de modo que levassem mais usuários para o YouTube. Dessa forma, mudei meu foco da criação e marketing de sites para a criação e marketing de vídeos... e vi as classificações e a receita dos meus clientes dispararem porque esses vídeos estavam na primeira página do Google.

A essa altura, eu estava louco de felicidade pelo que testemunhava na evolução do marketing: vídeos online seriam um grande negócio e eu queria fazer parte disso. O poder do vídeo superou o da palavra de forma esmagadora. Os espectadores estavam muito mais propensos a fazer o que os anunciantes queriam — pegar o telefone e ligar, fazer uma compra ou assinar um serviço — depois de assistir a um vídeo. E esses vídeos podiam ser feitos por pessoas comuns que estavam conseguindo um alcance incrível, para milhões de espectadores... usando equipamento de filmagem barato. Isso nunca havia sido feito fora dos estúdios de televisão e dos sets cinematográficos.

Nos meus vídeos, eu me concentrava em chamar a atenção para mensagens que tinham o objetivo de fazer o telefone tocar. Era muito importante saber tudo sobre a pessoa que estava ligando. Eu interrogava meu cunhado e a equipe de sua clínica sobre todas as coisas que as pessoas poderiam perguntar e de que poderiam precisar. Depois, selecionava essas perguntas e as transformava em tópicos para o vídeo com soluções claras que proporcionaríamos. Eu fazia centenas de perguntas para entender bem o nicho e o que funcionaria. Então, criava dez vídeos confiáveis que apareceriam nas pesquisas. Uma vez que a mensagem estivesse operante — com o vídeo classificado e o telefone tocando —, eu ia para outra cidade e fazia tudo de novo. (Eu trabalhava com apenas um empreendimento por nicho em cada cidade.)

Eu comecei com meu cunhado optometrista, mas repliquei meu trabalho nesse nicho centenas de vezes em centenas de locais. Quando desenvolvia um sistema para um nicho, podia repeti-lo para qualquer cliente dele. Por que reinventar a roda quando eu podia colocar um novo logotipo naquilo que já estava funcionando? Meus sistemas estavam muito bem alinhados. Os clientes estavam felizes, ou seja, eu estava feliz. Matt Cutts já não era mais o inimigo; ele era meu melhor amigo! Isso, sim, é vantagem para ambos os lados!

## Unindo Pessoas em Torno de Suas Paixões

Naquela época, meu relacionamento com o YouTube consistia em criar vídeos e carregá-los na plataforma com o único objetivo de obter uma classificação no Google para geração de leads. Mal sabia eu que isso era uma fração do potencial do YouTube. Havia uma grande oportunidade de alcançar milhões em todo o mundo, e eu estava prestes a testemunhar isso com meu próximo cliente.

Um dia recebi um telefonema de um dos meus clientes, Wade Beatty, que tinha um lead para mim. Ele era dono de uma empresa de controle de pragas para a qual fiz um marketing de vídeo bem-sucedido. Ele foi contratado por uma loja de pianos para dedetizar baratas e o dono perguntou se ele conhecia alguém que trabalhava com YouTube, sites e marketing. Wade disse: "Você precisa falar com Derral." Então conversei com o dono da loja, Paul Anderson, que me mostrou os vídeos incríveis que eles estavam fazendo para tentar vender pianos caros. Eles colocavam pianos de cauda em locais abertos e belos — no topo de montanhas, no deserto, em uma floresta —, e os videoclipes eram incríveis.

Perguntei a Paul quais eram seus objetivos com sua loja, "ThePianoGuys". Ele me disse que queria ganhar dinheiro suficiente com seus vídeos no YouTube para não precisar mais trabalhar nela. Na verdade, ele não queria vender pianos, queria fazer vídeos incríveis que as pessoas adorassem. Com o talento de Jon Schmidt no piano, Steven Sharp Nelson no violoncelo, Al van der Beek na produção musical e Tel Stewart na videografia e edição, eles tinham a receita do sucesso. Sua paixão musical se transformou em um canal, que se transformou em um negócio que ganhava tanto dinheiro que eles não precisavam mais da loja.

Quando o canal ThePianoGuys explodiu, eu pude fazer parte do verdadeiro poder do YouTube pela primeira vez. Quando começamos, eles tinham um número ínfimo de inscritos; em doze meses, cresceram para mais de 1,8 milhão e conseguiram mais de 100 milhões de visualizações. Eles desenvolveram um público apaixonado e fiel. (Nunca venderam um único piano! Mas lotaram estádios em todo o mundo.) Esse sucesso mudou 100% meu foco. Passei a trabalhar com criadores de conteúdo, ajudando-os a aumentar sua audiência no YouTube, e nunca olhei para trás. Sim, afundei meus navios de novo e não me arrependi nem por um segundo.

Unir pessoas em torno de uma paixão em comum foi emocionante. Foi uma percepção intensa de que eu poderia ajudar pessoas a encontrarem um público fiel e global; nesse trabalho não era preciso ficar confinado a uma localização geográfica, como era anteriormente, nem lidar apenas com negócios. Na verdade, era preciso ir *além* dos negócios. Era possível encontrar seguidores apaixonados em todos os cantos da internet e reuni-los em torno de seu conteúdo. Isso era mais do que gerar leads, era o cruzamento perfeito entre dinheiro e paixão, algo de que eu senti falta durante todos os anos que antecederam esse momento. Eu aprendi muito sobre algoritmos, classificações e os mecanismos que funcionavam, mas agora podia ver o outro lado da moeda. Criar conteúdo para inspirar, educar ou entreter era o que faltava. Tudo o que aprendi sobre algoritmos, pessoas e mensagens se unificou nesse novo momento de clareza. O desenvolvimento de audiência era a minha praia. Percebi que eu era muito bom criando uma comunidade em torno de um conteúdo, então dediquei minha carreira a aprender o que faz um público gostar de você.

Até o momento, criei e desenvolvi planos e estratégias de conteúdo para 25 canais diferentes do YouTube. Eu ajudei cada um deles a crescer de zero para mais de 1 milhão de inscritos. Com minha fórmula, geramos mais de 59 bilhões de visualizações de vídeos no total. Vi isso mudar a vida de muitas pessoas — elas não apenas se tornaram criadoras de conteúdo do YouTube em tempo integral, mas também construíram empreendimentos e marcas robustas.

Para as empresas, isso pode ser um divisor de águas para seus resultados. É aqui que entra o unicórnio mágico fazendo cocô de sorvete. Fui produtor executivo de um dos anúncios em vídeo mais virais de todos os tempos, para um banquinho de banheiro chamado Squatty Potty. Ele apresentava um unicórnio mágico demonstrando as vantagens de usar o banquinho enquanto "evacuava" sorvete. Sim, o banquinho é um produto real (infelizmente, o unicórnio não é) e fez mais de US$45 milhões em vendas em um ano. Esse é um anúncio poderoso! Depois que eu testemunhei esse sucesso, sabia que era hora de compartilhar o que sei sobre o YouTube para que outras pessoas também aprendam a usar esse recurso.

Não hesite em entrar de cabeça enquanto lhe ensino tudo sobre o YouTube: as manhas da plataforma, as oportunidades que o esperam e a fórmula para fazer tudo do jeito certo. Você pode até ter que se livrar de algumas coisas que achava que eram verdadeiras sobre o YouTube, mas não se preocupe, pois reaprenderá rapidamente e terá as soluções à mão. Use este livro como referência à medida que avança para criar conteúdos incríveis e obter os resultados que sempre desejou.

Estou no YouTube desde 2005 e vi como ele evoluiu, como pode mudar um negócio e, mais importante, como pode mudar a vida das pessoas. O YouTube é uma das plataformas mais poderosas que temos para nos conectar com o mundo e aumentar a audiência usando vídeos.

Mal posso esperar para mostrar a você como aproveitar o poder do YouTube... vamos começar!

# SUMÁRIO

## PARTE I  A Plataforma

**1**  Tente, Erre, Analise, Ajuste: Uma Aula de História do YouTube — 3

**2**  O Ecossistema do YouTube — 9

**3**  A IA do YouTube: Uma Máquina de Aprendizagem Profunda — 21

**4**  Análise Detalhada do Algoritmo — 27

## PARTE II  A Oportunidade

**5**  Por que a Maioria dos Canais do YouTube Não Chega ao Sucesso — 41

**6**  Ganhe Dinheiro em Parceria com o YouTube — 57

**7**  Use Sua Influência para Gerar Muito Dinheiro — 75

**8**  O Verdadeiro Poder da sua Influência: Fazendo a Diferença — 87

**9**  Como as Empresas Ampliam seu Alcance e Geram Receita — 95

## PARTE III  A Fórmula do YouTube

**10**  A Fórmula Orientada a Dados e Centrada no Ser Humano — 115

**11**  Identifique seu Público — 127

**12**  12 Reconhecimento e Pesquisa — 143

**13**  13 O Conteúdo É Soberano — 153

**14**  O Feedback É Seu Braço Direito — 169

**15**  Título e Miniatura: O sucesso começa com um clique — 183

**16**  Engajando a Atenção do Espectador para que Ele Assista Mais — 211

**17**  Criando uma Estratégia de Conteúdo no YouTube — 223

**18**  Construindo uma Comunidade em Torno do seu Conteúdo — 249

**19**  Otimizando, Lançando e Promovendo Seu Vídeo — 265

**20**  Ajustando Seu Conteúdo — 279

**21**  Tentar, Errar, Analisar, Ajustar: Seu sucesso no YouTube — 291

Apêndice: Curso Complementar Grátis da *Fórmula do Youtube* — 297

Sobre o Autor — 299

Este não é um agradecimento normal — 301

# PARTE I
## A Plataforma

# 1 Tente, Erre, Analise, Ajuste: Uma Aula de História do YouTube

**V**ocê já assistiu ao primeiro vídeo postado no YouTube?

É uma pergunta importante. É sério. Não acho que isso importe apenas porque sou especialista em YouTube e penso que é um conteúdo de alta qualidade (alerta de spoiler: não é). Acho que importa porque é história, e podemos aprender muito com ela. Como um cara dos vídeos, adoro documentários e cinebiografias. Eles me fascinam, pois aprender sobre o passado nos ajuda a entender e transitar em nosso mundo no presente. Quando exploramos a história, vemos como as decisões e os eventos afetam as pessoas, para o bem ou para o mal, e como impactam famílias, comunidades e, por fim, o mundo inteiro.

Mas por que diabos estou falando sobre o impacto da história no mundo em um livro que deveria tratar do YouTube e fazer você ganhar dinheiro? Eu explico: estudar a história de qualquer coisa pode beneficiar uma pessoa que queira aprender mais sobre aquele assunto e ter sucesso naquele espaço. Deve ser óbvio que o mesmo se aplica aos criadores do YouTube. Eu realmente acredito que, se os criadores de conteúdo e as empresas aprenderem com a história do YouTube — como ele se tornou a megaplataforma que se baseia em decisões que levam ao fracasso e ao sucesso —, eles se tornarão criadores de conteúdo e empresas melhores e estarão mais preparados para gerar seu próprio sucesso na plataforma.

Então, como o YouTube começou e como isso afeta você e seu conteúdo?

Em julho de 2002, a conhecida start-up PayPal acabara de ser adquirida pelo eBay por US$1,5 bilhão, o que gerou muito burburinho no Vale do Silício. Pipocavam ideias de sites, aplicativos e plataformas que poderiam gerar muito lucro e transformar o mundo em uma gigante máquina digital de dinheiro. Três funcionários do PayPal, Jawed Karim, Chad Hurley e Steven Chen, foram alguns desses geradores de ideias. Eles tiveram a ideia do site do YouTube bem cedo, mas não era nada parecido com o que conhecemos hoje — ele começou como um site de encontros.

De seu escritório improvisado em uma garagem, eles ativaram o nome de domínio "YouTube.com" em 14 de fevereiro de 2005, Dia de São Valentim — o dia perfeito para lançar um site de encontros. Em 23 de abril, fizeram upload do primeiro vídeo no YouTube, chamado "Me at the zoo" [Eu no zoológico]. Eram 19 segundos de Karim no Zoológico de San Diego falando sobre os elefantes. Se você for assistir agora, dará risada, pois sabe que ele estava tentando promover o site como um espaço para marcar um encontro, e ele faz uma insinuação sobre a anatomia do elefante. Na verdade, mesmo tendo sido feito por não profissionais, o vídeo tem uma qualidade boa para a época.

Com o pontapé inicial e os servidores funcionando, esses caras precisavam de usuários ativos no site. Quem era o grupo demográfico de pessoas à procura do amor? Estudantes universitários. Então eles foram ao campus universitário mais próximo, Stanford, e fizeram uma grande campanha, distribuindo panfletos para todos que aceitassem. O slogan era: "Tune in, hook up" ["Sintonia e pegação", em tradução livre]. Praticamente não havia vídeos no site ainda, então eles colocaram filmagens de aviões 747 decolando e pousando. Não havia sentido ou razão; eles só queriam vídeos lá. "Nada fazia sentido", disse Karim. "Estávamos tão desesperados por alguns vídeos reais de encontros, seja lá o que isso signifique, que recorremos ao site que qualquer pessoa desesperada procuraria nessa hora: o Craigslist." Eles veicularam o anúncio em Los Angeles e Las Vegas, oferecendo pagar às mulheres US$20 por vídeo para que enviassem filmagens delas mesmas. Eles obtiveram um total de zero respostas.

Mas é aqui que a coisa fica interessante e viável: uma vez que as pessoas começaram a usar seu site de "encontros", o trio observou os dados que chegavam naquelas primeiras semanas e meses e percebeu que os poucos usuários do site não estavam lá para conseguir um encontro, mas, sim, para transmitir conteúdo pessoal. Eles estavam postando vídeos deles e de seus amigos fazendo coisas engraçadas, embaraçosas ou estranhas. Estavam postando vídeos de seus animais de estimação, de snowboarding, de lugares e coisas aleatórias e afins.

Nesse momento crucial, Karim, Hurley e Chen tinham uma decisão a tomar: continuar a promover o YouTube como um site de encontros, conforme o plano inicial, ou mudar completamente seu modelo de negócios porque os dados mostravam que os usuários não eram do tipo que procuravam encontros? "Esqueça a coisa dos encontros", disse Chen. "Vamos abri-lo para qualquer vídeo." E assim nasceu o poder do YouTube. Com base no feedback dos dados, eles mudaram o direcionamento e atenderam ao que os usuários queriam.

Em junho, eles criaram ferramentas que incentivavam a transmissão pessoal. Forneceram um ecossistema crescente de vídeos aleatórios que iam sendo postados pelas pessoas. Lançaram uma opção de "incorporação" de vídeos, que se tornou um divisor de águas para sites e divulgação. Em suma, eles deram a criadores de vídeos próprios uma plataforma e o controle para compartilhá-los com o mundo de qualquer lugar do planeta, pois era isso que as pessoas queriam. Esses usuários não queriam usar o YouTube para pegação; eles buscavam um lugar para inserir seu trabalho e sua criatividade.

Essa decisão de mudar de direcionamento levou o YouTube a se tornar a plataforma de vídeo mais poderosa do mundo e revolucionou a indústria do entretenimento como a conhecíamos. Foi um divisor de águas no campo de entretenimento por vídeo, levando a criação das mãos de poucos para as mãos de todos, se assim o desejassem. Com acesso a um dispositivo de gravação e uma conexão de internet, qualquer um poderia transmitir um vídeo para o mundo inteiro! Esse é o normal hoje, mas pense em como foi extraordinário no início. Grandes empresas e marcas começaram a prestar atenção, mudando suas estratégias de criação de conteúdo e publicidade. Com o poder se deslocando para pessoas comuns, as marcas aproveitaram a oportunidade para patrocinar criadores que tinham uma audiência orgânica e única. As grandes empresas nunca tiveram esse tipo de concorrência antes, e era uma força a ser reconhecida.

O site continuou a crescer rapidamente. O Google viu o potencial inicial do site e, em 2006, comprou o YouTube por US$1,65 bilhão. Hoje, mais de um terço de todo o tráfego móvel da internet vem do tráfego do YouTube. Somadas, há mais de 1 bilhão de horas assistidas no YouTube todos os dias, e quase 2 bilhões de usuários conectados acessam o site todos os meses. Quase cem países têm versões locais da plataforma disponíveis.

Você acha que tudo isso teria acontecido se os caras tivessem ignorado o feedback dos dados, decidindo seguir o plano original e insistindo que o YouTube tinha que ser um site de encontros? Eles tentaram, e não deu certo. Então, se concentraram no problema, analisaram o que estava funcionando e o porquê e ajustaram suas estratégias para dar mais suporte a isso.

Essa origem é o metaexemplo definitivo de como tentar, errar, analisar e ajustar para ter sucesso nessa plataforma. *Essa* é a Fórmula do YouTube. Compreender sua história ajudará você, como criador ou empresa, a entender como utilizar a fórmula para seu próprio sucesso. Você precisa analisar o que está e o que não está funcionando e fazer as mudanças de acordo. Essa é a premissa na qual este livro se baseia. Se você conseguir entender essa fórmula fundamental de "grande ideia", começará com o pé direito e estará pronto para aprender os ajustes passo a passo que fazem toda a diferença no vasto mundo do YouTube.

Na Parte I, descrevo o algoritmo para que você saiba exatamente como a plataforma do YouTube funciona e se torne parte dela. Na Parte II, abro seus olhos para as infinitas oportunidades disponíveis no YouTube — oportunidades de exposição, arte, colaboração, patrocínio, merchandising e propriedade de negócios. Eu conto como os diferentes tipos de criadores e empresas aproveitaram essas oportunidades e foram além de "ganhar a vida" com o YouTube. Há muito dinheiro a ser ganho de diversas maneiras no YouTube, mas há ainda muito mais poder na influência. Posso mostrar como sua influência pode fazer uma grande diferença.

Na Parte III, disseco a Fórmula do YouTube para planejamento, criação, execução, distribuição, análise e ajuste de conteúdo. Ensino como encontrar seu público, falar com ele e convertê-lo em sua própria comunidade leal. Ensino a importância das fontes de tráfego para que você saiba de onde os espectadores vêm e como você pode fazer com que seu conteúdo seja visto. Eu o auxilio a ler gráficos de indicadores para que possa reconhecer padrões de dados. Seu sucesso no YouTube depende do desenvolvimento dessas habilidades, então prepare-se para aprendê-las e adotá-las.

Ajudei inúmeros canais a aproveitarem oportunidades de crescimento que eles não conseguiam enxergar sozinhos. E ajudei criadores e marcas a aprenderem os passos para obter visualizações, ganhar dinheiro e construir negócios. Se você seguir a Fórmula e abrir sua mente para as oportunidades que vou lhe mostrar, conseguirá obter os resultados que sempre desejou no YouTube.

# 2 O Ecossistema do YouTube

Para entendermos como o YouTube realmente funciona, primeiro precisamos enxergá-lo tal qual um ecossistema digital, que tem o funcionamento muito parecido com o de um ecossistema natural: há muitas partes móveis e todas elas afetam a organização como um todo. As aulas de ciência no primário nos ensinaram o fluxo de energia em um ecossistema natural; fotossíntese, plantas e animais, decomposição e conversão de nutrientes fazem parte do ciclo. Cada fator na cadeia tem sua função e, se não a executar bem, afeta toda a operação.

O ecossistema do YouTube também tem um fluxo e um ciclo, e seus colaboradores afetam o todo, para o bem ou para o mal. Esse ecossistema digital inclui o criador, o espectador, o anunciante/a marca, os detentores de direitos autorais, as redes multicanal (RMs) e o próprio YouTube.

Veja um breve resumo de como o ecossistema do YouTube funciona: os criadores de conteúdo fazem vídeos e os carregam na plataforma. As marcas pagam ao YouTube para exibir publicidade junto do conteúdo enviado, antes ou durante um vídeo. Quando um canal atende aos requisitos do programa de compartilhamento de anúncios, ele recebe uma parte do dinheiro dos anúncios veiculados em seu conteúdo. As marcas também se conectam com os criadores de conteúdo que elas acreditam serem capazes de aumentar seu reconhecimento e/ou seus resultados. Esse marketing de influenciadores é uma grande parte do ecossistema do YouTube. Os espectadores aparecem para interagir com conteúdo, criadores e comunidades. Eles assistem, se inscrevem, comentam, gostam e não gostam, salvam e compartilham. O YouTube, como site, é o hospedeiro do ecossistema, mas, como empresa, é parte do ecossistema. Sua faceta de empresa precisa garantir que todos no ecossistema estejam satisfeitos. Eles lidam com reclamações e legalidades. Em última análise, eles criam as regras, mas elas evoluem com o tempo, baseando-se no feedback do ecossistema e no que precisa ser resolvido. As RMs desempenharam um papel importante no início do YouTube, conectando marcas a criadores e gerenciando outros elementos da experiência do criador. Eles também ajudaram a tentar resolver problemas, pois o YouTube não tinha o suporte do criador na época. Os criadores de conteúdo não precisam trabalhar com RMs; eles podem gerenciar seus próprios canais e lidar diretamente com as marcas ou trabalhar com agências para se conectar com elas. Por fim, os detentores de direitos autorais querem que seu trabalho original seja atribuído a eles sem que seja roubado ou copiado. Eles querem que todo benefício financeiro desse conteúdo seja creditado ao que produziram originalmente.

Para fazer parte desse ecossistema digital, entenda o papel que cada colaborador desempenha, principalmente o que você pretende ocupar. Por exemplo, se você é um criador, familiarize-se com as diretrizes do YouTube para que seu conteúdo possa ser monetizado e permaneça assim. Não roube ou copie o conteúdo de outra pessoa; se pretende usar partes de cenas, músicas ou qualquer outro material protegido por direitos autorais, saiba como fazer isso legalmente. O sucesso do seu conteúdo depende da compreensão do seu papel no ecossistema. Sua experiência no YouTube deve ser mais do que criar um canal e carregar vídeos. Na verdade, se essa for sua metodologia, seu vídeo nunca chegará aos espectadores. O YouTube recompensa conteúdo original feito para um público específico, portanto, se você aprender o sistema e seguir as regras, seus vídeos terão mais chances de serem vistos.

## Cuidado com os Direitos Autorais

O primeiro fator a ser considerado no ecossistema é o espectador. Se ninguém vier assistir, o resto do ecossistema estará morto. Quando o YouTube começou, os espectadores eram um grupo bastante específico porque o conteúdo também era. As pessoas carregavam vídeos pessoais para compartilhar com seus amigos e familiares, então havia um público, mas ele tinha potencial efetivo para crescer no campo do entretenimento. As pessoas estavam fazendo upload de trechos de programas de TV, filmes, esquetes de comédia e afins. Os espectadores também entravam para ver vídeos de cultura pop e notícias. Era fácil fazer upload dessas coisas, e o público as encontrava com facilidade.

De 2005 ao início de 2007, os usuários do YouTube faziam upload de conteúdo geralmente não regulamentado e sem supervisão. Isso incluía muito conteúdo original, claro, mas também conteúdo protegido, criado por outra pessoa ou empresa. Obviamente, era uma violação direta dos direitos autorais desse conteúdo.

É importante observar que os usuários do YouTube não faziam isso de forma sorrateira ou maliciosa. Eles apenas queriam compartilhar coisas que amavam, e fazer isso era muito simples. Você se lembra do Napster, na virada do século? Deixe-me contar uma história para os leitores que nasceram nos anos 2000.

Imagine um mundo no qual você não pudesse ouvir suas músicas favoritas sob demanda. A única maneira de ouvi-las era esperar sentado ao lado do rádio o dia todo. Se quisesse ouvir sob demanda, era preciso comprar o álbum inteiro, e nele estava a música que você queria ouvir. Então surgiu o Napster, a plataforma original de compartilhamento de arquivos amplamente difundida, a *pioneira* no compartilhamento de mídia digital na internet. Os arquivos de áudio, principalmente músicas, eram compartilhados no formato MP3, e qualquer pessoa podia baixar qualquer um deles de graça. DE GRAÇA! Isso foi extremamente importante para os fãs de música de todo o mundo — as pessoas adoraram o Napster. Quem não gostaria de ter acesso ilimitado às suas bandas favoritas pagando exatamente nada? Bem, acho que nem todo mundo era fã do Napster... ou seja, as pessoas que deveriam estar ganhando dinheiro com as vendas de músicas.

Se você não conhece o resto da história, aposto que consegue adivinhar o que aconteceu em seguida. Processos. Encerramento das atividades. Não foi surpresa alguma. Na verdade, em 1998, pouco antes de o Napster ser criado, Bill Clinton, então presidente dos Estados Unidos, assinou o Digital Millennium Copyright Act (DMCA). Desde então, o DMCA regulamentou questões de direitos autorais digitais e reforçou as penalidades aos infratores. [No entanto, sites hospedados fora dos EUA são regulamentados pela Organização Mundial da Propriedade Intelectual das Nações Unidas (OMPI).] O que aconteceu com o Napster preparou o terreno para a regulamentação do compartilhamento de mídias daquele ponto em diante.

O YouTube poderia ter aprendido com empresas como o Napster e implementado seu sistema de Content ID desde que o site foi inaugurado, em 2005, mas não o fez. Em março de 2007, uma pequena empresa chamada Viacom, junto com várias outras, processou o Google e o YouTube em US$1 bilhão por violação de direitos autorais. A Reuters informou que o YouTube só retirava conteúdo protegido por direitos autorais do site depois da solicitação do proprietário dos direitos autorais, mas, para início de conversa, nada era feito para impedir o upload do conteúdo. Além disso, foi alegado no processo que o YouTube sabia e permitia que isso acontecesse porque esse conteúdo o fazia lucrar.

O sistema Content ID só seria implementado em 2007 — a versão beta em junho e o lançamento completo em dezembro. O sistema de identificação anexaria uma "impressão digital" exclusiva a novos conteúdos carregados. Então, para que o YouTube pudesse detectar violações, esse conteúdo poderia ser rastreado e avaliado em comparação ao conteúdo protegido por direitos autorais.

Com o surgimento de questões legais, o YouTube teve que resolver algumas coisas para os detentores de direitos autorais. Em primeiro lugar, tiveram que resolver aquele processo complicado (os termos do acordo não foram divulgados), mas também tiveram que decidir como procederiam a partir daí, e o sistema Content ID foi a resposta. Não sou capaz de expressar o quanto isso foi importante para o sucesso do YouTube, que provavelmente teria o mesmo destino do Napster, com suas atividades encerradas caso o sistema Content ID não tivesse sido implementado, e muitos criadores e empresas como você e eu estaríamos fazendo outra coisa. Foi um grande divisor de águas.

## Participação nos Lucros dos Anúncios

Em 2007, enquanto a poeira do grande problema de direitos autorais abaixava, o YouTube adicionou dois recursos que teriam um impacto igualmente grande em seu futuro. Eles seriam problemáticos em alguns aspectos, mas também mudariam significativamente a publicidade e a forma de ganhar a vida dos criadores de conteúdo no YouTube. Quais recursos poderiam ter tais consequências? (1) Anúncios em vídeo e (2) o Programa de Parcerias.

Os anúncios no YouTube evoluíram muito ao longo do tempo. Eles costumavam ser gráficos ou apareciam abaixo do conteúdo, mas, com essas alterações, os anúncios apareciam diretamente no conteúdo a que o espectador assistia. E agora o criador desse conteúdo poderia ser remunerado por meio do compartilhamento de receita de anúncios. Foi assim que começou o Programa de Parcerias do YouTube. Os criadores ficaram supermotivados a criar um bom conteúdo que chamasse mais espectadores porque, agora, mais visualizações significavam mais dinheiro. Criadores de conteúdo e empresas queriam muito ser parceiros do YouTube!

Infelizmente, isso também fez com que os criadores percebessem que podiam usar táticas para fazer as pessoas clicarem em seus vídeos, mesmo que elas desviassem o foco do espectador. Suas estratégias agressivas, do tipo "bait-and-switch[1]", incluíam títulos enganosos, miniaturas sensacionalistas e conteúdo superficial que se afastava do propósito original do vídeo. Eles

---
[1] Ou "isca e troca", quando um vendedor anuncia um produto ou serviço de preço baixo na prospecção, mas, ao ir até a loja, o cliente descobre que o produto/serviço era apenas um chamariz para outro, mais caro. (N. da T.)

queriam que as pessoas clicassem em seus vídeos a qualquer custo, para que pudessem gerar receita com os anúncios integrados ao conteúdo.

Não vamos nos esquecer do primeiro membro do ecossistema do YouTube: o espectador. Esse novo programa de compartilhamento de anúncios criou um grande problema com a satisfação do espectador. As pessoas começaram a passar menos tempo no YouTube por causa dos anúncios diretos e por causa do clickbaiting, que tentava adivinhar o que procuravam, mas na verdade não cumpria isso no conteúdo em si. Em suma, os espectadores se sentiram enganados e insatisfeitos.

Além disso, muitos espectadores do YouTube ficaram irritados com esses criadores "vendidos" que veiculavam anúncios em conjunto com seu conteúdo. Eles chegaram a participar de movimentos de boicote aos canais dos criadores. Ver anúncios hoje em dia é apenas parte da experiência online, mas naquela época foi tão importante que interrompeu o ecossistema.

Como você pode perceber, a integração do Programa de Parcerias complicou ainda mais o delicado ecossistema do YouTube. Manter os anunciantes felizes era uma prioridade óbvia, pois era deles que vinha o dinheiro, mas o YouTube também precisava manter os criadores e os espectadores felizes para conseguir isso, e a tarefa estava se mostrando extremamente difícil. Os criadores queriam participação justa na receita de anúncios sem serem rotulados como vendidos, e os espectadores queriam ver o conteúdo sem se sentir enganados ou sem assistir a anúncios em todos os vídeos.

Vamos fazer uma pausa rápida aqui. Antes de falarmos de todos os problemas que o Programa de Parcerias criou, quero enfatizar o quão importante foi sua existência. O Google foi pioneiro no compartilhamento de receita de publicidade com seu programa AdSense e implementou esse programa com o YouTube. Eles sofisticaram isso, passando de anúncios gráficos para anúncios em vídeo, porque eram mais eficazes. Podiam cobrar mais caro dos anunciantes por anúncios em vídeo, então o YouTube ganhava mais dinheiro. Como a plataforma não criava seu próprio conteúdo, eles precisavam incentivar os criadores a criarem conteúdo de qualidade, que fizesse as pessoas acessarem a plataforma.

O AdSense foi a origem do compartilhamento de receita de publicidade. Era um território totalmente inexplorado! Foi como a grande corrida do ouro na Califórnia, mas foi a corrida do ouro para o marketing digital no século XXI. As empresas nunca haviam oferecido uma parte de sua receita ao público em geral!

O YouTube falou mais ou menos isso: "Ei, pessoal, se vocês produzirem um bom conteúdo para os espectadores assistirem em nosso site, daremos a vocês parte do dinheiro da propaganda que recebermos."

E os criadores responderam algo assim: "Espere aí, sério? Quer dizer que posso ser remunerado pelo meu hobby? E talvez ganhe o suficiente para largar meu emprego padrão por algo de que realmente gosto e que me pagará mais? Bem, então eu vou fazer os melhores vídeos que você já viu!" E a corrida do ouro começou. Os donos de canais pegaram suas picaretas, instalaram comportas e começaram a garimpar.

Muitos criadores de conteúdo, empresas e anunciantes viram o potencial para grandes quantias com o compartilhamento de anúncios e queriam participar. O risco era não conseguirem ganhar dinheiro se não conquistassem espectadores, mas a oportunidade valia o risco e fez vários deles lucrarem muito. Foi uma jogada genial do YouTube! Eles estavam recrutando um exército mundial de criadores para fazer o trabalho pesado e atrair visitantes para seu site por uma parte da receita. Os proprietários de canais estavam prontos para competir uns contra os outros por um punhado desse ouro.

As empresas de publicidade poderiam entrar nesse mercado sem gastar muito. Podiam rastrear seu mercado, conseguir muitas visualizações de seu produto rapidamente, sem campanhas caras, e tudo isso por apenas uma fração do custo de marketing tradicional. Muitas grandes marcas e empresas torceram o nariz para a oferta porque simplesmente não perceberam o que estavam perdendo no começo. Eram boas demais para isso.

Um dos meus exemplos favoritos de uma história de sucesso de publicidade no YouTube vem de um produto chamado Orabrush, um limpador de língua inventado no início dos anos 2000 por um cara chamado Robert Wagstaff, também conhecido como "Dr. Bob". Ele tentou comercializar seu limpador de língua por meios tradicionais de apresentação de produtos, mas as empresas que ele procurou não quiseram nada. Ele chegou a investir muito do próprio bolso para fazer um infomercial, que fracassou. Então, na avançada idade de 75 anos, o Dr. Bob foi a uma aula de marketing em sua universidade local e perguntou se alguém tinha alguma ideia brilhante.

Jeffrey Harmon, um bom amigo meu, era aluno dessa turma e disse ao Dr. Bob que achava que conseguiriam vender o produto online por meio de um vídeo no YouTube. Ele assumiu o projeto do limpador de língua com a promessa de receber a motocicleta do Dr. Bob como pagamento pela campanha. Jeffrey e alguns amigos criativos fizeram seu vídeo no YouTube por apenas algumas centenas de dólares e ele viralizou. As pessoas queriam saber onde podiam comprar o Orabrush em suas cidades, e os distribuidores começaram a prestar atenção.

Uma campanha publicitária como essa nunca havia sido feita no YouTube, mas Jeffrey viu seu potencial. "Nós levamos um produto com nenhuma venda em lugar algum para uma distribuição mundial", contou-me Jeffrey. "E não fizemos isso com o marketing tradicional. Tudo foi 100% no YouTube. Não teríamos conseguido de outra forma." A Orabrush se tornou uma marca multimilionária, vendida em mais de 24 países e em mais de 30 mil lojas.

Importante frisar que o canal do YouTube da Orabrush tem mais de 38 milhões de visualizações de vídeo até o momento. Sendo apenas um limpador de língua. A Orabrush foi adquirida pela DenTek em 2015.

O YouTube nivelou o jogo para um inventor idoso de uma cidade pequena e alguns universitários. Eles tiveram acesso ao mercado que simplesmente não estava disponível para pessoas comuns antes do YouTube. Isso mudou o rumo de suas vidas, literalmente. Jeffrey Harmon se tornou o cofundador e diretor de marketing da Orabrush e cofundou a agência de marketing

Harmon Brothers com seus três irmãos, na qual criaram campanhas online extremamente bem-sucedidas para produtos famosos nos Estados Unidos, como PooPourri, Squatty Potty, Purple, Lume e muitos outros negócios. Outros que trabalharam na campanha original também tiveram carreiras de sucesso em um caminho diferente do que estava sendo traçado no início da Orabrush.

Outro amigo meu, Shay Carl Butler, começou sua carreira no YouTube em 2006 e foi um dos parceiros originais. Se alguém tem uma boa noção de como o programa começou e o quanto mudou desde então, é ele. "O Programa de Parcerias do YouTube foi muito empolgante no começo, e todos que o conheciam queriam participar", disse Shay Carl. "O YouTube tinha muitos problemas a resolver. Lembro-me de quando parecia que todo mundo estava bravo em algum momento: os espectadores ficavam bravos com os criadores, que ficavam bravos com outros criadores; os espectadores e os criadores ficavam bravos com o YouTube e assim por diante. Mas a plataforma, no geral, fez um bom trabalho resolvendo esses problemas." Shay Carl fundou seu canal pessoal em 2006, mas criou o canal de sua família, *Shaytards*, em 2008, e ele se tornou o principal meio de subsistência para ela no YouTube, com cerca de 5 milhões de inscritos até o momento. Falaremos mais detalhadamente sobre o Programa de Parcerias no Capítulo 6.

Por causa dessa "corrida do ouro digital" e da quantidade de criadores e anunciantes que ela trouxe, o YouTube não estava preparado para responder às massas. Foi aí que entraram as redes multicanal. As RMs se ofereceram como intermediárias para outros colaboradores no ecossistema do YouTube em troca de uma parte do lucro. Elas ajudavam criadores e empresas com crescimento de público, recursos de produção e oportunidades de marca, combinavam os anunciantes com os canais adequados aos seus produtos ou serviços específicos, lidavam com gerenciamento de direitos e davam certo espaço ao YouTube para se preocupar com outras coisas. As RMs foram criticadas e elogiadas, mas aliviaram muitas dores de cabeça da plataforma naqueles anos em que se iniciava o compartilhamento de receita de anúncios.

Recentemente, conversei com Jim Louderback, CEO da VidCon e ex-CEO da Revision3, uma empresa de RM, e falamos sobre redes multicanal no meu podcast, *Creative Disruption*. Ele falou sobre como as RMs afetaram os primeiros anos da explosão da receita de anúncios do YouTube. Discutimos sobre as formas como ajudaram, mas também sobre os problemas que criaram. "No final, muitas RMs não entregaram o valor que ofereciam. Elas trouxeram criadores e marcas demais para gerenciar, e não havia receita suficiente para todos", disse Jim.

Assim que o YouTube teve um controle melhor das operações, eles ofereceram seu próprio suporte ao parceiro em vez de perder os criadores para RMs externas. Em 2011, o YouTube adquiriu a Next New Networks, uma empresa que gerenciava muitos dos primeiros criadores do YouTube, que estava pronto para retomar o controle interno e recolocar esse dinheiro no próprio bolso. Por esse motivo e outros — como menos criadores de conteúdo inscritos e uma margem menor de receita por visualização —, as RMs passaram por um declínio significativo no YouTube nos últimos anos.

## Um Sistema Próspero e em Evolução

Como você pode perceber, a participação nos lucros de anúncios mudou completamente o ecossistema do YouTube, que foi um campo minado de instabilidade em seus anos iniciais. A plataforma aprendeu a duras penas que seu ecossistema estava em um tênue equilíbrio entre seus detentores de direitos autorais, seus espectadores, seus parceiros e seus anunciantes. Houve um "Adpocalypse", inúmeros problemas com o algoritmo, questões de privacidade infantil reguladas pela COPPA (FTC)[2], Adpocalypse 2.0 e muito mais. O YouTube aprendeu a lidar com os problemas e tentou fazer modificações para satisfazer as massas, mas é um esforço constante.

---

[2] *"Children's Online Privacy Protection Act"* [Lei de Proteção à Privacidade Online de Crianças, em tradução livre], lei elaborada pela Federal Trade Commission (FTC). (N. da T.)

Quando voltamos ao espectador, o primeiro componente do ecossistema, temos que considerar o quanto ele mudou. O YouTube realmente quer que seus espectadores estejam satisfeitos. Ao longo dos anos, eles tentaram alterar seu recurso de recomendação para descobrir exatamente a que cada espectador gostaria de assistir. Eles sabem que espectadores contentes ficarão por mais tempo, deixando criadores de conteúdo e anunciantes felizes. Quanto a mais vídeos os espectadores assistem, mais dinheiro todo mundo ganha. As milhares de mudanças que foram feitas no algoritmo ao longo dos anos valeram a pena; portanto, quanto melhor o algoritmo ficar, mais contentes todos ficarão. Prepare-se para mergulhar fundo no algoritmo nos próximos capítulos.

No entanto, o YouTube deve estar entendendo algumas coisas, pois teve um crescimento de 31% ano após ano! Em 2020, ele anunciou sua receita pela primeira vez. Em 2019, faturou US$15,15 bilhões, quase o dobro do ano anterior! Isso é impressionante, tanto na quantidade de dinheiro quanto na porcentagem de crescimento. As pessoas assistem a mais de 5 bilhões de vídeos do YouTube por dia. *Bilhões*. Para realmente entender o quanto 1 bilhão é maior do que 1 milhão, considere o seguinte: 1 milhão de segundos é aproximadamente 11 dias, enquanto 1 bilhão de segundos equivale a 31 *anos e meio*. Agora pense novamente no valor de US$15,15 bilhões da receita do YouTube em 2019 e fique de queixo caído. E eles realmente estão apenas começando.

O YouTube começou como um site de encontros para um punhado de universitários na Califórnia em 2005. Agora chega a todos os cantos do mundo em todos os dispositivos. Aproximadamente um terço de toda a população da Terra assiste a ele regularmente. Eu repito: estamos falando em bilhões. Antes, costumava ser um grupo demográfico específico, mas agora o espectador do YouTube é *todo o mundo*.

Criadores de conteúdo e empresas podem se posicionar proativamente para vencer no YouTube ao aprender sobre seu próprio papel no ecossistema e sobre a mecânica de um bom canal. Isso tudo é indiscutível se você quiser ter sucesso na plataforma. Não tente enganar o sistema; tente se alinhar aos objetivos do YouTube para que surjam menos problemas e você possa se concentrar na criação de um bom conteúdo. O YouTube mudou exponencialmente desde a sua criação, e seu ecossistema também. Se você quer fazer parte dele, é preciso entender seu funcionamento e como você pode se adaptar, pois as mudanças continuarão. Você pode se adaptar de maneira inteligente ao observar os dados que o YouTube fornece. Mostrarei como o algoritmo funciona e como criar e se ajustar a partir de seus dados.

# 3 A IA do YouTube: Uma Máquina de Aprendizagem Profunda

Um criador de conteúdo do YouTube que reconhece a necessidade de se ajustar aos dados, mas não tem a menor ideia de como fazê-lo, é como um jardineiro que deseja ter uma horta em casa, mas nunca plantou uma semente sequer. Ninguém vira um jardineiro de sucesso da noite para o dia — o mesmo vale para um profissional do YouTube. É preciso pegar uma pá e cavar fundo. No começo, surgirão bolhas nas mãos, mas, à medida que desenvolvermos nossos músculos de escavação de dados, começaremos a desenterrar uma rede de conexões subterrâneas e descobriremos um mundo totalmente novo do YouTube; como manejá-lo, seus porquês e o que é preciso para produzir conteúdo de sucesso.

A inteligência artificial (IA) do YouTube é uma estrutura em evolução no ecossistema digital e entendê-la e utilizá-la exige esforço, pois é maleável. Você também precisará ser, ou seja, terá que adaptar suas estratégias de acordo com o que está funcionando no momento. Sua melhor chance de sucesso ao fazer isso depende do seu conhecimento dos sistemas em jogo.

## A Evolução da IA

Como usuários contemporâneos do YouTube, nos acostumamos com o site oferecendo o que gostamos, sem aviso prévio, mas nem sempre foi assim. Inicialmente, o YouTube era um espaço para encontrar respostas para nossas perguntas, como trocar um pneu, e um lugar para se divertir, como assistir a gatos tocando teclados ou rir de vídeos de crianças, como "Charlie bit my finger"[1]. A plataforma foi construída com base em um sistema mais simples, que não era bom em dar recomendações. Mas atualmente o YouTube tem um sistema de aprendizado de máquina complexo que ficou muito bom em adivinhar o que as pessoas querem. Vamos dar uma olhada em como a IA do site mudou ao longo do tempo e por que isso é importante para você.

Por volta de 2011, o YouTube começou a fazer mudanças no sistema com um objetivo em mente: manter as pessoas na plataforma por mais tempo. Um pesquisador do YouTube trabalhando nessa questão encontrou algumas lacunas na estrutura. Por exemplo, uma grande parte dos espectadores do YouTube passou a usar dispositivos móveis, e o YouTube não tinha um sistema preciso para rastrear o comportamento do usuário nesses dispositivos. Putz! Havia trabalho a ser feito.

Desde julho de 2010, o YouTube usava um programa chamado Leanback, que punha em fila de reprodução os vídeos prontos para serem carregados após o vídeo que estava sendo assistido. Houve um aumento inicial nas visualizações, mas logo elas entraram em um platô. Eles obtiveram os mesmos resultados com um programa de IA de acompanhamento chamado Sibyl.

O YouTube uniu forças com o Google Brain, a equipe de aprendizado de máquina do Google, cujo desenvolvimento e ferramentas de IA estavam à frente de seu tempo. A meta era construir um sistema com o alicerce do Google Brain. Seu principal objetivo continuou sendo prolongar o tempo de permanência do espectador. Em 15 de março de 2012, o YouTube mudou de um algoritmo de "Visualização", que dava recompensas a partir da contagem de visualizações

---

[1] Vídeo viral de 2007 (que chegou a ser o mais assistido do YouTube), no qual uma criança tem o dedo indicador mordido por seu irmão bebê, Charlie. (N. da T.)

de vídeo, para um algoritmo de "Tempo de Exibição", que recompensava a permanência do espectador. Essa IA seguia o público para onde quer que ele fosse, a fim de garantir que o vídeo adequado fosse exibido para ele. Ela tinha a capacidade de recomendar vídeos adjacentes em vez de vídeos "clones" (por "adjacentes" quero dizer semelhantes, mas diferentes o suficiente para manter o interesse). Os vídeos clones levavam os espectadores a deixar a plataforma, pois basicamente assistiam à mesma coisa repetidas vezes. Mais importante, a IA montava a fila de vídeos com base em quanto tempo os espectadores assistiam a eles, e não nas visualizações e nos cliques obtidos.

O objetivo do YouTube era que os usuários "assistissem mais e clicassem menos", ou seja, não era de seu interesse que os espectadores tivessem que clicar em diversos vídeos antes de encontrar o que queriam. A IA poderia emparelhá-los melhor com o conteúdo de que gostavam para que pudessem passar mais tempo assistindo.

Essa transição para o Tempo de Exibição transformou a audiência do YouTube — as pessoas permaneceram no site por mais tempo. Táticas enganosas de "bait-and-switch", usadas por alguns criadores, não estavam mais sendo recompensadas pela IA, porque os espectadores saíam rapidamente quando o conteúdo não entregava o que o título e a miniatura prometiam. Os espectadores ficavam para assistir a vídeos que entregavam o que diziam que entregariam, e a IA monitorava esses vídeos com maior duração de visualização e os recomendava ainda mais. Além disso, os espectadores ficavam para ver as recomendações da IA, pois eram relevantes em relação ao que já haviam demonstrado interesse.

Em outras palavras, os espectadores estavam mordendo a isca dessa IA: a isca, o anzol e a chumbada. A nova IA do YouTube fez com que os visitantes permanecessem por mais tempo, e o pessoal do YouTube ficou muito feliz com isso. Eles mantiveram os dados da transição em observação meticulosa e aguardaram o fracasso ou sucesso enquanto prendiam a respiração. Em maio de 2012, apenas alguns meses após a integração da nova IA, os dados mostraram que o tempo médio de exibição foi *quatro vezes* superior ao do mês de maio anterior. Então todos puderam soltar o ar em um suspiro de alívio.

A IA do YouTube mudou ao longo do tempo para criar um feed individualizado com base na personalização. Sua página inicial não é mais dominante no canal, mas é preenchida com uma mistura de vídeos escolhidos com base em padrões e comportamentos individuais de visualização. Agora sugere, com incrível precisão, a que um espectador *poderia* querer assistir. Essa é uma mudança enorme em relação às suas recomendações superficiais. Como os vídeos seguintes deixaram de ser apenas outra versão do que você acabou de ver, você parou de quitar do site (se não sabe o que "quitar" significa, pergunte a uma criança da Geração Z) — agora você fica nele para clicar em um vídeo que nunca viu antes, mas pelo qual definitivamente se sente atraído. É como se o YouTube tivesse contratado um alfaiate para tirar suas medidas de modo que ele possa criar uma roupa que você nem sabia que queria. Quem não ama a sensação de algo que se encaixa como uma luva? E esse look curiosamente tem uma semelhança incrível com todas as suas outras roupas.

### Mergulhando Fundo na Máquina de Aprendizado Profundo

Para explicar melhor, vamos voltar e reexaminar os dados. Após a virada da primeira década do século XXI, o YouTube ficou cara a cara com algumas duras verdades. Primeiro, seus usuários estavam assistindo a vídeos de várias outras plataformas em vez de acessar o site diretamente. A audiência do YouTube aumentou, mas apenas porque as pessoas estavam assistindo a seus vídeos que eram compartilhados em grandes plataformas, como Facebook e Twitter. Isso impossibilitava que o YouTube coletasse dados sobre seus consumidores a fim de retê-los e monetizá-los.

Outra dura verdade era que o YouTube tinha programas operacionais diferentes para dispositivos e aplicativos diversos, então precisava coletar todas essas partes e reinicializar para um sistema operacional único, diretamente da fonte. Surpreendentemente, na época, o YouTube nem sequer tinha um sistema dial-in para analisar o uso de dispositivos móveis, o que era uma constatação vergonhosa, já que uma grande parte das visualizações vinha de lá. Seu desenvolvimento móvel digitalmente ultrapassado foi dolorosamente lento, e algo precisava ser feito o mais rápido possível.

E, em 2012, surgiu o InnerTube: um programa interdepartamental na sede do YouTube, criado para reformular algoritmos e desenvolvimento top down. O InnerTube estava redefinindo o sistema e observando essa reinicialização para um só lugar a fim de garantir que tudo se encaixasse de forma correta e *rápida*. Era necessário que as implementações fossem feitas rapidamente e pudessem ser testadas antes de serem aplicadas em todos os níveis. Se uma nova mudança não funcionasse, era preciso revertê-la imediatamente, sem prejudicar todo o empreendimento. Então eles ajustavam e tentavam novamente.

Outra peça vital para a reinicialização foi a utilização de máquinas de aprendizado profundo. A IA do Google passou por várias fases de desenvolvimento e aplicação e estava ficando cada vez melhor. A IA de aprendizado profundo do Google agora era capaz de usar redes neurais gigantescas que melhoraram muito nas recomendações e pesquisas. O aprendizado profundo vai além do aprendizado de máquina básico, pois é construído para imitar as redes neurais humanas; ele gera conclusões não lineares.

Os dados de entrada para máquinas de aprendizado profundo no YouTube vieram do comportamento de seus usuários e monitoraram não apenas o comportamento "positivo" do espectador, como quais vídeos eles gostaram e continuaram assistindo, mas também o comportamento "negativo", como quais vídeos eles pularam ou mesmo removeram de sua página inicial personalizada ou das recomendações de "Próximo vídeo" do YouTube. Monitorar os comportamentos positivo e negativo de seus usuários é vital para a precisão do algoritmo. Essa rede neural ficou tão boa que pode até prever o que fazer com vídeos novos ou desconhecidos com base no comportamento atual do usuário. Dizer que "ela tem uma mente própria" não é um exagero. Na verdade, a IA não analisa todo o comportamento de um usuário na internet; ela apenas observa o que acontece no YouTube. Isso é importante, pois é o que mantém sua precisão nas recomendações.

Como?

Digamos que você foi ao google.com e digitou "churrascarias em Los Angeles" na barra de pesquisa. Isso significa que, da próxima vez que você for ao youtube.com, você quer que ele recomende vídeos sobre como assar o bife perfeito? Ou que você quer fazer um tour em vídeo por L.A.? Provavelmente não. Mas, se você pesquisar "Como assar o bife mal passado perfeito" diretamente na barra de pesquisa do YouTube e clicar no primeiro vídeo recomendado, os vídeos sugeridos em seguida poderão ser "O homem mais forte do mundo — o que ele come em um dia", depois "Como limpar uma frigideira de ferro fundido". Esses vídeos secundários não têm nada a ver com o bife, mas você percebe como esse espectador seria um provável candidato a continuar clicando? Essa é uma máquina de aprendizado profundo que sabe o que está fazendo. E o YouTube e seu ecossistema são benfeitores diretos, porque, quando os espectadores assistem mais, todos ganham mais dinheiro e obtêm mais exposição de marca.

## Uma Máquina em Ação… e Totalmente Operante

O YouTube recomenda *centenas de milhões* de vídeos para usuários todos os dias, em dezenas de idiomas diferentes, em todos os cantos do mundo. Suas sugestões correspondem a 75% do tempo que as pessoas passam no site.

Em 2012, o tempo de exibição diário era, em média, cerca de 100 milhões de horas. Em 2019, essa média era de, surpreendentemente, 1 bilhão de horas por dia. Um bilhão de horas de conteúdo em vídeo sendo consumido coletivamente por espectadores em um único site todos os dias! No decorrer desse período de sete anos e milhares, senão dezenas de milhares, de ajustes e gatilhos, a IA de aprendizado profundo ficou *muito* boa em recomendar vídeos para manter os espectadores assistindo por mais tempo. Tornou-se uma especialista em jardinagem digital que sabe qual a colheita exata para cada cliente com base nos vídeos que eles consomem. Você também pode ser um mestre em jardinagem do YouTube quando se equipar com as ferramentas certas. Mantenha sua pá em mãos, pois apenas começamos a cavar.

# 4 Análise Detalhada do Algoritmo

**V**ocê acabou de aprender muito sobre a história dos sistemas do YouTube desde sua concepção e sabe que eles se tornaram muito bons no que fazem. Mas como isso funciona na prática? Quando você acessa o site e navega nele, como os sistemas aparecem? Para entender de vez esses conceitos fundamentais, vamos esclarecer o que acontece quando aparece um visitante no site.

Os visitantes começam a ser seguidos assim que chegam ao youtube.com. É como quando você era criança e ia brincar na casa do seu amigo, e o irmão mais novo dele simplesmente não deixava vocês em paz. Mas pense assim: em vez de ser chato, o irmão observa seu comportamento silenciosamente e atende a todos os seus caprichos. Você quer um lanche, então ele corre para a cozinha e volta com uma maçã. Você diz: "Não, obrigado", então ele leva a maçã de volta e traz um saco de Cheetos. Você come os Cheetos. Então você conversa sobre Han Solo, e ele corre para a sala e põe *O Império Contra-ataca* na TV. Da próxima vez que você vai à casa deles, assim que passa pela porta, ele lhe entrega um cookie e coloca *O Retorno de Jedi*. A previsão dele sobre o que você quer comer ou assistir é baseada na última vez que você esteve lá, e provavelmente ele acertará em cheio. Ah, e você provavelmente vai querer visitá-los com mais frequência sendo tratado assim. Ele sabe do que você gosta. (A menos que ele recomende *Os Últimos Jedi* ou *Solo*; nesse caso, você irá para a casa dos Zuckerberg, pois esses filmes são péssimos.)

Digamos que, em vez de Cheetos, você quisesse cenoura cortada em palitos e, em vez de *Star Wars*, assistisse a reprises de *The Office*. Da próxima vez que fosse lá, o irmãozinho ofereceria brócolis e colocaria *Confusões de Leslie*. A estrutura funciona, independentemente das suas preferências.

Estes exemplos ajudam a explicar os objetivos do YouTube:

- Prever a que o espectador vai assistir.
- Maximizar o engajamento e a satisfação de longo prazo do espectador.

Eles fazem isso com um processo dividido em duas partes: Coleta e Uso de Dados; e Algoritmos, no plural.

## Parte 1: Coleta e Uso de Dados

O YouTube coleta 80 bilhões de pontos de dados do comportamento de usuário todos os dias. Essa coleta é realizada em duas áreas-chave para atingir os objetivos da IA. A primeira área observada é o comportamento do usuário, por meio de metadados. Ele determina coisas sobre um vídeo com base no comportamento da pessoa de acordo com o movimento de seus olhos e de seus cliques. "Sinais de satisfação" treinam a IA em relação ao que sugerir ou não. Existe uma lista muito específica desses sinais:

- A quais vídeos um usuário assiste
- Quais vídeos ele pula
- Tempo que ele passa assistindo
- Marcações de Gostei e Não Gostei
- Feedback do "Não estou interessado"
- Pesquisas depois de assistir a um vídeo
- Se ele volta para assistir novamente ou larga pela metade
- Se ele salva o vídeo e volta para assistir depois

Todos esses sinais alimentam o Loop de Feedback de Satisfação. Esse loop é criado com base no feedback que o algoritmo recebe de seu comportamento específico. Ele "cicla" os tipos de vídeos que você gosta por meio de suas sugestões. É assim que se personaliza a experiência de cada usuário.

## Reunindo Metadados

Para entrar de vez nos detalhes, aqui vai uma explicação precisa de como a IA coleta dados. A observação de metadados começa com a miniatura do vídeo. A inteligência artificial do YouTube usa a tecnologia avançada do conjunto de produtos de IA do Google. Ela opera um programa chamado Cloud Vision (CV), que usa reconhecimento ótico de caracteres (OCR) e de imagem para determinar muitas coisas sobre um vídeo com base no que encontra na miniatura. O CV separa pontos de cada imagem na miniatura e, usando bilhões de pontos de dados já existentes no sistema, reconhece essas imagens e envia essas informações de volta ao algoritmo. Por exemplo, uma miniatura incluindo um close do rosto de Stephen Hawking, o físico mundialmente renomado, é reconhecida pelo CV para que o vídeo possa ser "agrupado" no feed sugerido junto com todos os outros vídeos no YouTube marcados sob o tema Stephen Hawking. **É assim que seus vídeos são descobertos e assistidos.**

Além disso, o CV utiliza uma ferramenta de "segurança" que determina, com base nos dados coletados das imagens em sua miniatura, se seu vídeo é seguro para todos os públicos assistirem ou se contém temas adultos, violência ou outros assuntos questionáveis, dando uma pontuação de "confiança" dessa determinação. Essa pontuação também reflete a precisão com que o conteúdo corresponde ao que a miniatura mostra. Isso significa que você pode criar uma miniatura, conectá-la ao Cloud Vision e estimar qual será sua classificação no sistema antes de finalizar o upload do vídeo. O uso do Cloud Vision ajuda a detectar algo que pode, por qualquer motivo, ser sinalizado como inadequado em algum ponto de dados, oferecendo aos criadores a oportunidade de corrigi-lo antes mesmo de ser publicado. Isso reduziu a desmonetização e outros problemas que os criadores enfrentaram no passado.

Pode ser uma ferramenta muito valiosa para ajudá-lo a ficar um passo à frente dos problemas. O CV não é uma réplica exata das medidas de segurança do YouTube, mas é próximo o suficiente para que os criadores tenham uma boa ideia de como o conteúdo será classificado pelo YouTube. O CV pode tolerar algo que o YouTube não tolera, mas ainda é uma ferramenta de pré-lançamento viável.

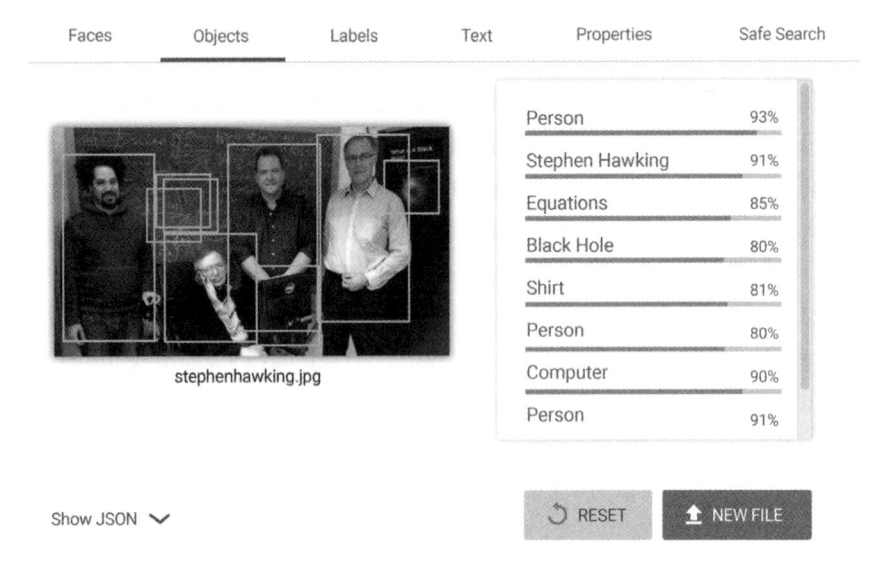

Figura 4.1  Miniatura com pontos de dados

## Inteligência de Vídeo

Depois que a miniatura é verificada, a IA passa por todos os quadros do vídeo e cria listas e rótulos de cenas com base no conteúdo. Por exemplo, se você fizer um vídeo em um estacionamento, a IA detectará a fachada da loja, as pessoas, as flores, as marcas e muito mais, com o objetivo de registrar essas informações para recomendações e passá-las pelo mesmo processo de segurança usado para verificar imagens de miniaturas. Fique atento ao que aparece nos seus vídeos! Tudo será detectado pela IA e classificado de acordo, pois ela está validando a miniatura. A IA analisa cada detalhe e determina o que é mais importante de acordo com o vídeo e seus metadados.

## Closed Caption

A IA faz a mesma coisa com o idioma do vídeo. O YouTube agora tem um recurso de legenda automática, e a IA também lê as palavras da legenda para coletar dados. Então, basicamente, percorrer os quadros de vídeo usando listas de takes é como observar a mensagem visual, enquanto o áudio fornece o feedback do que está de fato sendo verbalizado. *Tudo* entra no sistema.

## Língua Natural

A IA também ouve a estrutura real das frases e a divide em um diagrama de sentenças. Isso extrai o significado do que está sendo dito, e ela é capaz de diferenciar a linguagem para agrupá-la por categorias, não apenas superficialmente. Por exemplo, dois criadores diferentes podem falar sobre Stephen Hawking em seus vídeos, mas um vídeo pode ser biográfico ou científico, enquanto o outro pode ser humorístico, voltado para entretenimento. Embora ambos os vídeos falem sobre a mesma pessoa, eles são de categorias diversas o bastante para que a IA os classifique de forma distinta e os agrupe com diferentes conteúdos recomendados, devido ao idioma utilizado.

## Título e Descrição do Vídeo

Como você já deve presumir, o algoritmo também analisa o título e a descrição do vídeo para complementar o que já aprendeu com a miniatura, quadro a quadro, e o idioma. Mas ele só realiza esse rastreamento até que surjam dados do próprio espectador. A IA "sabe" que as pessoas podem enganar os metadados, mas não podem mentir sobre o que há efetivamente no conteúdo. Não coloque um título e uma descrição em seu vídeo apenas para finalizá-lo e realizar seu upload. O palavreado é importante, então escolha suas palavras com sabedoria. A maioria dos criadores não aproveita ao máximo a descrição do vídeo, que é outro ponto de dados que a IA analisa para ajudar na classificação e descoberta de pesquisa.

## Parte 2: Algoritmos, no Plural

Você sabia que o YouTube tem mais de um algoritmo? A IA usa vários sistemas, e cada um tem seu próprio objetivo e meta. Os recursos visíveis aos espectadores são:

- Recursos de Navegação: Página Inicial e Inscrições
- Sugeridos
- Em alta
- Notificações
- Pesquisar

Cada um desses recursos executa algoritmos separados na tentativa de otimizar uma taxa de acerto mais alta e todos eles alimentam a IA do YouTube. Eles têm taxas de acerto diferentes para determinar o que realmente funciona para os usuários em cada sistema específico. A taxa de acerto significa a frequência com que os espectadores conseguem encontrar o que desejam assistir. Imagine que você é um pescador e jogou seu vídeo na água. Os espectadores em potencial são os peixes nadando perto de sua "isca". Talvez dez peixes deem uma olhada na isca e saiam de perto, porque não gostam de iscas dessa marca específica. Mas vem um peixe que diz: "Isso parece bom" e morde. Digamos que você jogue essa linha dez vezes e, enquanto cem peixes passam nadando direto, dez mordem a isca. Aí está a sua taxa de acerto. E ela é muito importante para cada sistema na IA. Como os algoritmos são muito sensíveis ao comportamento do usuário e aos metadados em cada fonte de tráfego, eles sabem como aumentar a taxa de acerto.

Além disso, o YouTube sempre realiza experimentos — milhares por ano —, implementando cerca de uma em cada dez mudanças no decorrer, o que significa centenas de mudanças implementadas anualmente. Essas mudanças ajudam o sistema a ficar mais inteligente, ou seja, ele saberá alimentar melhor os espectadores com relação ao que será assistido.

## Navegação: Página Inicial

A página inicial do YouTube mudou ao longo do tempo. Os usuários não precisam mais digitar uma pergunta na barra de pesquisa nem se esforçar na navegação. A página inicial costumava apresentar apenas recomendações de vídeo dos canais em que os usuários se inscreveram. Agora, ela tem um feed de recomendação personalizado com base no histórico desse usuário.

Contanto que um usuário esteja conectado ao usar o YouTube, os algoritmos podem monitorar quais vídeos ele viu no passado, a fim de fazer melhores sugestões, às quais o usuário provavelmente assistirá, mesmo que nunca tenha visto esses vídeos. Isso parece contraintuitivo. Parece que o algoritmo poderia ter mais sucesso sugerindo vídeos que sabe que um usuário já viu e gostou, mas na verdade o que vale é o contrário — manter as sugestões atualizadas faz com que os usuários permaneçam na plataforma por mais tempo, pois não ficam entediados com as mesmas coisas de sempre.

O YouTube faz isso dividindo a página inicial em duas categorias: familiar e descoberta. Ele mostra aos usuários conteúdo familiar de lugares já visitados pelo espectador. Essas sugestões podem incluir vídeos populares ou recentes de um canal a que o espectador já assistiu. O lado da descoberta inclui vídeos ou canais a que usuários com padrões de visualização semelhantes assistiram e gostaram. O YouTube descobriu que essas estratégias combinadas mantêm os espectadores mais engajados. Se você quiser aparecer na página inicial — e esse definitivamente deve ser seu objetivo —, aprenda os gatilhos que levam os vídeos até lá. Tente melhorar sua taxa de cliques e retenção de público, porque isso o ajudará a ser direcionado para um público mais geral.

## Navegação: Inscrições

Esse recurso não precisa de muita explicação. A seção Inscrições extrai conteúdo de canais nos quais você já se inscreveu. Ela sugerirá vídeos novos de seus canais inscritos, especialmente vídeos novos com conteúdo semelhante ao que você já consumiu antes. Por exemplo, você assistiu a um ou dois vídeos de pegadinhas de um canal no qual se inscreveu, então a IA coloca a mais nova pegadinha desse canal em seu feed de inscrições.

## Sugeridos

Outro lugar que os criadores deveriam focar além da página inicial é o feed Sugeridos, incluindo o "Próximo vídeo". São as sugestões abaixo (no celular) ou à direita (no desktop) do vídeo assistido. Esse é um ótimo lugar para se estar! Os espectadores ficam quando esse recurso funciona muito bem, e fazer eles ficarem é o objetivo do YouTube. Portanto, se você puder usar os gatilhos para colocar seu vídeo no feed Sugeridos, estará exatamente onde precisa.

Quais são os gatilhos? Primeiro, certifique-se de ter criado um relacionamento forte entre os dados em seu próprio conteúdo. Isso significa que, se os metadados se interligarem entre seus vídeos, o algoritmo conectará seus vídeos ao feed Próximo vídeo, e a probabilidade de ele ser assistido dispara. Os metadados incluem título, palavras-chave, descrição e o próprio conteúdo. Falaremos detalhadamente sobre metadados na Parte III do livro. O comportamento dos espectadores também aciona quais vídeos são postos no feed Sugeridos, então, quando seu conteúdo faz com que os espectadores continuem assistindo em vez de pular, é mais provável que seu conteúdo seja recomendado.

Outras coisas que a IA procura nesse recurso incluem o tipo "toca de coelho" e o tipo "assistir outra coisa". O toca de coelho se explica muito bem: vídeos que se assemelham de tal forma que fazem o espectador seguir um caminho específico. São eles:

- Vídeos do mesmo canal
- Vídeos e canais semelhantes ao que está sendo reproduzido
- Vídeos a que outras pessoas assistiram depois de assistir ao atual

O tipo assistir outra coisa (também autoexplicativo) existe porque os espectadores acabam se cansando de assistir a vídeos semelhantes e precisam de algo totalmente diferente para permanecer no site. Não é uma seleção aleatória; ainda é uma recomendação personalizada, baseada no comportamento anterior do público. Ela ocorre quando a IA tem um histórico armazenado do que esse espectador assistiu ao longo do tempo.

## Em Alta

Eu gosto de chamar esse recurso de fofoca de firma, só que geoespecífica. Um equívoco comum é achar que "em alta" é sinônimo de "popular", mas não é. Os trending topics são temas amplos sobre os quais as pessoas estão conversando por toda a internet. É o que está acontecendo atualmente nos noticiários, nas mídias sociais, em sites, blogs e outros espaços. Por "geoespecífica" quero dizer que até a internet tem regiões geográficas, tanto em localização quanto em autoridade. Sites com mais autoridade do que outros terão tópicos com tendências melhores, pois o YouTube sabe que haverá mais gente assistindo, então ele coloca esses temas em sua própria seção Em Alta. Os usuários percebem que é o que as pessoas estão vendo em outros lugares, então é mais provável que também cliquem nesse tópico quando estiverem no YouTube. Por localização, grupos que vivem na mesma área geralmente têm interesse nas mesmas coisas. Por exemplo, algo popular em Los Angeles provavelmente não teria tanta repercussão no Meio-Oeste norte-americano.

## Notificações

Quando alguém se inscreve no seu canal, essa pessoa pode ser notificada pelo YouTube quando você faz upload de um novo vídeo, mas somente se esse inscrito também tiver clicado no botão de sino. A notificação é enviada no aplicativo do YouTube ou por e-mail.

## Pesquisar

Outro recurso simples é a Pesquisa. Os usuários digitam uma palavra-chave ou frase para encontrar o que desejam assistir. O recurso de Pesquisa exibe vídeos relacionados a essa consulta. O algoritmo restringe os resultados com base nos metadados e no vídeo gerado pelo criador e também analisa de perto os dados anteriores de pessoas que pesquisam coisas semelhantes e como elas responderam a esses vídeos. Muitos acham que basta fazer SEO para que seus vídeos cheguem ao topo, mas existe um recurso de "renovação" que levará novos vídeos para esses resultados. Dê uma olhada no que está em alta e crie conteúdo com os metadados de conexão corretos. Saiba especialmente o que está em alta no seu nicho. Se o seu vídeo tiver um bom desempenho, o algoritmo o manterá nos resultados da Pesquisa; se não tiver, será descartado.

## Não É Culpa do YouTube

Você acabou de aprender muito sobre a história do YouTube e seu funcionamento interno... Parabéns! Você fez uma boa escavação. Mas você se pega pensando: "Ok, beleza, mas o que tudo isso significa para o meu *conteúdo*?"

Muitas vezes me deparo com criadores de conteúdo com boas intenções e metas grandiosas, mas que não conseguem os resultados que desejam e culpam o YouTube por isso. Eu quero que você tenha em mente apenas uma coisa: *Não culpe o YouTube, culpe o seu conteúdo*. Eu sei que isso soa cruel — como se eu tivesse acabado de chamar seu filho de feio —, mas tente dar um passo para trás e olhar objetivamente. Talvez seu filho realmente seja feio. Se você conseguir engolir a difícil verdade de que o culpado talvez seja o seu conteúdo, e não o Grande e Malvado Algoritmo, você estará pronto para aprender a Fórmula do YouTube. Se você não considerar que pode estar fazendo algo errado, então nada do que eu disser o ajudará, e você pode fechar este livro.

Agora que você entende um pouco melhor o funcionamento interno do algoritmo, não precisa se sentir intimidado ou leigo em relação a ele. Continue a ler este livro e se prepare para implementar sistemas e estratégias que funcionem com o algoritmo. O objetivo do YouTube é simples: engajamento e satisfação dos espectadores. No fim do dia, tudo se resume a criar um bom conteúdo. O objetivo deste livro é ensiná-lo a fórmula para se alinhar aos objetivos do YouTube e analisar o desempenho do seu conteúdo a fim de que você possa se ajustar e alcançar a satisfação do espectador. Você estará equipado das ferramentas necessárias para cavar o terreno e plantar as sementes certas em seu jardim de conteúdo.

# PARTE II
## A Oportunidade

# 5 Por que a Maioria dos Canais do YouTube Não Chega ao Sucesso

**N**a Parte I, você deve ter aprendido muitas coisas que não eram seu objetivo quando pegou este livro. Algumas delas podem parecer irrelevantes no momento, mas prometo que tudo se encaixará no final. Porém, sejamos honestos, você está aqui porque deseja alcançar um enorme sucesso na plataforma. Alguns criadores definem sucesso como uma quantidade "x" de visualizações ou inscritos, mas todas as histórias de sucesso do YouTube apontam para uma coisa: ganhar dinheiro.

O YouTube oferece um lugar para as pessoas compartilharem sua paixão com o mundo, e isso é ótimo, mas você sabe o que também é ótimo? Quando as pessoas recebem por sua paixão. Ganhar dinheiro não é uma coisa ruim. *É por isso que estamos aqui, pessoal.* Você pode espalhar sua paixão e ganhar dinheiro com isso sem se vender. Na verdade, quanto mais dinheiro você ganha, mais você pode espalhar sua mensagem para o mundo.

Talvez você esteja trabalhando duro para alcançar o sucesso no YouTube há muito tempo, mas seus esforços continuam não dando frutos. Você se lembra quando eu disse que talvez seu bebê seja feio? Com esse pensamento em mente, convido você a baixar a guarda e estar aberto ao que estou prestes a lhe dizer:

Não é o YouTube; é você.

Ajudei centenas, se não milhares, de criadores do YouTube a ver coisas sobre seus canais que eles simplesmente não conseguiam enxergar sozinhos. Ao longo dos anos, aprendi com muitos "fracassos" a mudar as coisas que não estavam dando certo. Uso aspas porque, na verdade, não os considero fracassos, mas uma parte importante do processo. É como disse Thomas Edison: "Eu não fracassei. Apenas descobri 10 mil maneiras que não funcionarão." O "fracasso" é um professor severo, mas, mesmo assim, é um professor; e, quando você começa a aceitar o que pode estar fazendo de errado, está pronto para progredir. Alguns YouTubers não analisam por que um vídeo teve um desempenho ruim ou não sabem o que observar. Então, o que fazem? A mesma coisa repetidas vezes, esperando um resultado diferente. Isso se chama insanidade e levará os YouTubers ao burnout, à desistência ou à redução de esforços. Já vi muito isso acontecer. Ganhar a vida no YouTube não é fácil quando você não entende por que seu conteúdo está tendo um desempenho insatisfatório e não sabe como fazer pequenos ajustes para corrigir a trajetória.

A maioria dos criadores com quem trabalho sabe o que deve fazer, mas continua a lançar conteúdo com a suposição de que algo magicamente começará a funcionar ou de repente atrairá um público. Não é assim que o YouTube funciona. Adotar essa abordagem leva à frustração e aos obstáculos criados por você mesmo, que impedem ou retardam a obtenção de seu objetivo. Seu primeiro passo para o sucesso no YouTube pode ser admitir que seu conteúdo não está dando certo. Afaste-se bastante agora e pergunte a si mesmo se está realmente feliz com seu conteúdo. Está? Ele está dando certo? Você sabe por que não? Uma maneira de olhar para ele é através dos olhos do seu espectador em potencial. Você acha que ele assistiria ao seu vídeo ou pelo menos à metade dele?

Como empresa, o YouTube é um excelente exemplo de aprendizado a partir de coisas que não estão funcionando. Lembre-se de que ele começou como um site de encontros e mudou com base no feedback de "fracasso". Eles não conseguiam que mulheres postassem em seu site, mesmo quando ofereciam US$20 por vídeo. O site de encontros não deu certo, então o site foi mudado para o que seus usuários queriam. Se o que você faz não está dando certo, esteja disposto a mudar. Alguns criadores de conteúdo que estão no YouTube há algum tempo costumam ficar presos a velhos hábitos. Se você se enquadra na categoria "YouTuber velho", reavalie sua ideologia e metodologia. Apegar-se a ideias e processos desatualizados pode ser o que o impede de ver um crescimento real. Só porque algo costumava dar certo para o seu conteúdo não significa que dará certo para sempre. Não tenha medo de abandonar o YouTube "velho" e observar como os criadores de sucesso atuais estão fazendo as coisas.

O próximo passo é aceitar o fato de que os dados não mentem. Talvez sua mãe lhe diga que seus vídeos são incríveis, mas você já considerou que ela pode ser a única que acha isso? Não consigo deixar de pensar nos infelizes candidatos ao American Idol que, encorajados pelos elogios brilhantes de suas mães, entram na sala dos juízes apenas para serem eliminados após uma performance vergonhosa e uma crítica dura de Simon Cowell.

A boa notícia é que você pode aprender a analisar dados e criar um conteúdo incrível com muito mais facilidade do que um cantor ruim pode aprender a ser perfeitamente afinado. Tudo está relacionado aos dados. Você tem que estar disposto a se tornar um aluno dos dados.

## Torne-se um Aluno dos Dados

Para se tornar um aluno dos dados, você deve mudar a maneira como aborda tudo no YouTube. Pare de assistir por entretenimento e comece a assistir para aprender. Finja que se matriculou na Universidade do YouTube e pagou as mensalidades para estar nela. Isso pode surpreendê-lo, mas muitos criadores de conteúdo não assistem a nada no YouTube; só entram para fazer upload de seu próprio conteúdo. Tive uma consulta com um criador de conteúdo que queria conselhos para melhorar seus vídeos. Assisti a dois de seus vídeos e perguntei: "Com que frequência você assiste ao YouTube?" Ele disse: "Nunca. Não é o que eu gosto." É como querer competir no Tour de France porque você tem uma bicicleta, mas nunca viu uma corrida. E a sua bicicleta é uma Huffy, com selim banana. Você não tem as ferramentas certas e não aprendeu observando quem era bom no assunto. Você é assim? Se quiser se sair bem no YouTube, precisa assistir ao que outros criadores fazem no YouTube para ver o que funciona. Se nunca acessar a página de vídeos em alta, como verá as trends? Como será capaz de ver o que está funcionando e por quê? Um aluno do YouTube consome tudo o que há na plataforma com o desejo de entender como funciona o conteúdo de sucesso. Isso é alcançado pela busca de padrões.

A busca por padrões inclui observar o conteúdo, o público e todos os pequenos detalhes. Para garantir que estamos na mesma página, você precisa entender que o conteúdo é mais do que apenas o vídeo em si. Quando digo conteúdo, quero dizer o título do vídeo, a miniatura, a descrição, o que atrai o espectador e, sim, o vídeo. Comece a procurar ativamente por padrões em cada uma dessas partes de conteúdo em canais que fazem isso bem, e eu prometo que você os verá. Há uma razão pela qual eles recebem visualizações... você consegue descobrir por quê? Faça o mesmo com o público de um vídeo ou canal de sucesso. Eu sempre vou mais fundo e faço perguntas como: Quem são eles? De onde eles vêm? Qual seu gênero e idade? Que tipo de coisas escrevem nos comentários? A que outros vídeos assistem?

Além de aprender os padrões, você também precisa aprender as ferramentas e os sistemas que o YouTube oferece a você como criador. Não existe um único criador de sucesso que não saiba observar e interpretar dados analíticos. Pare de ter medo! A única maneira de se tornar um profissional de análise é... prepare-se... observando seus dados analíticos. Não é segredo algum. Sei que isso pode parecer fácil para alguém como eu, mas inicialmente pode parecer demais para alguns criadores. Vou repetir: tudo o que peço é que você esteja disposto a ouvir o que vou lhe ensinar e disposto a se esforçar.

Eu estava visitando meu cliente Jimmy Donaldson, também conhecido como "MrBeast", na Carolina do Norte quando outro criador chamado Zachary Hsieh, também conhecido como "ZHC", chegou para presentear Jimmy com um Tesla personalizado. Estávamos comendo sushi no final do dia, conversando sobre nosso assunto favorito: dados do YouTube. Assisti a alguns vídeos de Zach e fiz algumas perguntas sobre seus dados. Então apostei que conseguiria adivinhar as estatísticas demográficas do canal dele. Jimmy disse que pagaria o jantar se eu conseguisse acertar com uma margem de erro de 2%. Aceitei a aposta.

Bem, eu estou há algum tempo no YouTube e vi muitos dados. Sempre procuro padrões e faço isso há muito tempo, então achei que poderia adivinhar. Depois de aprender apenas algumas coisas sobre o canal, eu chutei que 46% dos espectadores de Zach eram dos EUA e tendiam a ser mais do sexo masculino do que do feminino. Ele puxou seus dados e adivinhem? Acertei na mosca; eram exatamente 46%. Eles ficaram chocados com a minha precisão, e eu fiquei feliz por ter ganhado a aposta, porque Jimmy teve que pagar pelo meu jantar. Nada é melhor do que vencer *e* ganhar sushi grátis! Obrigado, Jimmy.

Conheça seus dados. É a única maneira de saber o que precisa mudar, e algo sempre precisa mudar. Mesmo os canais mais bem-sucedidos seguem se ajustando para melhorar. Foi como obtiveram sucesso, e isso não para quando você "chega" ao sucesso. Seus espectadores vão mudar e evoluir ao longo do tempo; se você não observar isso para se corrigir, eles não vão mais assistir ao seu conteúdo, pois ele ficará obsoleto. Existem muitas maneiras de aprender a melhorar o conteúdo, mas as melhores sempre são baseadas no que podemos observar nos dados analíticos.

Para criar seu melhor trabalho e tomar as decisões mais inteligentes, você precisa entender seu nicho específico. Como? Pesquise outros criadores de sucesso em seu nicho. Pergunte por que eles são bem-sucedidos. Observe o que eles têm em comum. Por que eles criam o vídeo e fazem as edições da forma como fazem? Assista a seus vídeos de maior sucesso e observe esses padrões. Veja se eles interagem com suas comunidades e como, tanto nos comentários do vídeo quanto na guia Comunidade. Leia os comentários em seus vídeos mais populares e observe quais comentários específicos são os mais engajados. Veja o que está sendo dito e você entenderá muito melhor o espectador lendo o que ele tem a dizer. Observe todo o conteúdo — estrutura de título, miniaturas e padrões de descrição e composição de vídeo — pelas lentes da análise e da aplicação, e você estará pronto quando chegar a hora de criar seu próprio conteúdo.

## As Armadilhas da Comparação e dos Imitadores

Mas fique atento: não caia na armadilha da comparação. Sim, você precisa fazer uma pesquisa específica de nicho, mas isso não significa comparar seu canal aos outros. Eu já fiz inúmeras consultas em que o criador me disse que seu conteúdo era muito melhor do que o conteúdo do concorrente. Eles não entendem por que um canal com vídeos de qualidade inferior teria um desempenho superior ao deles. Pare de fazer isso. Em vez disso, concentre-se no que você pode aprender. Pergunte a si mesmo o que esse criador de conteúdo pode estar fazendo para obter mais tempo de exibição e envolvimento do espectador do que você. Concentrar-se no que o deixa irritado ou frustrado dificulta a observação analítica. Tire a emoção do caminho e comece a raciocinar. A comparação é um caminho sem volta e fará com que você se sinta desencorajado e empacado. Concentre-se em si mesmo e nas maneiras de melhorar. Costumo rir quando converso com MrBeast e ele compara um vídeo antigo (do ano passado) com novos vídeos. Sobre um vídeo antigo, ele disse: "Por que alguém assistiria a isso?", achando que era um vídeo ruim (e teve 50 milhões de visualizações). Poderíamos ter feito isso muito melhor sabendo o que sabemos agora. Em seguida, discutimos como poderíamos ter feito vídeos melhores com base nos dados. Esse é o superpoder. Você sempre pode aprender muito quando está competindo consigo mesmo. Melhore sempre.

Além disso, tome cuidado para não se tornar um criador imitador. Há uma diferença entre seguir uma trend e simplesmente roubar uma ideia. Você pode aprender com os métodos, conteúdos e temas dos outros e utilizá--los sem copiar exatamente o que dizem e fazem. Já vi muitos vídeos clones de imitadores que produzem réplicas do material de outros criadores — não seja assim. Pegue uma ideia que você gosta e dê o seu próprio toque. Torne o conteúdo exclusivo para seu público, mesmo que seja semelhante ao que outros estão fazendo. Não seja apenas mais um imitador de Casey Neistat e MrBeast; seja você.

## Correção e Consistência de Curso

Muitos criadores não sabem como se corrigir quando as coisas estão indo mal ou mesmo quando estão indo bem. Talvez tenham uma explosão de visualizações e depois fiquem estagnados e voltem à queda. Eles não sabem analisar o que deu certo ou errado e não sabem replicar bons dados. Apenas seguem carregando conteúdo sem aprender a ajustar para maximizar os resultados. É por isso que é tão importante que você se liberte da temida "paralisia da análise". Não tenha medo das análises! Alguns criadores ficam com tanto medo de ver resultados negativos que não lançam nenhum conteúdo novo. Isso obviamente não ajuda em nada e impede totalmente a criatividade.

Outra razão pela qual os criadores enfrentam problemas decorre da falta de consistência. Eles precisam seguir uma programação consistente de envio de vídeos na hora e nos dias certos. Não há uma única programação recomendada. Por exemplo, uma programação de segunda, quarta e sexta às 8h não funciona para todos os canais. Cada criador precisa testar o cronograma de upload com seu conteúdo específico para ver o que funciona melhor com seu próprio público. Quando os criadores são inconsistentes, é difícil, se não impossível, obter feedback das métricas. Descubra qual conteúdo agrada seu público e quando e mantenha o cronograma. É assim que obtemos dados de métricas que mostrarão como mudar ou melhorar.

A consistência não é tão importante se seu tráfego vier da Pesquisa. Para o tráfego de recomendações do YouTube — que é onde você quer estar —, é importante fazer upload e interagir quando seu público estiver ativo no YouTube e pronto para se envolver.

Veja como exemplo o canal de jogos *Thinknoodles*. Com mais de 5 milhões de inscritos, o *Thinknoodles* estava operando sob uma diretiva *Campo dos Sonhos*: "Se você construir (ou seja, fazer upload), eles virão", carregando novos vídeos sem programação. Uma base de inscritos na casa dos milhões forneceu espectadores suficientes, mas a inconsistência prejudicou seu potencial de velocidade.

O criador de conteúdo do *Thinknoodles* me pediu para analisar seu canal; com base nos dados, recomendei com veemência um cronograma de upload ideal para seu público que não fez sentido para ele. Era um canal de jogos, então ele carregava os vídeos à tarde, quando os gamers chegavam em casa da escola e do trabalho. Mas vi que seu conteúdo tinha melhor desempenho no início da manhã, então foi o que recomendei. Não tinha lógica. Ele titubeou, mas no fim, quando seguiu meu conselho, o vídeo postado foi o de melhor desempenho em muito tempo. Depois que corrigiu seu curso e mudou sua estratégia, seu canal explodiu para 64 milhões de visualizações em 28 dias. Tenha em mente que foi apenas um pequeno ajuste que lhe rendeu milhões de visualizações em menos de um mês. Veja as Figuras 5.1 e 5.2.

## Obtendo o Feedback Certo

Agora que você se tornou um aluno dos dados e percebeu algumas coisas que pode estar fazendo de errado, pode focar sua energia na obtenção de feedback. É muito importante obter o feedback certo (leia-se: não o da sua mãe). Alguns criadores assumem erroneamente que receber qualquer feedback é bom, mas nem todos os feedbacks são iguais. Se você os recebe de um grupo que não representa seu espectador ideal, pode estar se prejudicando, porque eles não estão interessados em seu conteúdo como o seu espectador ideal.

Portanto, o comportamento deles quando interagem com seu conteúdo é errático, enviando todas as mensagens erradas para a IA e bagunçando suas análises. Se seu público é principalmente da geração Z, você não deve receber a maior parte do seu feedback de millennials e boomers. É melhor não receber feedback algum do que obtê-lo da fonte errada.

Figura 5.1    Mais de 64 milhões de novas visualizações

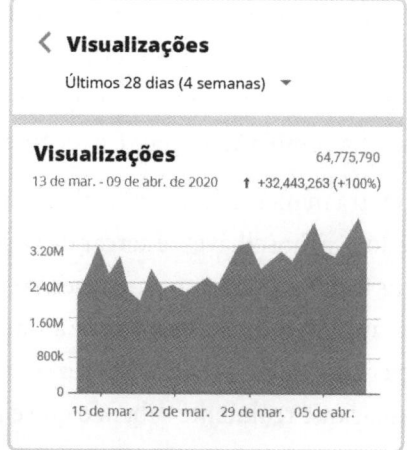

Figura 5.2    Aumento de visualizações e inscritos em 28 dias

Ou talvez você esteja recebendo feedback de um grupo que simplesmente não entende bem como o YouTube e sua IA funcionam. Por exemplo, um pequeno canal de atividades ao ar livre decidiu fazer vídeos atirando em objetos para ver se eram à prova de balas. O conteúdo do criador era baseado em caminhadas pela floresta, então esse parecia um bom tópico relacionado aos seus vídeos atuais. Sua equipe de análise de responsabilidade gostou da sugestão e o ajudou com ideias de conteúdos para vídeos.

Mas havia um grande problema com esse tema. Do ponto de vista do YouTube, a violência armada era uma ferida recente. Eles haviam passado por um tiroteio em massa na sede do YouTube, e havia muita agitação em relação a armas nos Estados Unidos por causa da ocorrência repetida desses episódios e coisas assim. O que esse criador e sua equipe de análise de responsabilidade não levaram em consideração foi que é preciso criar conteúdo que o YouTube e sua IA fiquem "felizes" em divulgar e promover para os espectadores. Basicamente, somos parceiros do YouTube; precisamos parear o conteúdo com o que eles acham adequado. O conteúdo de sucesso nesse nicho veio de canais mais antigos que já haviam estabelecido seu conteúdo no YouTube.

A miniatura que esse criador colocou em seu primeiro vídeo o mostrava com um olhar chocado, apontando uma arma para a própria cabeça. Foi o seu vídeo com pior desempenho de todos os tempos. Ele me procurou e perguntou por quê, então eu o ajudei a entender os motivos que listei anteriormente. Ele recebera o feedback errado. Sua equipe tinha boas intenções, mas não entendia como o YouTube vê e recomenda conteúdo.

Outra maneira de obter feedback ruim é de um grupo que apenas irá encorajá-lo. É aconselhável se cercar de pessoas positivas, mas, quando se trata de obter feedback honesto para o seu conteúdo, uma pessoa muito positiva não será útil. Há muitas pessoas que adoram dar feedback, mesmo sem nunca ter carregado um único vídeo. Às vezes, essa pessoa é seu espectador. Confie nas pessoas que realmente sabem o que é preciso para fazer um bom vídeo.

## Conteúdo Errado

Quando se trata de conteúdo, muitos criadores estão lançando o conteúdo errado. Às vezes, "errado" significa que o criador está abordando assuntos de que não gosta tanto. Não perca seu tempo fazendo algo com que você não se importa só porque acha que vai funcionar.

Eu tenho uma amiga, vamos chamá-la de Sally, que está no YouTube há dez anos e provavelmente está lendo este livro. Dou esse conselho a ela há anos. Ela começou como uma vlogueira diária e, no mês seguinte, mudou seu conteúdo, transformando seu canal em um de comédia. Então, após alguns meses, mudou novamente e se tornou um canal de desafios. Depois, queria fazer entrevistas sérias. *Pare com isso.* Descubra qual é a sua paixão e pare de mudar com as tendências. Passe mais tempo descobrindo qual conteúdo você realmente quer fazer.

Pense em como a IA do YouTube responde a um canal como esse. Se eu estou confuso como espectador, o que você acha que está acontecendo com a IA? Fica tão confusa sobre quem poderia ser seu público que não sabe a quem recomendá-lo. Não há padrões para usar de base.

Às vezes, conteúdo "errado" significa aleatório. É quando os criadores não criam conteúdo específico para um nicho; eles fazem upload do que querem, como se estivessem jogando tudo no Dropbox. Canais de variedade como esse simplesmente não são eficazes.

Além disso, às vezes "errado" significa conteúdo que não mantém os espectadores assistindo. Conteúdo sem retenção não cria fidelidade. Para manter os espectadores assistindo em vez de desistir, pergunte-se por que o conteúdo não está repercutindo. Não pense em si mesmo, pense na perspectiva deles. Descubra onde está o deslize, identifique os padrões favoráveis, recupere esse conteúdo em seu processo criativo e crie mais conteúdo de qualidade.

## Superstições do YouTube

Alguns criadores acham que existe um mágico do YouTube atrás de uma cortina, puxando alavancas e dando todas as ordens, controlando o conteúdo a seu bel prazer. Claro que você já aprendeu que isso não é verdade, pois se tornou um aluno analítico do YouTube, que sabe que os dados não mentem. Mas outros continuam a desperdiçar tempo e energia em coisas que não importam. Permita-me contar uma história para explicar.

Era uma vez uma mulher que cortou as duas pontas de um pedaço de carne antes de colocá-la na assadeira. Ela fez isso por anos. Um dia, seu marido perguntou por que ela fazia aquilo, e ela disse que era o jeito que sua mãe sempre fazia. Então o marido foi até sua sogra e fez a mesma pergunta. Ela respondeu: "Porque minha assadeira era pequena demais para caber uma carne inteira." A assadeira da esposa sempre fora grande o suficiente para caber toda a carne, e ela vinha fazendo aquilo desnecessariamente há anos (sem mencionar que estava desperdiçando carne fresca).

Da mesma forma, os criadores desperdiçam muita energia quando não sabem que existe uma maneira melhor de fazer as coisas. Por exemplo, houve uma época no YouTube em que houve uma falha no recurso de agendamento, de modo que os inscritos do canal não estavam sendo notificados sobre novos envios de vídeos agendados. Os criadores começaram a enviar vídeos manualmente, pois achavam que era a única maneira de contornar o problema. A falha foi corrigida, mas muitos criadores continuaram achando que o problema persistia. Acreditaram nisso por anos e foram escravos do relógio. Não importava no que isso interferisse — sono, trabalho, obrigações familiares —, eles ficavam presos ao upload manual. A ferramenta de agendamento fixo do YouTube os teria poupado de muita frustração, mas eles simplesmente não a usaram. Imagine quanto de sua energia e tempo poderia ter sido gasto de outra forma.

Se você está cortando as duas pontas da carne, por assim dizer, saiba por que está fazendo isso e, se não estiver confortável, explore suas opções. Talvez já exista uma solução, mas você ainda não a conhece.

## Burnout

Uma condição comum que vejo entre os prováveis futuros sucessos no YouTube é o burnout do criador. As pessoas se empolgam com a criação de conteúdo; porém, quanto mais trabalham e se esforçam, nada parece funcionar e elas não obtêm resultados. Então trabalham mais, enviando cada vez mais conteúdo, pois acham que é um problema de quantidade. Trabalhar assim é uma ótima receita para o desastre e posterior burnout. Parece que não há luz no fim de um túnel muito longo. Para mim, é incrivelmente gratificante trabalhar com "vítimas" de burnout, fornecendo ferramentas que restaurem sua esperança e que, de forma ideal, finalmente tragam sucesso. Outros criadores tentam fazer demais e acabam colocando em risco sua saúde mental. Se qualquer uma dessas condições lhe parecer familiar, você veio ao lugar certo. Fique por perto; estou aqui para ajudar.

Para ter sucesso, não é preciso fazer uploads três vezes por semana. Mark Rober, meu amigo e criador do YouTube, é engenheiro e inventor e carrega um novo vídeo apenas uma vez por mês. Ele ainda consegue dezenas de milhões de visualizações por vídeo, pois seu conteúdo é muito bom. Seus vídeos exigem muito planejamento e execução, mas ele se diverte a cada passo. Ele fez um vídeo sobre como criar o alimentador de pássaros perfeito à prova de esquilos, que exigiu muito tempo, mas é um conteúdo fantástico e obteve milhões de visualizações muito rapidamente. Ele tem um vídeo sobre descascar uma melancia que tem mais de 100 milhões de visualizações. Outro vídeo exigiu muita engenharia e solução de problemas, mas ele criou uma bomba de glitter para ladrões de pacotes de entrega, e o vídeo tem mais de 80 milhões de visualizações. Estude o canal do Mark e veja por que você não precisa se matar com uma agenda pesada de uploads para ter sucesso no YouTube.

Vendo de uma perspectiva realista, Mark teria mais visualizações se fizesse upload de vídeos com mais frequência, mas seu canal está indo muito bem, ele está ganhando muito dinheiro e não está com burnout ou lutando com problemas de saúde mental. Conheço vários vlogueiros diários que fizeram upload dia após dia durante anos, e o fardo acabou se tornando pesado demais, então desistiram. Modifique sua agenda se não parecer sustentável.

Lembre-se de que isso é um negócio e existem maneiras de aliviar sua carga. Você não precisa fazer tudo sozinho; você pode e deve montar uma equipe. Para sua sanidade, monte uma equipe. Quando eu estava começando meu próprio negócio, meu pai me disse que uma das maneiras mais rápidas de alcançar o sucesso era me cercar de pessoas que compartilhassem meu objetivo e me ajudassem a proteger minha sanidade. Então ele me ensinou o que hoje chamo de "Work Week Analytics" [Análise da Semana de Trabalho]. Eu documento tudo o que faço durante o dia, desde verificar meu e-mail até postar nas mídias sociais, executar tarefas e tudo mais. No final da semana, pego dois marca-textos de cores diferentes. Com uma cor, destaco tudo o que detesto fazer; com a segunda cor, destaco tudo o que me fez perder tempo. Então, contrato outra pessoa ou várias outras pessoas para fazer todas as tarefas destacadas. Isso o ajudará a manter o foco no que você ama e no que importa, evitando o burnout.

## Foco

Não deixe seu foco ser sua ruína. Seu problema pode ser que você tenha se concentrado nas coisas erradas o tempo todo. Você acha que precisa de uma câmera melhor ou outro equipamento (mas não precisa); você comenta em diversos vídeos para exposição do canal (mas não deveria); você culpa o YouTube, alguém ou algo por sua falta de exposição e sucesso (não é com eles; é com você, lembra?). Se o seu foco está mal posicionado, assuma o controle e siga em frente.

Você está pronto para definir metas claras para orientar seus esforços na direção certa. Isso ajuda a solidificar o foco em seu propósito, sem pensar duas vezes. Permite que você se concentre nas coisas que fará todos os dias para trabalhar em direção ao seu sucesso iminente. Não estamos reinventando nada aqui: essa é uma fórmula comprovada, que funciona... se você estiver disposto a ser um aluno do YouTube, analisar o desempenho do seu vídeo e se ajustar para criar um conteúdo com o qual o público se identifique melhor.

# 6 Ganhe Dinheiro em Parceria com o YouTube

Então você está pronto para ganhar dinheiro no YouTube... espera aí, dá para ganhar dinheiro no YouTube? Como se faz isso? E em período integral? Como?

Essas são perguntas reais que recebo o tempo todo quando digo às pessoas o que faço da vida. A população em geral não sabe e não entende. A primeira resposta é que podemos começar a ganhar dinheiro ao nos tornarmos membros do Programa de Parcerias do YouTube, ou *YouTube Partner Program* (YPP). Como você verá, essa é apenas a primeira gota de água no balde, mas chegaremos ao resto nos próximos capítulos.

Lembre-se, ao aprender sobre o ecossistema do YouTube no Capítulo 2, você viu que esse programa começou em 2007 e foi como a grande corrida do ouro na Califórnia. O compartilhamento de receita de publicidade nunca havia sido feito antes do Google AdSense no google.com e, depois, no youtube.com, então essa era uma oportunidade gigantesca e totalmente nova. Os criadores poderiam monetizar seu conteúdo se ele tivesse um bom desempenho, então eles fizeram todo o possível para conseguir isso. Ou seja, o YPP elevou o nível, tanto do conteúdo de qualidade quanto da quantidade confiável e ininterrupta.

Eu já lhe disse que o YouTube finalmente compartilhou seus ganhos anuais, declarando receita de US$15,15 bilhões em 2019, mas todo esse dinheiro não foi direto para o YouTube. Uma grande parte foi para os criadores do Programa de Parcerias. Ele começou com uma divisão de 45/55, o que significa que o YouTube ficava com 45% da receita dos anúncios veiculados ao conteúdo, enquanto o criador desse conteúdo ficava com 55%. As porcentagens estão um pouco mais complicadas agora, pois muitos fatores são levados em consideração, mas ainda é um bom retorno para os criadores. A monetização tem sido a principal razão para o sucesso do YouTube. Também ajudou as pessoas a verem a plataforma como uma carreira ou um empreendimento viável.

Deixe-me dizer novamente: compartilhar receita com as pessoas comuns que colocam conteúdo em seu site foi o que acarretou o crescimento exponencial do *YouTube*. Sim, isso mudou tudo para os criadores, mas pense em como também mudou tudo para o YouTube. Foi uma jogada de mestre. O YouTube tem muito dinheiro entrando porque começou a distribuir muito. E, como estava incentivando os criadores, eles criaram um conteúdo melhor, que levou a mais visibilidade e visualizações. Quando o conteúdo é melhor, as pessoas querem assistir mais. O Programa de Parcerias é uma tripla vitória. Sim, são três: para que o ecossistema do YouTube prospere, todos precisam ganhar no triângulo de receita, incluindo o criador, o anunciante e a plataforma.

Hoje, há uma lista interminável de criadores querendo monetizar, mas, no começo, o YouTube foi atrás de criadores para que participassem do programa. Shaun e Mindy McKnight estavam entre esses primeiros recrutas do YPP. Eles administravam um blog popular de penteados e fizeram upload de um vídeo de passo a passo no YouTube para incorporar em seu site. Shaun e Mindy nem estavam prestando atenção no que acontecia em seu canal do YouTube, *Cute Girls Hairstyles*, mas o tráfego recebido foi suficiente para o YouTube perguntar se eles queriam participar do Programa de Parcerias.

Shaun e Mindy ganharam um bom dinheiro "extra" no início de sua monetização, mas não tinham ideia do que os esperava por causa da receita de anúncios. Por fim, Shaun pediria demissão de seu emprego, eles seriam a primeira família do YouTube com milhões de inscritos, e seus filhos também teriam seus próprios canais atingindo esse número. Falarei mais sobre isso no próximo capítulo.

## Aderindo ao Programa de Parcerias

Agora que você sabe que deseja ganhar dinheiro no YouTube, mesmo que seja só porque eu estou dizendo que você quer, vamos falar sobre como você fará isso. Para ser monetizado e continuar assim, é preciso seguir as regras do YPP, sem "se", "e" ou "mas". Se infringir as regras, poderá ser desmonetizado, perder seu status de parceiro ou até mesmo ter seu canal inteiro excluído. Isso é sério; todos os dias, várias pessoas me procuram pedindo ajuda porque o YouTube desmonetizou ou excluiu seu canal. O YouTube não brinca com esse programa. Pode ser tedioso ler toda a papelada, mas é preciso se familiarizar com as Diretrizes da Comunidade, os Termos de Serviço, as regras de direitos autorais e as políticas do programa AdSense se o criador quiser permanecer em situação regular. É provável que se encontre tudo o que precisa saber acessando a página de suporte do YouTube e navegando a partir daí.

Mas, primeiro, é preciso se qualificar. Antigamente, era possível ser monetizado com apenas um vídeo, mas o YouTube parou de fazer isso porque trouxe muito conteúdo "lixo" monetizando vídeo por vídeo. Eles queriam incentivar vídeos aos quais as pessoas realmente assistissem e canais nos quais realmente se inscrevessem.

É necessário ter mil assinantes e 4 mil horas de tempo de exibição nos últimos doze meses para poder se inscrever no Programa de Parcerias. E também ter uma conta vinculada do AdSense. Ao atingir esses requisitos, vá para Monetização no seu menu, assine os termos, e estará tudo pronto. Você será automaticamente colocado na fila para ser analisado para aprovação de monetização. A aprovação costumava ser automática, mas agora a equipe de revisão pode e rejeitará um canal se achar que o conteúdo não segue as diretrizes do YouTube. O tempo de resposta normal é de algumas semanas a um mês, mas é claro que sempre há motivos para levar mais tempo. Essa é a parte em que você exercita sua paciência, mas é um ótimo momento para verificar se seu conteúdo e seu canal seguem as diretrizes do YouTube.

Demora um pouco, pois são pessoas de verdade que fazem as avaliações e aprovações, não máquinas, então dê algum tempo para que façam seu trabalho antes de ir atrás de respostas. Se você colocou todos os pingos nos is, deve ser simplesmente uma questão de *quando*, e não *se* você receberá seu e-mail de boas-vindas do YPP.

O YouTube continuará monitorando seu canal após a aprovação do YPP para garantir que seu conteúdo esteja sempre em conformidade com as políticas. Nenhum criador tem direito ao programa só porque tem os números adequados. Lembre-se de que é uma parceria e que você precisa cumprir sua parte no acordo para manter as vantagens do programa.

A equipe de revisão verificará o tema principal do seu canal, os vídeos mais vistos e os mais recentes, títulos, miniaturas e descrições para verificar a conformidade. Mas isso não significa que você pode "se safar" de outras coisas, pois eles realmente verificam tudo; se encontrarem algo fora da política, o vídeo ou o seu canal pode ser desmonetizado. Siga as regras.

## A Logística do Dinheiro

Deixe-me explicar como funciona o dinheiro do YPP: os anunciantes pagam ao YouTube para exibir sua propaganda no site como anúncios gráficos, de resultados de pesquisa e como anúncios anteriores, intermediários e finais de vídeos. Quando um espectador vê um anúncio em um vídeo, o anunciante recebe uma cobrança em dinheiro, pago ao YouTube e dividido com o criador em cujo vídeo o anúncio foi reproduzido. O valor pago pelo anunciante é chamado de CPM, custo por milhar ou por mil impressões.

Como criador de conteúdo, você pode acessar suas métricas de receita e, por meio da métrica de RPM, ou receita por milhar/mil, ver quanto dinheiro está ganhando com esses anúncios reproduzidos em seus vídeos. De acordo com o YouTube, eles extraem sua receita total de anúncios, Assinatura de Canais, Super Chat, Super Stickers e YouTube Premium, multiplicam por mil e dividem isso pelo total de visualizações no mesmo período. Essa costumava ser uma métrica "estimada", mas, em julho de 2020, o YouTube anunciou a nova métrica de RPM para demonstrar transparência e passar segurança aos criadores, pois os números diminuíram devido à Covid-19. Fico feliz em informar que a métrica RPM não é mais estimada e que você não precisa fazer os cálculos sozinho. Sempre foi uma métrica estranhamente "estimada", então é ótimo que a plataforma tenha corrigido isso. Obrigado, YouTube.

É útil saber quanto os anunciantes estão gastando (CPM) e quanto você pode ganhar (RPM). Acompanhe esses números ao entrar no YouTube e você se verá pensando em conteúdo e estratégias de maneiras novas e empolgantes, concentrando-se nos pontos de dados certos que geram dinheiro.

Como criador, você não pode escolher quais anunciantes exibem anúncios com seu conteúdo; na verdade, é o contrário. Os anunciantes escolhem onde seus anúncios são exibidos e recebem pelo que pagam. O que significa que quanto mais específicos eles forem em sua segmentação, mais terão que desembolsar. Por exemplo, pagar para que um anúncio seja exibido para "mulheres" custa muito menos por milhar para um anunciante do que escolher "mulheres asiáticas de 35 a 45 anos, CEP 90210 no sul da Califórnia". A especificidade aqui pode ficar insana. Eles podem especificar seu alvo como amantes de gatos ou pessoas dentro de uma faixa de renda familiar.

Além disso, só porque você foi aceito no Programa de Parcerias não significa que ganhou o direito de exibir ótimos anúncios com seu conteúdo. Pense: se seu conteúdo não estiver sendo assistido por nenhuma das especificações demográficas escolhidas pelos anunciantes, os anúncios não serão exibidos com seu conteúdo, pois ele não atende às especificações. Então, teoricamente, você pode ser um criador do YPP sem renda. E o que você pode fazer a respeito disso? Conheça seu público e descubra como fazer referências atrativas à cultura pop, o que expande seu alcance para um público mais amplo. Falamos mais sobre essa incrível mistura de públicos no Capítulo 11.

Ademais, o CPM pode variar; aumenta à medida que mais pessoas anunciam. Muitas vezes, esse aumento nos anúncios acontece em feriados e grandes eventos. Pense em todos os anúncios que vemos durante a época do Natal. Quando há mais anúncios, custa mais ao anunciante para exibi-los em um determinado momento.

## Oportunidades Adicionais de Receita do YPP

O que mais o Programa de Parcerias oferece? Além da receita de anúncios, o YPP oferece outras formas de monetização, incluindo assinaturas de canais, Super Chat e Super Stickers para transmissão ao vivo, uma prateleira de merchandise e uma parte da taxa de assinatura dos assinantes do YouTube Premium quando eles assistem ao seu conteúdo. Cada um tem seu próprio conjunto de requisitos — alguns têm contagem de assinantes, idade e/ou limitações regionais —, então descubra quais são quando quiser implementá-los. Você também terá acesso a ferramentas como a equipe de suporte ao criador e o Copyright Match.

### Assinatura de canais

Os espectadores podem pagar uma taxa de assinatura para se tornarem membros do canal, o que dá suporte a ele e fornece vantagens especiais ao espectador. As assinaturas podem oferecer conteúdo exclusivo para membros, como acesso antecipado, bastidores e vídeos exclusivos. Elas também podem incluir itens como badges de chat ou emojis personalizados para que os membros possam se destacar em comentários e chats. Alguns espectadores pagam por uma assinatura simplesmente para apoiar seus canais favoritos e pertencer à sua comunidade exclusiva.

Para se inscrever no programa de assinatura de canais, você precisa estar em situação regular com o YouTube. Os canais de jogos precisam ter mil inscritos, mas todos os outros canais devem ter 30 mil. Você também precisa ser um Parceiro do YouTube. O programa de assinatura não está disponível em todo o mundo, então confira se está disponível na sua área. As assinaturas não podem oferecer algumas coisas, incluindo encontros individuais, download de conteúdo e marketing para crianças. A receita é dividida 70/30 com o YouTube, então você fica com 70% da taxa de assinatura, enquanto o YouTube fica com 30%.

Alguns criadores ganham muito dinheiro com seus programas de membros do canal. De acordo com um artigo de 2018 da revista *Variety* ("YouTube Creators Getting New Options for Paid Memberships, Merch Sales, Video Premieres", de Todd Spangler), um músico obteve 50% de sua receita no YouTube com assinaturas de canais e planejava financiar uma turnê mundial com essa renda extra. Com a promessa de uma minissérie exclusiva, alguns vloggers de viagens conseguiram membros rapidamente; em seis dias, ganharam mil membros em dezenas de países. Outro criador mais do que triplicou a receita do seu canal de comédia após implementar o programa.

## Transmissão ao vivo, Super Chat e Super Stickers

O Super Chat e os Super Stickers são um implemento divertido às transmissões ao vivo e uma outra forma de diversificar sua renda no YouTube. São basicamente uma "gorjeta" dos espectadores. Um Super Chat aparece como um comentário fixado na parte superior de um feed de comentários durante transmissões ao vivo. É realçado por cor e duração, dependendo da quantidade doada. Isso incentiva o espectador a gastar mais dinheiro. E os Super Chats incentivam outros espectadores a fazer o mesmo, muitas vezes criando um efeito dominó. Ao adicionar o Super Chat à sua transmissão ao vivo, apresente-o aos espectadores. Muitos deles não sabem o que é, então faça uma rápida introdução antes de entrar na transmissão ao vivo e avise-os quando receber um Super Chat para chamar a atenção deles para a opção.

PrestonPlayz, gamer do YouTube, gosta do fato de o Super Chat criar outra via de interação entre espectadores dedicados e criadores de conteúdo. Ele faz um ótimo trabalho ao reconhecer seus colaboradores de transmissão ao vivo enquanto ainda está envolvido no propósito da live. Sempre reconheça ou agradeça seus Super Chatters.

Toda segunda-feira, por dois anos, meus amigos do canal *The Ohana Adventure* fizeram uma transmissão ao vivo de uma noite de jogos em família. Quando implementaram o Super Chat, acabaram ganhando renda suficiente para que pudessem trabalhar em tempo integral em seu canal no YouTube. Seus seguidores não apenas lhes deram dinheiro, mas também tinham ótimas ideias para criação de conteúdo com um excelente desempenho.

Testemunhei uma transmissão ao vivo que rendeu mais de US$400 por minuto com o Super Chat. É uma integração muito simples, que pode lhe render bastante dinheiro e, ao mesmo tempo, ser divertida. Você pode implementar gatilhos automáticos para responder quando as doações vierem de diferentes níveis. As diferenças de níveis incentivam os espectadores a doar mais se quiserem que uma resposta maior seja acionada. Por exemplo, você pode enfeitar seu set com luzes automáticas e um canhão de confetes; ao receber um Super Chat, ele faz a luz piscar e/ou o canhão disparar, dependendo da quantia doada pelo espectador. Junte-se ao IFTTT.com (If This, Then That), onde você pode aplicar as funções automáticas do Super Chat do YouTube.

Os Super Stickers são gráficos animados que os espectadores podem comprar para aparecer no chat. É uma maneira divertida de oferecer opções de doação a seus espectadores e, ao mesmo tempo, ajudá-los a sentir que pertencem à sua comunidade. Os stickers são comprados separadamente no Super Chats.

Merchandise

A prateleira de merchandise do YouTube rendeu muito dinheiro para alguns criadores. Ela é apresentada abaixo dos vídeos e oferece mais do que apenas camisetas. O YouTube fez uma parceria com a Teespring para que os criadores pudessem elaborar e vender uma variedade de itens de marca, como bolsas, travesseiros, cobertores, bichos de pelúcia, canecas e muito mais.

De acordo com um artigo da revista *Promo Marketing* ("YouTube's Teespring Merch Integration Is Paying Off Huge for Content Creators", de Brendan Menapace), os cliques em merchandise obtêm 30% mais tráfego do que outros recursos, como links de banner, anotações e de descrição. Canecas, bichos de pelúcia e camisetas estão sempre em demanda para os espectadores que desejam apoiar ou mostrar uma marca. Utilize esses produtos atemporais para diversificar ainda mais suas fontes de receita. Uma animada aranha saltadora chamada Lucas tem mais de 400 milhões de visualizações e vendeu US$800 mil em suas réplicas de pelúcia nos primeiros dez dias da prateleira de merchandise do canal! A pelúcia é vendida por US$20 a unidade na Teespring, mas outras opções incluem camisetas, macacões de bebê, mochilas e adesivos que dizem "Boop!", a frase de efeito de Lucas. Arranje uma prateleira de merchandise para você.

## YouTube Premium

Os espectadores podem pagar uma taxa de assinatura para participar do YouTube Premium e ter uma experiência de plataforma sem anúncios, além de downloads e opções de reprodução em segundo plano. O YouTube devolve a maior parte dessa receita aos criadores, o que significa que você receberá uma porcentagem quando os membros Premium assistirem ao seu conteúdo. Mesmo que os espectadores assistam ao conteúdo como download ou em segundo plano, você receberá o mesmo crédito de tempo de exibição. Eu gostaria de ter um link de afiliado para colocar aqui e incentivar todos a se inscreverem no YouTube Premium, pois é incrível. Vale cada centavo para ter uma experiência sem anúncios e aproveitar as opções de download e reprodução em segundo plano!

## Ganhe Ainda Mais com a Receita de Anúncios

Depois de se tornar um Parceiro do YouTube, sua receita de anúncios ainda tem potencial para mudar e crescer, pois nem todas são iguais. A proporção de criadores do YouTube é majoritariamente masculina, portanto, há uma concorrência maior para os anunciantes que desejam trabalhar com criadores do sexo feminino. Da mesma forma, há uma concorrência acirrada e oportunidades para alcançar visualizações que se concentram em raças, idades, religiões específicas e uma variedade de outros dados demográficos. Assim, exatamente o mesmo anúncio executado em conteúdos diferentes pode ter valores distintos com base em quem é o criador e em quem é seu público.

## Google Preferred

Por exemplo, Chad Wild Clay e Vy Qwaint, sua esposa e parceira, criam conteúdo juntos e colocam os mesmos tipos de vídeos em seus canais. O canal de Chad tem milhões de inscritos a mais que o de Vy, mas o canal de Vy fatura mais que o dobro do de Chad em receita publicitária, pois os anunciantes pagam mais para serem vistos em um canal de minoria feminina. Os "Chad" são comuns no YouTube, mas as "Vy" são artigos de luxo.

Quando Chad e Vy criam um vídeo que sabem que terá um bom desempenho, eles o enviam para o canal de Vy, pois ganharão muito mais dinheiro. Vy pertence ao exclusivo programa Google Preferred Lineups, que é reservado para os 5% melhores canais do YouTube. Somente clientes de publicidade de nível superior exibem anúncios junto com criadores do Google Preferred e vice-versa; apenas criadores de nível superior têm acesso a anúncios premium e receita de anúncios, que pode ser de três a cinco vezes maior do que os CPMs médios. Além disso, existem níveis dentro do programa Preferred. De tão exclusivo que é, podemos contar nos dedos o número de criadores no nível mais alto de ganhos. Eles ganham muito mais do que outros criadores do programa Preferred.

Tenho certeza de que você está pensando: "Bem, onde eu me inscrevo nisso?", mas criadores não podem se inscrever no programa Preferred Lineup. O YouTube coleta sinais de cinco categorias para produzir um "P-Score", que classifica o conteúdo que atende aos padrões Preferred. As cinco categorias observadas pelo algoritmo P-Score são: (1) popularidade (com base no tempo de exibição); (2) plataforma (conteúdo assistido com mais frequência em telas grandes como TVs); (3) paixão (engajamento); (4) proteção (adequação do conteúdo); e (5) produção (técnica cinematográfica superior e trabalho de câmera). Essa combinação de sinais percorre oceanos de conteúdo para encontrar o mais envolvente e compatível para a marca, independentemente da categoria em que ele se enquadre.

O conteúdo apropriado e compatível com a marca é muito importante para o YouTube, e por um bom motivo: eles estão trabalhando para consertar um histórico complicado com os anunciantes após grandes desentendimentos. Os anunciantes deixaram o YouTube em massa quando seus anúncios foram veiculados a conteúdo inadequado e alguns até boicotados, então o YouTube está se esforçando para provar às empresas de publicidade que é seguro e desejável anunciar no YouTube. A compatibilidade é um ponto forte para que os anunciantes vejam o valor do programa Preferred.

O algoritmo P-Score está sempre em funcionamento e é atualizado regularmente, de modo que até mesmo talentos inovadores podem aparecer na lista; não há exclusão do programa com base na longevidade do criador. Os membros do programa Preferred notam um grande crescimento em brand lift, lembrança de anúncios e intenção de compra. Brand lift significa um aumento na conscientização do público e na percepção da marca. Eles se lembrarão mais facilmente de você e do seu anúncio, o que é chamado de "lembrança de anúncios". Também aumenta a intenção do seu público de comprar seu produto ou serviço. Em suma, tudo melhora a partir de uma boa campanha.

Como não é possível se inscrever para se tornar um criador de conteúdo Preferred, sua melhor ação para alcançar esse objetivo é se lembrar dos cinco sinais que alimentam o P-Score: popularidade, plataforma, paixão, proteção e produção. Use esses sinais ao criar estratégias de criação de conteúdo e planejamento de metas.

E não se esqueça de que os anunciantes gastam mais para escolher detalhes sobre quem vê seus anúncios. Se quiserem segmentar espectadores com base em idade, sexo, etnia, localização, interesse, renda familiar ou qualquer outra característica ou estatística demográfica, precisam pagar por toda especificidade. Então, mesmo que você não seja um Parceiro Preferred, ainda poderá ganhar mais em receita de anúncios do que outro criador se seu conteúdo combinar bem com um nicho ou estatística demográfica específica. Faça sua lição de casa para que essa informação trabalhe a seu favor. Crie conteúdo para atingir esses públicos exclusivos se quiser ganhar mais do dinheiro que os anunciantes gastam em CPMs.

## YouTube Select

Os anunciantes também têm a opção de pagar pelo programa YouTube Select, que coleta uma fila de conteúdo que corresponde aos clientes ideais de um anunciante e exibe seu anúncio nessa programação. O recurso "lineup emergente" também recorre a conteúdo e criadores novos/em ascensão. O YouTube também garante a segurança da marca e os controles de adequação, o que significa que as marcas podem ter certeza de que seus anúncios não serão veiculados a conteúdo impróprio ou questionável.

O YT Select garante que os anunciantes também obtenham exposição em todos os dispositivos e aplicativos do YouTube, para que seus anúncios sejam vistos onde as pessoas realmente assistem. Eles ainda oferecem medições de brand lift para que os anunciantes possam ver a eficácia de suas campanhas.

## Estudo de Caso: Dan Markham e What's Inside

Vamos falar mais detalhadamente sobre a parte mais divertida do YouTube com algumas histórias de sucesso incríveis. Qual é a parte mais divertida do YouTube? Ganhar dinheiro, é claro! Veja, por exemplo, Dan Markham, do canal *What's Inside*. Ele pode sair com seu filho e ganhar muito dinheiro com isso. Eles abrem coisas em seus vídeos e criaram muitas memórias juntos ao longo dos seis anos em que estão ativos no YouTube. Seus canais com milhões de assinantes fornecem ampla renda para a família Markham viver o estilo de vida que quiserem, mas Dan se lembra dos primeiros dias como parceiro do YouTube e do entusiasmo com os pequenos ganhos. Seu canal ganhava poucos centavos no começo, então ele se lembra muito claramente do dia em que ganhou US$4 em receita de anúncios... e se sentiu animado com isso.

"Achei que talvez conseguíssemos guardar um pouco de dinheiro para a faculdade se tivéssemos uma pequena renda extra que entrasse enquanto dormíamos", disse Dan. "Então comecei a ler milhares de artigos para estudar o manejo do YouTube." Ele começou a postar vídeos semanalmente, que era tudo o que podia fazer com seu trabalho formal e vida familiar. Em quatro meses, alcançou mil inscritos; em mais três meses, ele tinha 100 mil; e, apenas quatro meses depois, tinha 1 milhão de inscritos.

Naquele começo, Dan conseguia enxergar o potencial de crescimento real com o YPP AdSense, mas nem sonhava com o efeito dominó de oportunidades que surgiriam por causa disso. Abriu portas para acordos com marcas, patrocínios e grandes ideias de negócios. Isso seria emocionante para quem não ganhava muito dinheiro em seu trabalho formal, mas Dan ganhava. Ele e sua esposa tinham um emprego muito confortável e estável que pagava bem. Ela era uma vice-presidente de alto escalão da Honeywell, e ambos ganhavam na casa de seis dígitos (sem falar dos benefícios). Dinheiro não era um problema para os Markham. Então, mesmo quando o canal do YouTube fez sucesso e gerava mais do que o trabalho formal, Dan se sentiu desconfortável em largar algo estável por algo que parecia uma fase. Em retrospecto, ele percebe que poderia ter trabalhado em tempo integral no YouTube mais cedo, mas precisava se sentir confortável com a ideia de que "estabilidade", no sentido tradicional, pode ser algo incapacitante.

### Estudo de Caso: Jackie e JackieNerdECrafter

Às vezes, perder é a melhor coisa que poderia acontecer com alguém. Isso se aplica a Jackie "NerdECrafter", que participou de um sorteio de um broche fofo de papagaio. Quando não ganhou, ela pensou em comprar o broche porque gostou muito, mas então viu o preço de US$80 e teve uma ideia ainda melhor: fazer o seu próprio broche.

Jackie já havia tentado fazer alguns vídeos do YouTube, mas sem direção específica e sem sucesso. Era, principalmente, algo para passar o tempo depois que perdeu o emprego. Então, pensou em fazer um vídeo de seu lindo broche artesanal de papagaio e ensinar outros artesãos a fazê-lo.

Na época, os canais femininos geralmente englobavam temas como beleza e maquiagem. Até os canais de artesanato tinham uma vibe de perfeição. Jackie achava que, para ser bem-sucedida, precisava fazer o mesmo. Mas não funcionou, então ela deixou de fazer do jeito deles e fez do seu. Assim que parou de tentar ser perfeita e decidiu apenas ser ela mesma, algo interessante aconteceu... seu canal começou a fazer sucesso. Sua autenticidade soou verdadeira para um público que se identificou com seu lado "nerd" e pé no chão. Ela era uma artesã nerd que gostava de jogos e cultura geek, e seu senso de humor era muito atraente para o público certo.

No primeiro ano de Jackie como Parceira do YouTube, ela faturou cerca de US$100 no YPP AdSense. Seu segundo ano rendeu US$500. Nas horas vagas, quando não estava em seu trabalho como professora, ela passava muito tempo criando e editando vídeos basicamente de graça. Então, algo maravilhoso aconteceu no terceiro ano: seu conteúdo consistente e autêntico encontrou seu público, e ela faturou US$23 mil. O quarto ano trouxe US$34 mil e, depois disso, triplicou. "Eu conseguia enxergar um padrão", me disse ela em uma entrevista. "Quanto mais confiante eu ficava em frente às câmeras, quanto mais sincera, brincalhona e genuína eu era, melhor meus vídeos se saíam." Ela tirou uma licença do trabalho para poder tratar seu canal do YouTube mais como um negócio, sempre mantendo a diversão em primeiro lugar.

A mãe de Jackie faleceu quando ela era mais nova, e seu pai não cuidava da família, então Jackie teve que assumir a criação dos irmãos. "Eu cresci praticamente na definição de um lar desfeito depois que minha mãe faleceu, pois ela era o pilar, a alegria da casa. Meu principal objetivo sempre foi cuidar da minha família. Não quero nada de ninguém. Mas, quanto ao dinheiro no YouTube, quero dar aos meus irmãos a vida que deveriam ter tido." Jackie gosta de levar sua família para viajar e ver a alegria em seus rostos quando conhecem novos lugares. "Eu nunca seria capaz de fazer isso com meu salário de professora. Honestamente, a essa altura, o salário de professora não passa de alguns trocados."

## Estudo de Caso: Shay Carl Butler e Shaytards

Shay Carl Butler é um YouTuber das antigas que está na plataforma basicamente desde o início. Ele foi um dos primeiros a ganhar dinheiro com a receita publicitária. "Em fevereiro de 2008, eu me tornei um Parceiro do YouTube e, em 24 de abril do mesmo ano, recebi meu primeiro cheque do YPP AdSense, no valor de US$367,40, por um mês de vídeos", disse Shay na Forbes.com ("ShayCarl's Epic Journey to YouTube Stardom", de Michael Humphrey). "Eu *não conseguia* acreditar que estava realmente ganhando dinheiro para 'entreter'. Eu sabia que minha família não poderia viver com menos de US$400 por mês, mas as engrenagens na minha cabeça começaram a girar. Eu mergulhei no YouTube." Shay largou seu empreendimento de bancadas de granito, virou DJ de fim de semana para sobreviver, e o resto é história.

A Forbes chamou Shay de um dos "empresários de vídeo mais bem-sucedidos do YouTube". Esse é o cara que foi vendedor de porta em porta, motorista de ônibus escolar, cara do marketing multinível, instalador de bancadas e DJ de rádio e que abandonou a faculdade, pois nunca conseguia encontrar uma vaga para estacionar. Agora ele é o cara que vendeu uma empresa com seus sócios para a Disney por US$500 milhões. Tudo por causa do YouTube. *Nota: dentre todos os motoristas de ônibus, Shay seria o mais legal da história!*

Estudo de Caso: Ryan Kaji e Ryan's World

A lista da Forbes de 2019 dos criadores mais bem pagos do YouTube carrega uma grande soma coletiva (e a lista não é totalmente precisa, porque alguns criadores, como MrBeast, não divulgam seus ganhos). Os números são impressionantes, mas a lista é surpreendentemente reveladora para aqueles que não compreendem a oportunidade de crescimento na plataforma. Veja, por exemplo, Ryan Kaji, a estrela infantil do YouTube. Seu canal começou como *Ryan Toys Review* [Avaliação de Brinquedos de Ryan] e, desde então, se tornou *Ryan's World* [O Mundo de Ryan]. Seus vídeos de "unboxing" o levaram ao estrelato do YouTube — em seus primeiros cinco anos, os canais de Ryan acumularam juntos mais de 40 bilhões de visualizações. A Forbes listou o canal de Ryan em primeiro lugar, com US$26 milhões em receita total em 2019. Mas a receita publicitária do canal não é sua única fonte de renda. Na verdade, nem é sua maior fonte de renda. Pondere esse fato por um minuto. Sua receita publicitária está na casa das *dezenas de milhões de dólares... e não é sua maior fonte de renda*. O YouTube abriu as portas para um mundo de oportunidades para Ryan e sua família, e o mesmo pode acontecer para qualquer outro criador ou empresa do YouTube.

## O YPP AdSense É Apenas o Começo

Você pode torcer o nariz e pensar: "Claro, aposto que deve ser bom ser o canal nº 1 no YouTube." Deixe-me interrompê-lo agora mesmo. Não é preciso estar em uma lista da Forbes como esses criadores para ganhar muito dinheiro no YouTube. Tornar-se um Parceiro do YouTube é um ótimo começo, e há muito dinheiro a ser ganho aí, mas dá para fazer muito mais do que isso. Ao se manter fiel à sua paixão e se conectar com seu público usando a Fórmula do YouTube, você estará pronto para todas as oportunidades que o aguardam.

No final de 2019, a CEO do YouTube, Susan Wojcicki, relatou: "Em comparação ao ano passado, o número de criadores com 1 milhão de inscritos ou mais cresceu 65%, e os criadores que ganham cinco ou seis dígitos, anualmente, aumentaram mais de 40%. O YouTube, como plataforma para criadores, continua prosperando." Ela não está errada. Os criadores do YouTube continuam a capitalizar as oportunidades criadas na plataforma.

O YouTube oferece uma oportunidade única para os criadores irem além de uma renda suplementar ou em tempo integral, abrindo todo um mundo de possibilidades. É a oportunidade de construir um negócio e uma marca. Nenhuma outra plataforma tem o mesmo poder ou os mesmos meios para compartilhar a receita. E, como você aprendeu aqui, a receita de anúncios é apenas o começo.

# 7 Use Sua Influência para Gerar Muito Dinheiro

Jessica Hatch trabalhava em tempo integral no restaurante de sua família há doze anos e no YouTube há sete quando sua mãe a chamou em um canto e perguntou por que ela não ficava no YouTube em tempo integral. Essa é uma reação incomum de um pai ou ente querido. Quando um YouTuber quer se tornar um criador de conteúdo em tempo integral, geralmente sua família ou amigos reagem de forma mais crítica. No dia seguinte, Jessica treinou seu irmão no restaurante e, um dia depois, entrou de cabeça no seu canal, *Gone to the Snow Dogs*, mostrando a vida com seus huskies siberianos. Para ela, foi uma transição assustadora deixar sua rotina e a estabilidade do trabalho formal — e ela estava ganhando mais que o dobro como Parceira do YouTube do que ganhava nos expedientes no restaurante. Mesmo agora, após quatro anos como criadora do YouTube em tempo integral, experimentando vários fluxos de receita, ela ainda não consegue acreditar em quanto dinheiro pode ser ganho no YouTube e quanto tempo levou para perceber as verdadeiras oportunidades da plataforma.

Como acabamos de ver no Capítulo 6, o AdSense do Programa de Parcerias do YouTube (YPP) é um ótimo espaço para começar a ganhar dinheiro na plataforma, mas é apenas o começo. Quando Jessica descobriu possibilidades de receita fora do YPP AdSense, ficou chocada. Ela me disse: "Eu tinha ouvido pessoas falando sobre acordos de marca e patrocínios, e meu primeiro pensamento foi: 'Uau, eu consigo fazer isso. Consigo falar bem com pessoas.' Então, alguns dos meus primeiros acordos de marca foram literalmente pegar brinquedos de cachorro e perguntar: 'Quem produz isso? Posso falar com essas pessoas? Claro, posso encontrar o e-mail delas', e simplesmente enviava e-mails para elas." O que começou como brindes de produtos acabou se transformando em grandes negócios com empresas como Sony Pictures, Disney e outras. Falaremos mais sobre acordos de marca e patrocínios em alguns instantes.

A proporção de acordos de marca/receita de anúncios de Jessica continuou a subir, atingindo 70/30 em favor de acordos de marca — às vezes cai para 50/50, mas podemos ver o potencial de grandes oportunidades além do YPP AdSense em ambos os cenários. Jessica teve um sucesso incrível com um nicho e um público muito específicos, expandindo seu alcance e fazendo parte de oportunidades que ela provavelmente não teria de outra forma... tudo porque sua mãe foi sábia o suficiente para dar o empurrão que ela precisava para viver sua paixão. Que mãezona. A maioria dos pais faz o oposto, dizendo aos filhos para conseguirem um "emprego de verdade", mas eles não entendem a grande oportunidade de sucesso no YouTube.

O canal *Slice n Rice* apresenta o relacionamento inter-racial de Matt e Glory e é uma ótima história da pobreza à riqueza dentro do YouTube. Matt ("Slice") detestava seu emprego no setor varejista e mal conseguia sobreviver, e Glory ("Rice") assumiu o grande risco de deixar o emprego para se concentrar em seu canal no YouTube. Matt sentiu muita pressão para encontrar uma maneira de sustentá-los, especialmente com o casamento chegando. Alguns de seus vídeos "explodiram" ou obtiveram muitas visualizações rapidamente, o que gerou uma receita do YPP AdSense que correspondeu exatamente ao que planejaram para o casamento. Parecia destino ou intervenção divina. Matt entregou seu aviso prévio de dois meses no trabalho e se comprometeu a trabalhar no YouTube em tempo integral com sua nova esposa. Isso foi um grande voto de confiança e um enorme risco para eles. A partir daí, o canal e sua receita de anúncios continuaram a crescer, e Matt e Glory se sentiram muito gratos por terem feito o esforço de trabalhar em sua paixão.

A melhor parte dessa história (e da maioria das outras) é o que veio depois do AdSense: mais oportunidades. Um acordo de marca em particular fez toda a diferença para o *Slice n Rice*. A Warner Bros. os contactou para promover um filme que seria lançado sobre um casal inter-racial. Matt se lembra de achar que a quantia de dinheiro oferecida pela Warner Bros. estivesse errada, então ele não negociou termos nem complicou as coisas. Eles tinham apenas 200 a 300 mil inscritos na época, e o acordo parecia não corresponder ao seu alcance; a Warner Bros. provavelmente estava pagando a mais. Mas eles não sabiam o que a Warner sabia: o quanto um público dedicado poderia ser valioso. Depois de ver o sucesso do filme e atribuí-lo em parte à sua recomendação, Matt e Glory começaram a entender o poder da influência — particularmente o poder da influência deles. O relacionamento autêntico que tinham com seus espectadores poderia render muito dinheiro para as marcas certas.

Em um curto período de tempo, Matt e Glory ganharam exponencialmente mais dinheiro no YouTube do que a maioria das pessoas ganha com um salário anual. "Ficávamos acessando nossa conta bancária e olhando as cifras", disse Matt, "não sabíamos o que fazer com aquilo". E eles estão apenas começando.

## Por que Não Você?

Histórias de sucesso do YouTube como essas não são raras. Eu poderia lhe apresentar milhares de exemplos, e mal estaríamos observando a superfície desse oceano. O que estou tentando dizer é que *qualquer um pode fazer isso*. Não é preciso muita renda disponível, equipamento sofisticado ou sessenta horas por semana para ter sucesso no YouTube. Mas *é necessário* aprender sobre a plataforma, ver como os outros fizeram, reconhecer as infinitas oportunidades e seguir a fórmula que estou lhe dando. Ah, e não mata ter um pouco de paixão. Na verdade, se não tiver, é provável que você se torne parte das estatísticas fracassadas. Já vi muitos criadores do YouTube com burnout. Vi muitos criadores de conteúdo que seguiram a onda do YPP AdSense, mas não diversificaram seus fluxos de renda e perderam tudo. Mas também vi muitos criadores alcançarem grande sucesso e superarem todas as expectativas possíveis com oportunidades que nem sabiam que existiam.

Se você acha que não há um público grande o suficiente para você, reveja seus conceitos. Há um nicho para cada um. Um cara da minha pequena cidade é dono de uma empresa de serviços de reboque 24 horas. Ele começou a filmar e editar vídeos em seu telefone que capturavam seus resgates e aventuras de trabalho. Em pouco mais de um ano, seu canal obteve mais de 26 milhões de visualizações. Reboques. É sério... *reboques*. Ele agora é meu aluno, e mal posso esperar para mostrar a ele as oportunidades que existem. Confira o canal *Matt's Off-Road Recovery* e veja que você nem precisa do melhor equipamento para ter sucesso.

O sucesso no YouTube pode ser alcançado por qualquer pessoa, em qualquer lugar, com equipamento amador. Se estiver interessado em algo, é provável que haja muitas outras pessoas por aí interessadas na mesma coisa. E, quando encontrar seu público, você poderá ter uma influência valiosa sobre ele, e isso pode lhe dar muitas oportunidades de crescimento.

## Merchandising

A maioria das pessoas acha que merchandising no YouTube significa ter um link para os espectadores comprarem camisetas e moletons. Os influenciadores gostam de chamar isso de "lojinha", mas pode ser muito mais do que uma venda de camisetas aqui e ali. Montei uma estratégia de merchandising com o MrBeast, na qual ele prometeu autografar um lote de camisetas de edição limitada. O objetivo era arrecadar dinheiro para um grande vídeo de sorteio comemorando 40 milhões de inscritos. Ele desafiou a internet a "fazer o seu pior", e ela respondeu na mesma moeda. Ele vendeu 68.337 camisetas e levou doze dias exaustivos para autografar todas elas. Mas agora ele tinha um orçamento enorme para fazer o vídeo épico celebrando seu marco.

O merchandising pode ser mais do que uma "prateleira de lojinha". Podemos fazer parceria com uma marca para criar um produto específico para o canal ou nicho. O influenciador de beleza Jeffree Star tem muitos seguidores no YouTube. Em 2019, ele colaborou com a celebridade do YouTube Shane Dawson em uma série documental e uma paleta de sombras. A dupla gerou muito hype e exposição com a presença online combinada, e a reação foi surpreendente. Quando a paleta foi lançada, vendeu 1 milhão de unidades em trinta minutos. Por US$52 a paleta, eles arrecadaram US$52 milhões. E poderiam ter vendido muito mais se o produto não tivesse esgotado. O fluxo de tráfego travou o Shopify por horas. Star havia estimado vendas na casa dos milhões, mas eu diria que até ele ficou impressionado com o valor em dinheiro que sua influência gerou. Star é proprietário da Jeffree Star Cosmetics (JSC) e arrecadou cerca de US$210 milhões em 2019.

No Capítulo 6, falei sobre a estrela do YouTube mais bem paga do mundo, Ryan Kaji, que recebeu US$26 milhões em receita de anúncios em 2019. Um pequeno detalhe: ele tem oito anos. Seus pais administram seu canal, *Ryan's World*, desde que ele estava na pré-escola. Cinco anos depois, o canal possui mais de 25 milhões de inscritos. Isso se traduz em muitas oportunidades e muito mais dinheiro do que meros US$26 milhões em receita publicitária. Ryan tem seu próprio programa de TV na Nickelodeon, chamado *Ryan's Mystery Playdate*. Mas aqui vai a melhor parte: merchandising. O rosto de Ryan está em toda uma linha de produtos no Walmart e na Target — coisas como brinquedos, projetos DIY, escovas de dentes e até roupas íntimas. As vendas no varejo dos produtos de Ryan atingiram mais de US$150 milhões em 2019.

## Integrações de Marca e Marketing de Influenciadores

Marcas e empresas que entendem o poder de um influenciador gastarão dinheiro para capitalizar esse poder. Elas sabem que funciona. As pessoas se sentem conectadas a algo importante para elas e respondem à autenticidade. Então, quando um criador compartilha uma paixão autêntica com seus seguidores, pode facilmente persuadi-los a fazer algo, comprar algo ou apoiar uma causa.

O Google criou o FameBit, que combina marcas com criadores. É como um aplicativo de encontros que combina pessoas, mas seu objetivo é ajudar marcas e criadores a se encontrarem. Existem muitas agências que fazem isso. Ricky Ray Butler é meu sócio. Nós produzimos uma série de TV chamada *The Chosen* e também coapresentamos um podcast chamado *Creative Disruption*. Ricky Ray conhece o marketing de influenciadores como ninguém. Na verdade, ele começou a trabalhar com influenciadores do Facebook quando ainda estava na faculdade, antes de as agências de mídia digital serem moda (até mesmo antes de o termo "influenciador" virar moda, mas usaremos o termo de forma retroativa, para facilitar o entendimento). Ele aprendeu rapidamente que podemos obter ROI com influenciadores se conectando a marcas — um conceito novo na época.

Ele fundou sua própria agência de mídia, a Plaid Social Labs, e começou a alavancar a influência de pessoas que tinham muitos amigos ou seguidores. Ricky Ray percebeu que esses jovens criadores de conteúdo estavam desenvolvendo suas próprias comunidades orgânicas em torno de conteúdo bruto ou "não profissional". Isso foi em uma época em que era possível contar nos dedos de uma mão o número de pessoas online que tinham mais de 1 milhão de seguidores. Influenciar era algo novo (isso sem contar o Instagram, que não existiria por mais alguns anos). Ricky Ray percebeu que havia todo um mundo de valiosas colaborações com marcas para ser aproveitado.

As agências de marketing tradicionais não rastreavam anúncios na época; o preço final era sua única ferramenta de medição. Mas a agência de Ricky Ray coletava dados para rastrear os consumidores de seus clientes. Suas integrações de marca produziam resultados surpreendentes, e eles tinham os dados para respaldá-los. Mesmo assim, Ricky foi ridicularizado quando levou seu modelo de negócios para as salas de reuniões. Lá estava ele, um garoto de vinte e poucos anos, tentando convencer as grandes empresas de que criadores de conteúdo jovens e não profissionais poderiam fazer as pessoas comprarem coisas. Os bons e velhos caras do marketing não conseguiam encarar esse novo meio como um canal de vendas legítimo. Uma das primeiras integrações de marca bem-sucedidas de Ricky Ray foi entre Shay Carl Butler, um criador do YouTube, e o Orabrush, um novo produto de higiene bucal. Shay Carl apresentou o produto para seus seguidores leais, e a colaboração atraiu milhões de visualizações por apenas alguns milhares de dólares. Esse tipo de reconhecimento e elevação da marca era extremamente valioso, mas os profissionais de marketing tradicionais não queriam saber.

Então Ricky Ray continuou fazendo suas coisas. A Plaid Social Labs uniu forças com Travis Chambers, supervisor de mídia social da Crispin Porter + Bogusky, uma agência de publicidade contratada para fazer uma campanha para a Turkish Airlines. Veremos a história completa no Capítulo 9, mas, resumindo, esse anúncio foi extremamente inovador e sem precedentes, tanto criativa quanto distributivamente. As agências de Travis e Ricky Ray conectaram a campanha a mais de 800 influenciadores, que convenciam seus seguidores a assistir e a compartilhar. Basicamente, eles usaram todos os principais YouTubers da época. O anúncio teve mais de 140 milhões de visualizações e 3 milhões de compartilhamentos.

Ricky Ray montou outra campanha com um produto de higiene bucal chamado Steripod. A Steripod sabia da necessidade de seu anúncio estar dentro do conteúdo, então se concentrou especificamente nas integrações de influenciadores do YouTube. Ricky Ray uniu Lindsey Stirling, a estrela musical do YouTube, e algumas dezenas de outros influenciadores à Steripod; em três meses, o produto esgotou totalmente em todas as lojas Bed, Bath & Beyond nos Estados Unidos e Canadá. Houve um aumento de 15% nas vendas.

Em 2015, a Plaid Social Labs foi adquirida pela Branded Entertainment Network (BEN), de Bill Gates. A BEN lida com integrações de marcas e influenciadores de mídia em todo o mundo, e Ricky Ray se tornou seu novo CEO. Ele se reporta a Bill Gates mensalmente. A tecnologia de ponta da BEN em máquinas de aprendizado profundo possibilitou e até tornou necessário agir sob o ângulo da inteligência artificial. "Fomos forçados a evoluir para uma empresa de IA, pois a grande quantidade de conteúdo e distribuição atual dificulta permanecer no topo e ser relevante", contou-me Ricky Ray. Para estar na vanguarda do setor, eles criam um algoritmo personalizado para cada marca com a qual trabalham. Eles personalizam cada algoritmo dependendo do resultado desejado pelo cliente: visualizações, cliques ou vendas reais. Como resultado, têm mais dados de desempenho e conversão do que qualquer outra agência.

A agência trabalhou com mais de uma centena de influenciadores para anunciar um novo jogo chamado *Apex Legends*, que foi lançado no início de 2019. O jogo teve 25 milhões de jogadores na primeira semana. *Apex Legends* obteve ótimos downloads e conversões, mas ainda mais impressionantes foram as previsões de visualização. A BEN desenvolveu uma IA capaz de prever 99,5% das visualizações da campanha com dados estruturados e não estruturados. Ao lançar a campanha seguinte durante uma temporada diferente, eles aumentaram sua previsão para 99,8%, pois tinham mais dados disponíveis. Toda essa precisão nunca ocorrera antes. Se houver dados, o trabalho é previsível, e não mais adivinhação. A agência é uma das melhores do mundo no uso de dados para aplicar o poder dos influenciadores na geração de grandes resultados e muito dinheiro.

A indústria de negócios e integrações de marcas levou uma década para se desenvolver e amadurecer. Os sistemas e processos de ativação de campanhas devem ser completamente diferentes do tradicional. Hoje em dia, as marcas têm que ser diferentes e orientadas por dados. Precisam estar dispostas a aprender o que não sabem e o que nunca fizeram.

A Branded Entertainment Network é a maior empresa do mundo trabalhando com marketing de influenciadores e publicidade indireta, então entende a atualidade e o que dá certo ou não nas atividades das marcas. Mais de 80% do conteúdo no YouTube é proveniente de criadores de conteúdo, o que significa que estamos vendo apenas a ponta do iceberg quando se trata do potencial de integrações de marca.

Trabalhar com YouTubers pode ser um canal de vendas, mas também pode ser ótimo para o reconhecimento da marca. Hoje, as marcas podem obter tantas visualizações em uma semana quanto com um comercial do Super Bowl, mas é uma forma mais eficaz de venda, pois está dentro do conteúdo. Outros anúncios na internet podem ser removidos por ferramentas de bloqueio de anúncios, geralmente extensões de navegador. No YouTube, o inventário de anúncios pode ser visto diretamente com o conteúdo consumido por espectadores leais, engajados e confiantes. Não há motivo para não capitalizar esses públicos.

Pessoalmente, Ricky Ray é apaixonado por seu trabalho porque pensa nele como uma forma de preservar e fortalecer a arte. Ao longo da história, em tempos de paz e de turbulência, a preservação da arte sempre foi algo da maior importância. Em nossa era digital, os criadores de conteúdo são nossa própria versão dos famosos artistas do passado. Nas palavras de Ricky Ray: "Estamos fazendo algo importante ao levar sua arte ao mundo de uma forma que pode ser consumida, apreciada e arquivada. Queremos fortalecer nossas gerações modernas e futuras de artistas e inovadores." E as marcas têm a oportunidade de contribuir para esse movimento. Esse é um trabalho importante para se fazer carreira — o dinheiro é apenas um bônus.

## Propriedade de Negócio

Além de acordos de marca e patrocínios, há uma oportunidade ainda maior de construir seu próprio negócio ou marca. Muitos criadores de conteúdo não iniciam um canal com esse objetivo em mente, mas deveriam. É aqui que está a maior oportunidade para os criadores.

No Capítulo 6, apresentei a vocês Shaun e Mindy McKnight, cujo blog de penteados que virou canal no YouTube mudou suas vidas de uma maneira jamais imaginada. Shaun adorava seu emprego estável como diretor de negócios internacionais da Nature's Sunshine Products. Mindy era uma mãe e dona de casa blogueira tentando ganhar um pouco de dinheiro a mais para fazer compras no supermercado e gastar com outras coisas. Quando o YouTube pediu que participassem do programa de compartilhamento de anúncios, os McKnight acharam que seria uma maneira divertida de ganhar uma renda extra. Logo, Shaun se viu avaliando suas opções: ele deveria permanecer em seu emprego de renda estável com seguro e um ótimo plano de aposentadoria, mas, basicamente, sem probabilidade de crescimento? Ou deveria abrir mão disso para trabalhar com a esposa, se comprometendo com um canal do YouTube que ainda recebia pouco, mas tinha mais oportunidades de crescimento? Ele optou por deixar o emprego. E levou apenas três meses para que sua renda no YouTube ultrapassasse seu antigo salário.

Os McKnight entraram em uma competição de canais do YouTube chamada On the Rise. A competição mensal destacava alguns canais que estavam "em ascensão", e o vencedor era escolhido por voto popular. O canal dos McKnight — *Cute Girls Hairstyles* — ganhou, dando-lhes um espaço na página inicial do YouTube, e também apareceu no Facebook e em outros lugares. Em um dia, seus inscritos aumentaram em 10%. O pagamento do YPP AdSense naquele mês teve um aumento de 5.667%. Não estou exagerando! Ainda bem que Shaun decidiu dar essa chance!

Em 2013–2014, o canal dos McKnight teve um crescimento fenomenal para a época. O YouTube mudou para o modelo de algoritmo que seguia os espectadores e seus interesses, passando a recomendar conteúdo para eles, então os McKnight conseguiram mais visualizações por causa disso. Além disso, tiveram mais receita de anúncios devido à mudança do YouTube para visualizações em dispositivos móveis. O YouTube também se internacionalizou, então os McKnight aproveitaram esse novo público global que descobria seu conteúdo pela primeira vez. O YouTube estava entendendo de forma efetiva o seu algoritmo, e os criadores que já tinham um conteúdo à altura estavam sendo recompensados.

O caminho dos McKnight para o sucesso no YouTube foi lento e constante. Sua receita começou apenas com o YPP AdSense, mas depois se dividiu entre o AdSense e as ofertas de marca. O AdSense e as ofertas de marca eram ótimos e podiam gerar muito dinheiro, mas eles enviavam tráfego e vendas para alguém além deles. Por mais que o dinheiro fosse excelente, não se comparava à verdadeira oportunidade: eles precisavam se tornar sua própria marca. Os dois começaram seu próprio negócio e lançaram seus próprios produtos; se pudessem voltar no tempo, não teriam esperado tanto para fazer isso. Na época, ficavam receosos em apresentar produtos para seu público, achando que isso o afastaria em vez de o convencer a comprar. Em retrospecto, eles pulariam os estágios intermediários de acordos de marca e acordos de licenciamento e iriam direto para a propriedade. "O público gosta de você porque você é apaixonado pelo seu conteúdo", disseram os McKnight, "então vão gostar do seu produto porque você também é apaixonado por ele". A autenticidade vai direto para o produto na prateleira.

Mindy queria criar uma linha de produtos que englobasse todos os diferentes tipos de cabelo. E queria produtos de qualidade, que ela mesma usaria. Ela formulou produtos e projetou belas embalagens para a "Hairitage" e, junto com Shaun, apresentou a marca para o Walmart. Após 45 minutos de apresentação, o pessoal do Walmart questionou, em poucas palavras: "Já ouvimos tudo isso antes; o que mais vocês têm?" Então, os McKnight os impressionaram com seu conhecimento de marketing digital e alcance de influenciadores. No final da reunião, o Walmart queria participar (dizem por aí que eles nunca se comprometem assim em uma primeira reunião) e deu aos produtos de Mindy um espaço de primeira nas prateleiras. Com um gigante do varejo como o Walmart, existem medidas protetivas e configurações-padrão que controlam exatamente o que as marcas de produtos podem e não podem fazer. Com Mindy, no entanto, o Walmart abriu mão de algumas regras e comprou um estoque maior de seus produtos, pois eles podiam vender mais rapidamente.

Foi um gol de placa para os McKnight, e o Walmart também se beneficiou. Mindy enxerga seus produtos Hairitage na mesma linha de outras marcas que encontraríamos em lojas como Target e Sephora, então melhorou a qualidade do que estava nas prateleiras do Walmart... e a qualidade e a quantidade de pessoas que entram na loja. Muitos frequentadores do Walmart vão até lá pelos itens de mercearia, mas agora também podem adquirir produtos para cuidar dos cabelos.

Além disso, os executivos de marketing tradicional do Walmart atuavam no estilo da velha guarda, então perguntaram a Mindy como executar o marketing digital. Mindy os ensinou sobre "arrastar para cima" e links de afiliados. Para seus produtos, especificamente, Mindy queria que microinfluenciadores os apresentassem para seus próprios seguidores dedicados. Ela queria conversas online sobre o produto, não o endosso inútil e sem sentido de uma celebridade. O próximo passo depois dos microinfluenciadores seria conseguir influenciadores maiores com maior alcance para falar aos seus públicos. O cuidado meticuloso de Mindy no design estético resultou em produtos "dignos do Instagram", o que significa que as pessoas gostariam de tirar uma foto e publicá-la. Ela sabia que seria mais fácil para os influenciadores terem uma reação maior se seus produtos fossem bonitos e de alta qualidade.

A paixão de Mindy eram produtos para o cabelo, então ela criou a Hairitage, enquanto Brooklyn e Bailey, suas filhas famosas no YouTube, eram apaixonadas por rímel, então criaram sua própria linha de rímel, chamada Lash Next Door. O conselho de Mindy para os criadores do YouTube é se concentrar em sua paixão, não no dinheiro ou na fama. Se você é apaixonado e se esforça para diversificar e encontrar maneiras novas e empolgantes de crescer, o dinheiro e as oportunidades virão.

### Oportunidades Ilimitadas

Shaun e Mindy McKnight começaram no YouTube com uma pequena receita de anúncios. Eles passaram a ter seis canais do YouTube, colaborar com criadores e marcas incríveis e criar vários negócios. Eles criaram produtos, negociaram grandes acordos, palestraram em todo o mundo. E tudo começou com um blog sobre como arrumar o cabelo. Exemplos de grande crescimento e muito dinheiro podem ser encontrados aos milhares no YouTube, em todos os nichos e por todo o mundo. Não se limite. Você é capaz de ser um deles.

# 8 O Verdadeiro Poder da sua Influência: Fazendo a Diferença

O que você quer ser quando crescer?

Essa pergunta é feita para crianças uma geração após a outra. As respostas mais comuns geralmente incluem cargos como astronauta, atleta, médico, veterinário e professor. Mas as crianças de hoje em dia são diferentes, pois cresceram com a influência da internet, e o efeito que isso teve em suas respostas é revelador. Nos Estados Unidos, tornar-se um YouTuber é a resposta número 1 das crianças atualmente. Meu filho Bridger quer ser um YouTuber desde que usava fraldas.

E quem pode culpá-las por isso? YouTubers de sucesso costumam mostrar seus estilos de vida glamourosos com carros extravagantes, casas enormes, férias exóticas e diversão sem fim. Muitos fazem parecer que é uma vida em um paraíso infinito.

Mas nem todos os YouTubers de sucesso ostentam a vida luxuosa de influenciador. Vejamos Jimmy Donaldson, o "MrBeast", um garoto que fez uma carreira de sucesso no YouTube, mas que manteve os pés no chão. Quando descobri MrBeast, passei a segui-lo no YouTube e em suas redes sociais. Então notei que ele me seguiu de volta. Alguns dias depois, ele me enviou uma DM no Twitter dizendo que havia assistido a alguns dos meus vídeos, que eles o ajudaram a entender melhor o algoritmo do YouTube e que ele adoraria entrar em contato algum dia para conversar sobre dados. Na época, MrBeast não era tão famoso quanto agora — ele tinha apenas 4,7 milhões de inscritos, mas eu consegui enxergar que ele agitaria o YouTube. Então respondi sua mensagem e disse que adoraria conhecê-lo.

Jimmy me perguntou onde eu estava naquele momento, e eu disse que estava trabalhando com um cliente em Dallas, Texas. Ele afirmou que morava na Carolina do Norte, mas que queria me encontrar imediatamente: "Vou pegar um avião; vejo você em seis horas." Como era de se esperar, ele apareceu seis horas depois, e começamos a conversar sobre YouTube e dados por horas. Por fim, a conversa mudou para o lado financeiro do YouTube. Perguntei-lhe que tipo de carro ele tinha, e ele me disse que dirigia um Buick. Quando questionei por que não tinha uma Lamborghini, como muitos YouTubers fãs de luxo, ele explicou que não teria algo que não compraria para sua equipe. Em vez de comprar tantos carros esportivos caros, ele preferia reinvestir esse dinheiro no negócio.

Jimmy me cativou. Naquela primeira conversa, ele disse: "Quero ser o YouTuber mais famoso de todos os tempos. Se eu puder reinvestir meu dinheiro para criar espetáculos maiores e fazer uma diferença maior, é o que farei." Ele se tornou meu cliente e, posteriormente, parceiro de negócios. À medida que tivemos conversas mais profundas, percebi que MrBeast realmente quer fazer a diferença neste mundo. Esse é o tipo de YouTuber com quem quero fazer negócios e o tipo de pessoa com quem quero me associar em nível pessoal.

## Plantando uma Floresta de Influência

Avancemos para o ano seguinte, enquanto eu dormia em um quarto de hotel em uma viagem de trabalho. Meu telefone começou a vibrar no meio da noite. Recebi mais de 20 mensagens de texto, então achei que deveria ser alguma emergência! Era Jimmy, e ele estava muito empolgado com uma grande ideia que acabara de ter. Ele se desculpou por me acordar, mas precisava compartilhar sua ideia. O YouTube dá botões de reprodução simbolizando marcos de canais que atingem uma determinada quantidade de inscritos: um botão de reprodução prateado para 100 mil inscritos, um de ouro para 1 milhão de inscritos, um de diamante para 10 milhões e um personalizado para 50 milhões. À sua maneira, Jimmy entregou brindes a cada marco de inscritos. Deu 3 milhões de centavos (US$30 mil) aos seus 3 milhões de inscritos, 4 milhões de cookies aos 4 milhões de inscritos, 5 milhões de grãos de pipoca aos 5 milhões de inscritos e assim por diante. Ele estava chegando a 20 milhões de inscritos e queria fazer algo grande.

No Reddit e no Twitter, Jimmy viu um post que dizia "brincando" que ele deveria plantar 20 milhões de árvores para seu marco de 20 milhões de inscritos. Ele quis fazer isso. Conversamos sobre transformar essa "brincadeira" em realidade, e Jimmy decidiu ir em frente. Então ele retuitou o post e recebeu muitas respostas positivas. Uma das respostas veio de Mark Rober, outro grande criador do YouTube. O canal de ciência de Mark nasceu de sua experiência em engenharia e invenções. Ele havia trabalhado na NASA e em pesquisa e design na Apple. Mark queria ajudar com a parte científica do projeto, e MrBeast concordou.

Eles criaram um grande projeto chamado Team Trees e ficaram empolgados em transformá-lo em realidade. Com brainstorming e pesquisa, o Team Trees descobriu que, na verdade, seria ruim para o meio ambiente plantar 20 milhões de árvores da maneira que haviam planejado originalmente, então eles mudaram o plano. O Team Trees fez uma parceria com a Arbor Day Foundation, a maior organização sem fins lucrativos dedicada ao plantio de árvores. O plano era divulgar a ideia e recrutar outros influenciadores e organizações para ajudar a Arbor Day Foundation. Então ela poderia plantar as árvores onde fossem necessárias ao redor do mundo, em vez de todas juntas.

Quando chegou a hora de fazer o vídeo sobre o projeto, Jimmy quis mostrar a si mesmo e a equipe plantando as árvores, o que era de se esperar, mas percebi que havia potencial para fazer muito mais do que isso. O projeto tinha que ir além de um vídeo do MrBeast; Jimmy precisava contar com a ajuda de influenciadores para espalhar a notícia e impulsionar o movimento. Precisávamos contar às pessoas. Então, ele entrou em contato com centenas de criadores do YouTube para divulgar o projeto. Essas centenas responderam ao chamado e até inspiraram outros milhares a aderir. Mais de 8 mil vídeos foram feitos sobre o projeto.

A ideia de Jimmy foi amplamente comentada no Twitter e no Reddit. Ele até contatou pessoas com grande influência (e muito dinheiro), pedindo que contribuíssem para a Team Trees. Veja a Figura 8.1. Ele chamou a atenção de Elon Musk, CEO da Tesla e da SpaceX, que doou US$1 milhão com a mensagem: "Para o Barbárvore" (um personagem árvore gigante de *O Senhor dos Anéis*, o clássico romance de fantasia de J. R. R. Tolkien). Elon também mudou temporariamente o nome de seu perfil no Twitter para "Treelon".

Só MrBeast poderia mandar um "wuv u" [amu vc] para Elon Musk e ser respondido com US$1 milhão! Uma resposta irônica de Tobias Lütke, CEO da Shopify, chegou no dia seguinte. Tobias cobriu o valor de Treelon ao doar um dólar a mais, US$1.000.001, acrescentando a mensagem: "Para o Lorax" (um personagem de Dr. Seuss que "fala pelas árvores"). Ele então mudou temporariamente seu nome de perfil para "Tobi Lorax".

O movimento se espalhou como um incêndio florestal (desculpe a ironia), arrecadando mais de meio milhão de doações individuais em 55 dias. A Team Trees levantou quase US$22 milhões. MrBeast tuitou: "Conseguimos!!... O #TeamTrees foi mais do que plantar 20 milhões de árvores, foi um movimento que mostra que nos importamos e queremos mudar as coisas."

> **MrBeast** ✓
> @MrBeastYT
>
> @elonmusk Ei! Não quero te incomodar!! Sei que você tá ocupado nos levando para Marte e fazendo muita coisa legal. Só queria saber se vc tem interesse em doar para o teamtrees.org!! Uma árvore será plantada a cada dólar arrecadado! De qualquer forma, amu vc
>
> #TEAMTREES
> Nos Ajude a Plantar 20 Milhões de Árvores — Junte-se ao #TeamTrees
> O site oficial do #TeamTrees. Um dólar planta uma árvore...
> 🔗 teamtrees.org
>
> 17:37 26 out. 19 Twitter for iPhone

Figura 8.1   Tuíte de MrBeast para Elon Musk.

## Arrecadando Dinheiro e Conscientizando

Pouco tempo depois de atingirmos nossa meta do Team Trees, a pandemia global da Covid-19 atingiu o mundo. Tínhamos acabado de ver o poder de uma grande influência e queríamos fazer a diferença mais uma vez. Então, ajudei MrBeast a produzir uma campanha em transmissão ao vivo com 32 dos maiores criadores do YouTube de todos os tempos para arrecadar dinheiro e ajudar no combate à Covid-19. A transmissão ao vivo foi um torneio virtual de pedra-papel-tesoura e arrecadou mais de US$5,8 milhões. O Google superou esse valor, doando US$12 milhões. Foi a maior transmissão ao vivo patrocinada pelo YouTube de todos os tempos. Esses influenciadores têm o poder de realmente fazer a diferença e ajudar o mundo de maneiras únicas e divertidas.

Parece que estou jogando números altos casualmente aqui, sem dar muita atenção a eles. Vamos dar uma pausa e lembrar que esses números e essas causas são muito importantes. Ter milhões de inscritos é assunto sério. Ganhar milhões de dólares é assunto sério. Mas usar sua influência para arrecadar fundos e conscientizar milhões de pessoas sobre algo que importa e ajudará o mundo inteiro... isso não tem preço.

O YouTube oferece uma oportunidade única para qualquer pessoa construir esse tipo de influência e seguidores. É claro que muitos não escolhem a rota filantrópica, e sua fortuna no YouTube é desperdiçada em Lamborghinis, mansões e joias caras para seus animais de estimação. Mas alguns escolhem. Algumas pessoas doam dinheiro a moradores de rua ou compram todo o estoque de uma mercearia para doar a um banco de alimentos ou a um abrigo para sem-teto.

MrBeast fez isso mais de uma ou duas vezes. Em 2019, ele fez um vídeo que mostrava o processo de comprar todos os alimentos de uma loja e entregá-los a pessoas que realmente precisavam. Em março de 2020, quando as pessoas começaram a estocar alimentos devido ao surto de Covid-19, MrBeast doou cerca de 500 mil quilos de alimentos ricos em proteína. Ele também fez uma parceria com a Smithfood, que prometeu cobrir cada dólar doado com uma porção de proteína, em uma campanha chamada Good Food Challenge. Foi um lembrete para milhões de pessoas: quando acumulamos comida, paramos de doar para quem também precisa. Apenas dois meses depois, MrBeast fez outro vídeo para ajudar as pessoas afetadas financeiramente pela Covid-19, dando-lhes dinheiro em um canal falso de notícias. Algumas delas perderam seus empregos, enquanto outras acumularam contas hospitalares altas após contrair o vírus. Todas se sentiram agradecidas, e algumas prometeram devolver o dinheiro quando possível.

MrBeast é bem conhecido por esse grande formato de doação. Ele já doou grandes quantias de dinheiro por coisas bobas, como "O último a parar de andar de bicicleta ganha US$1 milhão" ou "Pago por tudo o que você conseguir carregar". Levei meu filho Kelton comigo em uma viagem de negócios para trabalhar com MrBeast e, no voo, tive uma longa "conversa de pai" com ele sobre como o sucesso vem do trabalho duro e como nada na vida vem de bandeja, é preciso merecer. No dia seguinte, meu filho estava apenas observando a gravação do vídeo quando MrBeast se aproximou dele e perguntou: "Kelton, o que você está fazendo?" Kelton respondeu: "Estou só vendo você fazer um vídeo legal." Então MrBeast fez algo no verdadeiro estilo MrBeast. Ele disse: "Bem, eu abri um banco grátis e estou dando dinheiro. Por que você não vai para a fila?" Kelton ficou animado. Ele participou do vídeo e ainda ganhou US$5 mil. Isso, sim, é um tiro pela culatra. MrBeast literalmente jogou US$5 mil no colo do meu filho depois do meu grande discurso sobre trabalho duro sem esmolas. MrBeast não faz tudo isso para ostentar o estilo de vida luxuoso do YouTuber; está sempre trabalhando em seu objetivo de reinvestir seu dinheiro para "criar espetáculos maiores e fazer uma diferença maior". É tudo um meio para um fim importante.

O canal do YouTube *Invisible People*, de Mark Horvath, existe para mudar a narrativa em torno das pessoas em situação de rua. Mark viaja pelos EUA para entrevistar essas pessoas, conscientizar sobre o problema e, com sorte, desencadear mudanças. Mark disse: "Não precisamos de atos aleatórios de bondade nem de um mês de impacto. Precisamos de atos intencionais de compaixão como estilo de vida." O *Invisible People* está fazendo a diferença.

Pessoas famosas podem usar sua influência para dar início a grandes mudanças. Bill e Melinda Gates inauguraram uma fundação para facilitar um trabalho significativo em saúde e desenvolvimento global. Os Gates contam com a ajuda de outras pessoas influentes, incluindo muitos YouTubers, para divulgar e agir em relação a questões globais. Dan Markham, do canal *What's Inside*, fez um vídeo para destacar a necessidade de água potável nas Filipinas e falou sobre o trabalho que a Fundação Gates realiza. Há muitas maneiras de fazer a diferença neste mundo, mas, quando se tem muitas pessoas observando, podemos ser muito mais influentes. Leve essa influência a sério e pense em maneiras de fazer algo significativo com seu conteúdo e seu poder.

Em preparação para a campanha do Team Trees, MrBeast disse a colegas YouTubers em um vídeo de pré-lançamento: "Queremos mostrar que o YouTube não é apenas um festival de drama. Temos, sim, influência real e podemos fazer mudanças reais." É esse tipo de YouTuber que queremos que nossos filhos assistam e imitem. Vou apoiar de todo o coração as aspirações do meu filho Bridger no YouTube se isso significar que ele pode impactar o mundo. Se você conhece uma criança que quer ser YouTuber, mostre a ela exemplos de criadores que fazem isso de maneira significativa.

# 9 Como as Empresas Ampliam seu Alcance e Geram Receita

Qualquer pessoa que você deseje alcançar pode ser encontrada no YouTube, seja você um pequeno negócio familiar, uma empresa física ou da Fortune 100. Se acha que pode pular este capítulo porque você "não tem um empreendimento", reveja seus conceitos. Todo canal que arrecada ou quer arrecadar dinheiro do YouTube precisa se considerar um empreendimento.

Um dos meus exemplos favoritos de ampliação de alcance e geração de receita no YouTube vem de uma empresa de colchas em Small Town, EUA. Jenny e Ron Doan são donos da Missouri Star Quilting Company, cujo canal no YouTube tinha quase 700 mil inscritos em meados de 2020. Mas no início da década de 1990, antes de se envolverem com acolchoados, os Doan moravam na Califórnia e tinham dificuldades. Um de seus sete filhos tinha problemas médicos que exigiam tratamentos muito caros. As contas relativas à saúde acabaram com eles. Estavam quase falidos quando decidiram que era hora de se mudar para algum lugar mais acessível, onde pudessem economizar e se livrar das dívidas. Eles literalmente pegaram um mapa dos Estados Unidos, fecharam os olhos e apontaram. Deu Missouri.

Assim, em 1995, os Doan se mudaram para o Meio-Oeste dos EUA, para uma pequena cidade chamada Hamilton, no Missouri. Ron conseguiu um emprego de mecânico em um jornal, mas era um longo trajeto, com horas extras e muitas noites fora de casa. Jenny foi fazendo bicos para ajudar nas contas. Infelizmente, eles perderam suas economias de aposentadoria com a crise do mercado de ações de 2008. A estabilidade do emprego de Ron parecia incerta, e os Doan estavam novamente em apuros. Muitas vezes, em cidades pequenas, as empresas lutam para se manter funcionando, e isso valia para muitas lojas em Hamilton na época. Por ser uma comunidade muito pequena, cada vez que uma loja fechava as portas, o sentimento era o de um baque pessoal. Os Doan eram uma família grande passando por dificuldades em uma cidade pequena passando por dificuldades.

## Demanda = Oportunidade

Jenny era boa costureira e costumava criar figurinos na Califórnia. Quase não havia demanda por uma figurinista em Hamilton, então alguém sugeriu que ela fizesse um curso de colchas. Jenny respondeu que isso era coisa de idoso. Porém, ela fez o curso e descobriu que fazer colchas exigia uma quantidade incrível de criatividade, se apaixonando pelo ofício. Jenny era responsável por unir as partes da camada superior da colcha. Para finalizar a peça, é necessária uma máquina de costura de braço longo, que une o topo da colcha, o interior macio e o verso. Costureiras e suas máquinas eram coisas raras, pois as máquinas eram muito caras. As colchas prontas para serem finalizadas tinham que esperar em uma fila longa, e as de Jenny não eram exceção.

Uma dessas colchas foi finalmente concluída e estava pronta para ser retirada; Alan, o filho de Jenny, perguntou qual era. Ela não conseguia se lembrar, pois a colcha estava na fila há muito tempo. Alan e sua irmã Sarah ficaram perplexos com isso. Lá estava uma oportunidade a ser aproveitada: mamãe deveria comprar sua própria máquina de costura de braço longo e se tornar uma acolchoadora! Os Doan acataram a ideia. Investiram na máquina cara, mas não havia espaço para ela em sua casa. Então também compraram um prédio. Os imóveis estavam baratos em sua pobre cidade, e os Doan pagaram menos pelo prédio do que pela máquina de colchas.

Jenny praticou até adquirir confiança em sua habilidade, e eles abriram a loja. Em 2008, a Missouri Star Quilt Company havia sido "inaugurada", mas eles não sabiam para quem. Nessa época, havia poucos empreendimentos em sua cidade de 1.500 pessoas. O cara da UPS que entregava coisas no prédio ficou com pena deles, pois tinha certeza de que o negócio não daria certo. Apenas um louco abriria algo assim em um lugar daqueles! Uma transação por dia parecia um sucesso para os Doan. Eles criaram uma página no Facebook e ganharam duas curtidas. Alan teve a ideia de fazer uma "Quilter's Daily Deal" [Liquidação Diária do Acolchoador] para vender itens sobressalentes aleatórios do armazém, mas os acolchoadores ainda não haviam migrado para o mundo online. Foi um começo difícil, porque eles não sabiam onde encontrar seu público. Os Doan encontraram uma oportunidade, mas investiram em uma máquina cara em uma cidade minúscula sem tráfego de pedestres.

Alan recorreu à experiência de marketing de seu amigo David Mifsud para ajudá-lo a administrar as coisas online, enquanto Jenny e suas filhas, Sarah e Natalie, administravam a loja. Uma coisa que os Doan tinham a seu favor era sua lista de e-mails. Era importante que sua newsletter levasse valor para quem a lesse, então eles davam gratuitamente muitas informações úteis sobre a confecção de colchas. As pessoas aguardavam ansiosamente o e-mail e queriam compartilhá-lo com seus outros amigos criadores de colchas, que também se inscreviam. Foi nesse momento que eles tomaram uma decisão que acabaria transformando suas vidas. Alan sugeriu à mãe que filmasse tutoriais e os colocasse no YouTube. Jenny indagou: "Claro, mas o que é um tutorial?" Ele explicou, e ela disse: "Ninguém vai procurar sobre colchas no YouTube."

Jenny estava muito nervosa e desajeitada em sua primeira gravação. Não só isso, ela havia sofrido um acidente e quebrado a perna naquele dia! Ela poderia facilmente ter desistido depois de um começo tão difícil, mas não o fez; superou o constrangimento de estar em frente às câmeras e continuou fazendo vídeos. Tradicionalmente, confeccionar colchas é uma coisa de "elite" no mundo da costura, mas Jenny tornou tudo fácil e acessível em seus tutoriais; mostrou os erros que cometera e como corrigi-los. E realmente amava o que estava fazendo. Os Doan disponibilizaram links dos tutoriais do YouTube em suas newsletters, e os leitores adoraram.

Acolchoadores se reuniam e faziam festas para assistir ao canal de Jenny no YouTube. Os espectadores começaram a perguntar sobre os produtos e tecidos que Jenny usava em seus vídeos; ela dizia onde comprar as coisas, e os produtos se esgotavam nas prateleiras.

O "Quilter's Daily Deal" de seu site oferecia um desconto de 40% a 100% no item do dia e se tornou um grande sucesso à medida que seu alcance se ampliava, mas o que realmente elevou o nível de receita da empresa foi o tecido pré-cortado. Encontrar rolos de tecidos coordenados e saber quanto comprar, qual a forma, como cortar e o tamanho do corte dá bastante trabalho. É por isso que muitas pessoas evitam fazer colchas. O objetivo de Jenny era simplificar tudo isso, então eles criaram sua própria linha de tecidos pré-cortados, já coordenados, prontos para a montagem. Eles atenderam a 14.400 pedidos online nos primeiros seis meses. Os negócios continuaram a melhorar, assim como o canal do YouTube. Atualmente, eles atendem a mais de 6 mil pedidos por dia e empregam metade da cidade de Hamilton.

O Missouri Star Quilt Company é o maior canal de costura do YouTube, transformando Jenny na maior "sewlebrity[1]" (é assim que a chamam) do mundo das colchas. O YouTube ajudou Jenny a alcançar um público mundial de colchas que ela não conseguiria encontrar em sua cidade rural. Seus fãs enviam e-mails de todo o mundo. Um e-mail em particular a tocou profundamente. Na mensagem, uma mulher do Irã escreveu: "Você encheu de cor minha vida devastada pela guerra", e Jenny chorou copiosamente. Ela achava que estava apenas fazendo colchas; não percebeu que poderia estar

---

[1] Um trocadilho com "sew", costurar, e "celebrity", celebridade, ambas as palavras em inglês. (N. da T.)

impactando vidas de uma forma tão importante. O que ela oferecia poderia ser o único lugar de paz ou felicidade da vida de alguém.

## Pense Grande

Além de ser o maior canal de colchas do YouTube, o Missouri Star Quilt Company também é o maior fornecedor mundial de tecido pré-cortado para essas peças. Eles ainda têm seus próprios padrões de acolchoado e sua própria revista, chamada BLOCK. O alcance online da empresa deu uma nova vida à sofrida comunidade de Hamilton. Ônibus cheios de acolchoadores visitam a cidade, que se tornou uma atração turística. Os Doan possuem e gerenciam quatorze lojas de colchas com temas diferentes, três restaurantes e um hotel em Hamilton, uma cidade que agora é conhecida como "Quilting Disneyland" ou "Quilt Town, USA".

Jenny e sua família estavam simplesmente tentando pagar as contas quando começaram a fazer colchas, mas o YouTube deu a eles uma plataforma para educar e vender para um mundo inteiro de acolchoadores. Com uma receita anual estimada de US$40 milhões, os Doan ainda estão surpresos com até onde o YouTube levou seu humilde negócio — além de qualquer ponto que eles poderiam ter imaginado.

Entende o que estou tentando lhe dizer? Essa não foi apenas uma história bonitinha sobre uma família legal que consegue pagar suas contas graças ao YouTube. Sua receita anual é de *dezenas de milhões com uma loja de colchas no meio do nada, e isso se deve ao YouTube*. Não importa que tipo de canal você tenha ou quais sejam suas desculpas, existe um potencial para crescer e ganhar dinheiro no YouTube que qualquer um pode capitalizar! Nenhum canal do YouTube começou com milhões de inscritos, ofertas de marcas e lançamentos de produtos. Não diminua seu valor achando que essas coisas não são para você porque o seu canal é pequeno. Pense grande. A oportunidade de crescer em alcance e receita está disponível; se você não está tratando isso como um negócio, comece a fazê-lo agora.

## Trabalhe com Grandes Marcas

No Capítulo 2, falei sobre como a participação nos lucros de anúncios mudou tudo para o ecossistema do YouTube. Apresentei a Orabrush como um estudo de caso original, um exemplo de como alavancar o poder do YouTube para gerar um enorme sucesso. Volte e leia sobre como Jeffrey Harmon, um pobre estudante universitário na época, salvou um produto quase fracassado, levando-o a distribuição internacional e milhões em vendas permanentes. O inventor do Orabrush, "Dr. Bob" Wagstaff, tentou vender seu limpador de língua por meio de muitas maneiras, mas nada deu certo. Quando uma empresa gasta dois dólares para ganhar um, chega a um ponto em que tem duas opções: desistir ou tentar algo totalmente novo. Wagstaff escolheu a segunda opção e deu as rédeas a esse estudante de marketing. O YouTube era totalmente novo, e Jeffrey tentou usá-lo para ajudar o Dr. Bob a salvar sua invenção. Os anunciantes ainda não estavam no YouTube; a plataforma era rudimentar para compra de anúncios e envio de tráfego. E por isso foi uma grande oportunidade: ainda não havia ninguém com quem competir. Jeffrey contou com a ajuda de outros criadores amadores para fazer um vídeo do Orabrush por algumas centenas de dólares e o colocou na internet.

Jeffrey pagava um centavo por visualização de anúncio — uma quantia absurdamente barata para os padrões de hoje —, e a Orabrush começou a ganhar muito dinheiro. A plataforma de anúncios aumentou os percentuais de vendas em quantidades *enormes*. Na verdade, Jeffrey continuou comprando mais anúncios e ganhando tanto dinheiro naqueles primeiros dias de compartilhamento que o YouTube teve que se esforçar para descobrir como limitar as porcentagens de receita dos anunciantes. Por causa de um cara! Ele estava comprando visualizações de anúncios aos montes, e isso era como imprimir o próprio dinheiro. O YouTube percebeu esse cenário e quis controlar o fluxo de dinheiro. (Gosto de chamar esse momento da história do YouTube de Efeito Jeffrey Harmon. Ah, o poder!)

No primeiro mês do anúncio, a Orabrush ganhou US$30 mil. O segundo mês teve uma receita de US$70 mil. Em 2009, Jeffrey ajudou a Orabrush a criar uma websérie chamada "Diary of a Dirty Tongue" [Diário de Uma Língua Suja] com um homem, Dave Ackerman, vestido de língua falante gigante. A ideia por trás da websérie era criar seguidores para a marca, o que era inédito na época. Jeffrey fez com que Dave e a fantasia de língua se juntassem a ele na VidCon, sendo o primeiro patrocinador da convenção. Havia 600 participantes naquele ano. (Como referência, a VidCon US 2019 teve mais de 75 mil participantes. E foi apenas um dos vários eventos anuais da VidCon em todo o mundo.) No evento, Jeffrey concluiu que todos queriam construir uma base de seguidores.

Eles continuaram a criar episódios para a websérie e obtiveram mais de 200 mil seguidores. A Orabrush foi a primeira marca a criar uma websérie; ninguém tinha feito isso antes. Estava definitivamente à frente de seu tempo — Jeffrey até admitiu que talvez estivesse muito à frente de seu tempo no que diz respeito ao alcance e ao potencial de receita. O mundo ainda não sabia fazer isso. Naquela época, mesmo redes a cabo respeitáveis tinham apenas 100 mil inscritos. Os maiores criadores do YouTube da época tinham a mesma quantidade de seguidores, o que significava que esses indivíduos eram basicamente suas próprias redes a cabo. A diferença era que eles não precisavam acatar ordens de nenhum executivo, o que é uma percepção reveladora. Jeffrey estava começando a entender o poder potencial de alavancar o YouTube para um crescimento imenso.

A Orabrush obteve verdadeiros fãs e gerou milhões de visualizações porque as pessoas compartilharam o anúncio organicamente online. A afinidade com seus clientes possibilitou que seus produtos chegassem ao Walmart, à Costco e a mercados internacionais.

No segundo ano em que Jeffrey foi à VidCon, um cara do Google se aproximou dele e lhe deu um abraço por causa da Orabrush. Ele disse a Jeffrey que eles não conseguiam trabalhar com grandes marcas, mas, por causa do que a Orabrush fez com o Walmart, ele conseguiu um acordo com a Coca-Cola... e provavelmente salvou seu emprego. A Orabrush mudou a trajetória de como fazer negócios. Ele disse a Jeffrey: "Quando você descobriu como ganhar dinheiro, abriu a porta para todos".

## Otimize com o Teste A/B

O próximo passo para Jeffrey e seus irmãos Neal e Daniel foi uma campanha com uma empresa chamada PooPourri. Os irmãos Harmon começaram a trabalhar juntos como uma agência de publicidade sem formalizá-la. A campanha publicitária da PooPourri foi breve, indo do início ao lançamento em apenas três semanas. Em apenas 21 dias, eles escreveram o roteiro, escolheram o elenco, filmaram, editaram e lançaram o anúncio. Isso é impressionante. O anúncio viralizou. Quando as pessoas falam de vídeos virais, estão falando de anúncios como o da PooPourri. Devido à sua experiência com a Orabrush, os irmãos Harmon aprenderam a fazer testes A/B com diferentes introduções, encerramentos e durações. Nos testes, William Goodman, repórter do *Huffington Post*, teve acesso ao vídeo e o incorporou no artigo que escreveu sobre o anúncio, chamado "Spray Poopourri Promete Remover o Fedor do Cocô em Locais Públicos". O artigo viralizou o vídeo muito antes da conclusão dos testes, então Jeffrey e o cliente decidiram prosseguir com o lançamento da campanha imediatamente.

Por mais bem-sucedido que o anúncio tenha sido, Jeffrey disse que poderia ter ido ainda mais longe e gerado ainda mais receita se eles tivessem conseguido terminar o teste A/B. O vídeo que viralizou foi intitulado "Como fazer com que seu cocô não cheire mal", e os testes mostraram que o título "Meninas não fazem cocô" teve um melhor desempenho. Aqui vai uma dica de especialista de Jeffrey: use as palavras que seus seguidores usam para descrever sua marca. "Meninas não fazem cocô" já havia sido dito várias vezes nos comentários do vídeo, então eles pegaram a frase e a transformaram na versão de melhor desempenho do anúncio. "Você pode encontrar a verdadeira mensagem da sua marca nos comentários", afirmou Jeffrey. "Se não estiver usando essas palavras, provavelmente não está no caminho certo." Acredite em Jeffrey — ele fez um ou dois anúncios de sucesso. Os irmãos Harmon ganharam muito dinheiro com a campanha do spray PooPourri. (Curiosidade: a PooPourri perguntou para onde transferir o dinheiro, e os irmãos Harmon ainda nem tinham uma conta comercial em um banco. Eles correram para registrar uma pessoa jurídica no site de seu estado para que pudessem ir até o banco abrir uma conta.)

## Corra Riscos Inteligentes

Outros clientes que os irmãos Harmon ajudaram a gerar consideráveis visualizações e receita foram Bill e Judy Edwards e seu filho, Bobby, donos da Squatty Potty. O Squatty Potty é um banquinho de banheiro feito para as pessoas usarem enquanto fazem o "número dois". É ergonomicamente moldado para caber sob um vaso sanitário, para fácil armazenamento. O Squatty Potty apareceu no programa de TV *Shark Tank*, um reality show que dá aos empreendedores a oportunidade de fazer parceria com um investidor e tirar seu produto do papel. Um investidor do *Shark Tank* fechou a parceria com a empresa, acordando uma participação de 10%.

Os Edwards puseram seu banquinho nas lojas, mas as pessoas não sabiam como usá-lo e achavam que era uma piada. Logo, a receita que a Squatty Potty conseguiu com o investidor estagnou, então Bobby Edwards precisava estar mais inserido no mercado do que estava naquele momento. Ele precisava apresentar o produto para mais pessoas. Pediu ajuda aos irmãos Harmon, mas hesitou quando ouviu a proposta deles: um anúncio com um unicórnio fazendo cocô. O investidor de Bobby recusou, afirmando que deveria ser uma campanha gratuita, o que significava que os irmãos Harmon a fariam pro bono. Foi a vez de Jeffrey recusar. Ele sabia o quanto suas habilidades eram valiosas, e o currículo deles comprovava isso. Eles concordaram em discordar, e Jeffrey seguiu seu caminho alegremente.

Três meses se passaram. Bobby foi a um evento onde havia unicórnios. Deve ter sido uma experiência positiva, pois ele voltou e disse a Jeffrey e a mim (eu era o produtor executivo do projeto) que queria fazer o anúncio. Ele deu sinal verde para os irmãos Harmon, sem envolver o investidor. Dando o devido crédito a Bobby, isso era um risco enorme para ele — a campanha era muito cara... e ele tinha um investidor com 10% de participação, para o qual deveria dar satisfações.

Em um retiro, encontrei-me com Jeffrey, Daniel Harmon e Dave Vance, um escritor brilhante, para debater o anúncio criativo da campanha. Todos levamos nossa própria versão do roteiro, mas a de Dave Vance foi a vencedora: tinha um unicórnio e um príncipe, era magia pura. Combinamos o roteiro inteligente de Dave com os componentes de vendas do meu roteiro e do de Jeffrey. Então deixamos Daniel exercer sua arte no lado criativo. Juntos, criamos algo especial. O retiro nos deu espaço ininterrupto para planejar uma campanha avassaladora.

Voltamos para casa e começamos a produção imediatamente. Havia problemas a se resolver, mas mantivemos o plano de campanha intacto e seguimos em frente. Durante gravações de anúncios anteriores, tivemos problemas com clientes no set porque isso interrompia o fluxo de trabalho criativo. Um conselho para quando você estiver na mesma situação: deixe os criativos criarem; não deixe a marca ditar as regras. Para evitar esse problema, planejamos gravar o anúncio enquanto Bobby estivesse fora da cidade, em uma convenção com a Squatty Potty. Bobby e seus pais ficaram preocupados por não estarem presentes na gravação, mas dissemos a eles: "Vocês nos contrataram, então confiem em nós."

Algumas semanas antes do lançamento, Bobby estava no meu pescoço, pedindo para que enviasse o anúncio a ele, e eu não sabia qual era o problema. Por que ele estava com toda essa urgência? Por fim, ele me disse que ainda não havia conversado com seu sócio sobre sua decisão de seguir em frente com a campanha. Ele havia investido muito dinheiro, então, se o investidor rejeitasse o anúncio de novo, ele teria um prejuízo bem grande. Enviamos o anúncio para ele mostrar ao investidor... e, dessa vez, foi aprovado. O humor agressivo da propaganda poderia ser alvo de críticas, mas era tão bom que valia o risco. Decidimos lançar no Facebook, o que foi um pouco estressante para dois caras do YouTube. Os anúncios do Facebook ainda eram muito recentes na época, e achamos que funcionaria melhor lá antes de lançá-lo no YouTube.

E não estávamos errados. O anúncio viralizou. A campanha no Facebook e no YouTube teve mais de 20 milhões de visualizações em seu primeiro dia, e ainda não tínhamos investido um centavo em anúncios. Ganhamos muito dinheiro. Novamente, uma grande plataforma teve que suar a camisa para descobrir como regular a receita dos anunciantes por causa de Jeffrey Harmon e sua equipe. O Facebook agora tem regulamentos para limitar a receita de anúncios, mas ainda há muito a ser feito. Essa campanha publicitária custou apenas meio milhão de dólares e obtivemos nosso ROI em apenas alguns dias. A Squatty Potty passou de uma receita de poucos milhões para US$28 milhões em uma campanha.

Um unicórnio adorável fazendo cocô e um príncipe eloquente encantaram milhões de pessoas e geraram dezenas de milhões em vendas. Comentários, marcações e compartilhamentos fizeram essas vendas dispararem, e o produto sumiu das prateleiras. Eu havia alertado Bobby para aumentar a produção de estoque para satisfazer a demanda que sabíamos que viria. Ele aumentou um pouco, mas de forma conservadora. Ele já havia investido muito nessa campanha. Ninguém poderia prever o alcance do anúncio e a quantidade de compradores — foi loucura. Bobby aumentou a produção imediatamente para 24 horas por dia, 7 dias por semana, mas, mesmo com a fabricação sediada nos Estados Unidos, ele esgotou os banquinhos Squatty Potty antes do movimento alto do Natal.

Toda marca que lança uma campanha publicitária deve se preocupar principalmente com duas coisas: sua mensagem e o teste A/B. Mantenha-se fiel às mensagens a todo custo. E faça testes A/B para ver o que funciona melhor para resultados e receita ideais. Ao fazer o teste A/B do Squatty Potty, descobrimos que o anúncio com o custo de US$29,95 realmente teve um desempenho melhor do que o anúncio de US$24,95, então aumentamos o preço para US$29,95. Ele tinha uma conversão mais eficiente e fez todos ganharem mais dinheiro. Dupla vitória. Também é preciso pensar na distribuição com antecedência. Com seu humor, sabíamos que esse anúncio seria compartilhado organicamente e que poderíamos amplificá-lo com uma estratégia paga.

Sabíamos que, mesmo que uma plataforma de anúncios fosse mais cara, poderíamos obter a receita que desejávamos.

## Pense no que é Duradouro

Se você possui uma empresa, precisa parar de pensar trimestralmente. Faça conteúdo duradouro, ou seja, que continuará a produzir resultados ano após ano. Nenhuma plataforma gosta de anúncios antigos, então mire na zona de três a seis semanas para obter resultados iniciais, mas qualquer peça que tenha os fundamentos de um bom conteúdo de anúncio continuará dando certo. Sempre haverá pessoas que não assistiram a ela e a verão como se fosse nova. O anúncio original do Squatty Potty foi ao ar em 2015 e está em exibição até hoje. E, toda vez que reprisam o episódio do Squatty Potty em *Shark Tank*, percebemos um aumento nas vendas.

## Seja seu Próprio Influenciador

O YouTube foi construído em torno de criadores que se tornam seus próprios influenciadores de marca. Não é assim que Hollywood age — ela tem dois problemas: o estúdio entre o público e o influenciador; e a enorme quantidade de conteúdo. Há muito conteúdo para consumir. Netflix, Hulu, Amazon Prime, HBO Max, Vudu, Disney Plus, Apple TV, Peacock e muitos outros disputam a atenção dos consumidores. Como sua marca pode competir com tudo isso? Crie um grupo de seguidores que tenha afinidade com você como influenciador. Com cem horas de conteúdo sendo enviado para o YouTube a cada segundo, essa é a única maneira de ser visto. Você deve ter uma conexão direta com seu público.

Se Hollywood quiser sobreviver, eles também terão que adotar esse modelo. Na verdade, já está acontecendo. Dwayne "The Rock" Johnson, por exemplo, recebe um salário maior, não por sua capacidade de atuação, mas por causa de seu enorme número de seguidores nas mídias sociais. Ele se conectou diretamente com seus fãs, e eles o amam por isso. Criadores, influenciadores e marcas, que costumavam ser coisas separadas, agora formam uma coisa só. Nas palavras sábias de Jeffrey: "Marcas fracas pegam carona nos influenciadores. Boas marcas *são* os influenciadores." É assim que você amplia seu alcance. Conecte-se diretamente com seu público e veja o dinheiro chegar.

## Aceite o Mundo Digital

As empresas que se apegam apenas ao marketing tradicional estão presas na década de 1990. Para muitas dessas empresas, egos e prêmios continuam a atrapalhar o ganho real de dinheiro e o alcance da marca. Elas farão "estudos" ou campanhas publicitárias sem essência para agradar executivos, acionistas e investidores. E, em troca, receberão um tapinha nas costas e um pouco mais de segurança aos seus empregos. Essas empresas não olham para números reais para medir a receita da campanha e o brand lift e não pensam no comércio eletrônico direto ao consumidor, que poderia arrecadar milhões a mais.

As empresas que aceitam a evolução do marketing estão na vanguarda. Elas têm a estrutura certa para gerar conversões. A estrutura certa significa que elas mantêm elementos tradicionais como problema/solução, entretenimento e conscientização de marca, mas também integram estratégias mais recentes, que funcionam na era digital atual. Estratégias como resposta direta, atribuição e ativação de influenciadores.

Há muitos recursos disponíveis para ajudá-lo a acompanhar o marketing atualmente. Analytics, pixels e brand lift são métricas importantes a serem medidas. Você pode fazer um estudo de brand lift em casa acessando o Google e observando seu aumento de busca e de tráfego direto. Também pode consultar o Google Trends. Se quiser gastar dinheiro, o Google pode fazer um estudo de brand lift com você.

Às vezes, esses números ficam enterrados, pois as empresas e os criadores simplesmente não sabem como observá-los corretamente. Uma empresa pode olhar para seus pixels de rastreamento na plataforma e achar que seu ROI é de apenas dois para um, então ela arquiva a campanha, rotulando-a como fracasso. É aqui que a atribuição omnichannel deve ser considerada. Omnichannel significa que a experiência de um cliente com uma marca deve ser integrada e contínua entre interações online, offline, sociais e móveis. E que as empresas precisam ser capazes de rastrear todos esses fluxos de receita.

Em 2013, a agência de publicidade Crispin Porter + Bogusky (CP+B) contratou Travis Chambers, de 25 anos, como supervisor de mídia social. Nesse mesmo ano, os grandes executivos da CP+B tiveram uma reunião com a Turkish Airlines, cujo próximo objetivo de campanha era ter o anúncio mais viral de todos os tempos. Na época, a CP+B estava no auge de seu sucesso como "Agência da Década". O diretor digital da CP+B, Ivan Perez-Armendariz, estava na sala e enviou uma mensagem privada a Travis: "Entre nesta reunião." Havia muitos executivos e diretores/equipes de criação presentes, mas Perez-Armendariz sabia que eles precisavam das habilidades específicas de Travis nesse projeto. Travis disse a eles como poderiam fazer uma campanha de sucesso e ficou encarregado da distribuição e da estratégia de conteúdo para a campanha da Turkish Airlines.

Perez-Armendariz deu a Travis carta branca para fazer o necessário para a campanha. Envolver muitos executivos e muita burocracia prejudicaria a liberdade criativa necessária para que o projeto fosse tão bem-sucedido quanto poderia ser. Então ele deixou Travis livre, e o jovem contratou a Plaid Social Labs, empresa de integração de marca de Ricky Ray Butler, para conectar os influenciadores à campanha. Eles conseguiram que o jogador de basquete Kobe Bryant e o jogador de futebol Lionel Messi competissem pela atenção de uma adorável criança no anúncio intitulado "Kobe vs. Messi: The Selfie Shootout". A CP+B foi incumbida de obter mais de 100 milhões de visualizações na campanha para bater o comercial do ano anterior. Travis, junto com a ajuda da Plaid Social Labs, fez com que mais de oitocentos influenciadores dissessem a seus espectadores para conferir o vídeo da Turkish Airlines. Suas comunidades gostaram do material e o compartilharam. E o vídeo teve mais de 140 milhões de visualizações. A campanha total custou cerca de US$3,5 milhões e — aí vem a parte louca — eles nem a monitoraram.

Ninguém na CP+B olhou para os números, exceto o presidente do escritório da Europa, que enviou um e-mail detalhando seu choque. Ele comparou os US$3,5 milhões gastos em anúncios da campanha do YouTube com a compra convencional de tempo na TV, que custou US$25 milhões e teve metade das impressões que a campanha do YouTube teve. Ele se perguntou por que eles monitoraram dados e brand lift na compra de TV, mas não na compra mais bem-sucedida do YouTube. E ele sugeriu que a estratégia do YouTube deveria ser o plano base da agência dali em diante. Ninguém deu ouvidos. Estavam ocupados recebendo prêmios Cannes Lions e Grand Prix e dando tapinhas nas costas uns dos outros. O anúncio foi apelidado de "Anúncio Mais Viral da Década", e ninguém sabia exatamente quanto dinheiro tinha gerado. Travis acredita que facilmente bateu mais de US$50 milhões em todos os fluxos de receita.

## Aplique a Atribuição Omnichannel

Seja você uma pequena empresa ou um gigante corporativo, é preciso fazer a atribuição omnichannel. Ela rastreia e monitora as interações gerais de um cliente com uma marca nas experiências online, offline, social e móvel. Rastreia fluxos de receita de marketing para que as marcas saibam o que falha e o que dá certo, podendo fazer melhor (e ganhar mais dinheiro) em campanhas publicitárias subsequentes.

Por exemplo, Travis criou sua própria agência de publicidade — a Chamber.Media (que o colocou na lista 30 Under 30, da Forbes, de 2018) — e fez uma campanha com a Sephora e a PMD Beauty. A Sephora exigiu que a PMD aumentasse as vendas no varejo em 15% para permanecer em suas lojas. Sem a atribuição omnichannel, a Sephora teria achado que a campanha só teve um retorno de um e meio para um, mas a Chamber.Media puxou os dados de todos os canais de varejo e outros canais de receita, além do YouTube,

Facebook e Google Ads, e descobriu que o retorno combinado era de quatro para um. Eles aumentaram as vendas no varejo em 30% e salvaram a PMD de perder a Sephora.

A MRCOOL, outro cliente da Chamber.Media, achou que seu ROI era de apenas dois para um dos pixels de rastreamento na plataforma, o que é muito ruim para um produto com valor médio de pedido de US$1.500. Mas, quando observaram a homedepot.com, a lowes.com, sua empresa-mãe que também vende em seu site, e as compras na Amazon e no Google, viram um retorno de vinte para um. Os poucos milhões de dólares gastos com anúncios geraram US$50 milhões em receita. "É uma das campanhas de maior sucesso que já tivemos", disse Travis. "E alguém poderia ter desistido dela se não entendesse o modelo de atribuição omnichannel."

Muitas empresas não conseguem enxergar esse panorama, desistindo de campanhas por causa de um rastreamento ruim ou fazendo uma campanha de curto prazo em vez de pensar no prazo duradouro. É preciso ser tático, observar todos os dados e planejar em longo prazo. As campanhas de televisão são muito difíceis de rastrear. As digitais podem ser rastreadas, medidas e são duradouras. Se você não estiver usando marketing e rastreamento omnichannel, comece agora.

### Use a Aquisição Paga

Travis e eu trabalhamos juntos em vários projetos e vimos o poder do YouTube em ajudar as empresas a ampliar alcance e receita de maneiras que nunca sonharam. O crescimento orgânico pode estar diminuindo desde os dias da corrida do ouro, à medida que a internet fica saturada com o tempo, mas sempre há formas de ser tático e criativo.

Pessoas como os irmãos Harmon e Travis Chambers começaram quando era possível obter muito alcance gratuito com crescimento do público, seguidores nas redes sociais, imprensa, marketing de afiliados, rankings de SEO e ofertas de influenciadores. Agora, é difícil crescer de forma sustentável com esses esforços por um longo período de tempo, pois Google, Facebook, Pinterest, TikTok, Amazon e outros são donos do pedaço em termos de alcance. Essa "corrida do ouro" inicial foi fortemente explorada, então a estratégia de aquisição paga ou de compra de anúncios é a melhor forma de ser notado atualmente. E, desde que seu conteúdo seja criativo o suficiente, você deve conseguir sustentar essa visibilidade.

A compra de anúncios provavelmente será muito facilitada nos próximos anos, porque os algoritmos da internet e a inteligência artificial serão capazes de fazer o trabalho dos compradores de anúncios. Então você terá uma vantagem sobre a concorrência: conteúdo incrível e criativo. Os robôs nunca serão capazes de pensar fora da caixa como um humano. Portanto, se você realmente deseja esse alcance, certifique-se de ter um ótimo plano criativo e use uma estratégia de aquisição paga que durará para sempre. Uma marca que está fazendo isso bem é a dos colchões Purple. Eles usam aquisição paga, mas têm um conteúdo incrivelmente criativo para respaldá-la.

Outras marcas que explicam um problema e uma solução de forma clara, mesmo sem usar palavras, têm um desempenho muito bom. Elas nos prendem visualmente, o que é ótimo em um mundo que está sempre rolando a tela. É difícil chamar a atenção dos consumidores nos dias de hoje, especialmente em um mar infinito de conteúdo. Portanto, se você conseguir atrair sua atenção antes que eles rolem a tela, deve chegar ao ponto de solução do problema o mais rápido possível. Os anúncios do Instagram são muito bons nisso. Preste atenção da próxima vez que estiver lá.

## Aprenda Estratégias e Use-as

Não importa que tipo de canal ou negócio você tenha, qualquer pessoa que queira alcançar pode ser encontrada no YouTube. Saiba como aproveitar o poder do YouTube para se conectar ao seu público. Use estratégias de pessoas que fizeram isso com sucesso. Pode parecer muito difícil se destacar em meio a tanto conteúdo online hoje em dia, mas isso pode ser feito com as estratégias criativas e pagas certas. Aprenda-as e use-as. Não faça suposições. Utilize sistemas de rastreamento, de preferência com atribuição omnichannel. E, para alcançar o sucesso no YouTube, implemente a abordagem baseada em dados que veremos a seguir, na Parte III.

# PARTE III
# A Fórmula do YouTube

# 10 A Fórmula Orientada a Dados e Centrada no Ser Humano

*Não pode ser tão difícil criar um canal no YouTube que tenha muitas visualizações e inscritos. Tem um adolescente fazendo vídeos dele mesmo se divertindo com os amigos, e o garoto é milionário. Eu posso fazer isso. Vou apenas gravar, clicar em upload e ver o dinheiro entrar!*

Infelizmente, já vi muitos criadores de conteúdo do YouTube que lançaram seus canais achando que seria fácil. Não se precisa de muitos vídeos com pouca ou nenhuma visualização para que um criador fique frustrado. O YouTube é mais difícil do que eles achavam. Todos nós já passamos por isso. Levamos muito tempo para planejar, filmar e editar e achamos que o vídeo é muito bom... então por que ninguém quer assistir? Acontece que a piscina do YouTube é, na verdade, um oceano, e nós somos apenas um peixinho no mar. Sempre fico impressionado quando as pessoas continuam trabalhando no YouTube sem obter os resultados que desejam. É muito frustrante, mas elas se recusam a desistir.

Adoro o YouTube e adoro ajudar empresas e criadores do YouTube. Tenho a sorte de trabalhar com todos os tipos de canais em todo o mundo. Não importa o tamanho do canal ou que tipo de conteúdo ele cria, todo YouTuber quer que eu os ajude com a mesma coisa: crescer. Alguns querem crescer em visualizações; uns, em inscritos; e outros, em lucro. Na verdade, diferentes tipos de crescimento geralmente andam lado a lado. Quando temos mais visualizações, ganhamos mais inscritos e, geralmente, a renda cresce em seguida.

A Parte I deste livro serviu para ajudá-lo a entender o YouTube, a história, o ecossistema e a plataforma. A Parte II foi para ajudá-lo a descobrir as possibilidades e oportunidades para criadores e empresas no YouTube. Espero que você tenha aprendido e se inspirado. Espero que tenha feito você reconsiderar o seu motivo. Na Parte III, eu vou ajudá-lo a ficar esperto e criar conteúdo de forma tática. Quero que as oportunidades maravilhosas de sucesso também sejam suas. Quero que sua paixão e seu trabalho duro sejam recompensados. O YouTube forneceu a nós, criadores, algumas ferramentas e dados incríveis para ajudar a descobrir como alcançar mais pessoas com nosso conteúdo. Você provavelmente não verá os segredos de sucesso do YouTube em uma chuva de códigos digitais revelados como Neo fez em *Matrix*, mas aprenderá a fórmula passo a passo para conseguir alcançar o sucesso com o qual sempre sonhou no YouTube.

Se deseja que seus vídeos sejam descobertos em um mar de milhões, mantenha este pensamento em primeiro lugar: tome decisões baseadas em dados, mas sempre otimize para humanos. Você precisa se tornar um profissional de análise do YouTube, goste ou não. Mas isso não significa que você se transformará em um robô ou criará conteúdo para robôs. Seu sucesso no YouTube exige que se mantenha o elemento humano. Você precisa criar para humanos — o robô foi criado para encontrar e seguir os humanos que têm probabilidade maior de adorar seus vídeos.

## Sexto Sentido do YouTube

Dan Markham é um criador de muito sucesso no YouTube. Um dia, ele me ligou perguntando se poderia usar meu estúdio para gravar um vídeo, pois havia se mudado recentemente para a área onde moro e seu estúdio ainda não estava pronto. Dan e Lincoln, seu filho, vieram e gravaram um vídeo por algumas horas. Em seu canal, *What's Inside*, eles abrem coisas para ver o que há dentro delas (uma ideia brilhante para um canal... por que não pensei nisso?). O vídeo daquele dia mostrava a abertura de um relógio Rolex real e um falso. Você pode achar o vídeo pesquisando "What's inside REAL vs FAKE Rolex".

Eles terminaram de gravar, e eu achei que havia sido uma boa sessão de filmagem. Mas Dan se virou para mim e disse: "Bem, esse vídeo não vai dar muito certo." Eu fiquei surpreso. Perguntei por que ele achava isso, e Dan listou várias coisas que teriam ajudado na retenção de público desse vídeo. A retenção de público é uma métrica importante que informa se o espectador realmente gosta do vídeo. Perguntei se ele achava que poderia corrigir isso na edição ou com narração, mas ele disse que não. Havia alguns elementos necessários para que isso acontecesse em tempo real e a edição não daria certo. Regravar também não era uma opção, pois ele não podia abrir e destruir outro relógio caro. Dan tentou ajustar como possível, fez o upload em seu canal e adivinhem. Sua intuição estava certa. O vídeo teve um desempenho inferior, exatamente como ele disse que teria.

Como Dan sabia que seu público não responderia a esse vídeo? Ele teria um sexto sentido bizarro?

Descobri que os criadores mais bem-sucedidos têm uma ótima intuição sobre o que vai dar certo ou não. Eles conhecem seu público tão bem que podem prever o resultado de cabeça; sabem qual vídeo será um "estouro" e qual não será.

Esse Sexto Sentido do YouTube pode ser aprendido e vem da análise de conteúdo de sucesso e do conhecimento do seu público. Para analisar o conteúdo, é preciso esmiuçá-lo e compreender todas as suas partes. A análise de dados o forçará a superar preconceitos e suposições que podem obscurecer o julgamento e levar a más tomadas de decisão. Tornar-se um especialista em dados é o que o ajudará a descobrir seu próprio Sexto Sentido do YouTube, de modo que você saiba intuitivamente como seu conteúdo se conecta com seu público.

O exemplo perfeito de um criador que tem esse Sexto Sentido do YouTube é Jimmy Donaldson, o "MrBeast". Trabalho com Jimmy há alguns anos e nunca vi um criador como ele. Nunca. Ele vem agitando o YouTube e a internet com seu "superpoder" de criação de conteúdo bem-sucedida. Ele nasceu assim? Não! Ele assiste ao YouTube de maneira diferente da maioria, imaginando como as pessoas vão se sentir e responder a cada aspecto do vídeo, e toma decisões a partir disso. Ele realmente pensa sobre o que fará com que elas se conectem ao vídeo e quando podem perder o interesse. E, o mais importante, ele valida sua intuição com dados. Ele sempre foi obcecado por dados. Jimmy e eu nos conhecemos porque ele queria conversar pessoalmente sobre dados sem interrupções. Ele largou tudo e pegou um avião apenas para podermos falar sobre dados do YouTube. Sua obsessão por dados é o motivo pelo qual ele tem dezenas de milhões de visualizações todos os dias e milhões de inscritos todos os meses.

Você tem uma perspectiva e personalidade únicas que podem se conectar com um público específico. Esse público só precisa de ajuda para encontrar seu conteúdo em um oceano gigantesco; para fazer isso, é preciso tomar decisões baseadas em dados. Em vez de ficar frustrado quando ninguém assiste ao seu vídeo, seja tático. Assuma o controle se especializando em números e gráficos. A IA do YouTube está sempre procurando ativamente um público em potencial para seu conteúdo. O YouTube nos deu as ferramentas para que não tenhamos que confiar apenas em nosso instinto ou em nossa intuição.

### Conheça o seu Objetivo, Conheça o seu Motivo

Todo criador de conteúdo e toda empresa devem ser capazes de responder à pergunta: "Qual é a sua linha de chegada?" ou "Qual é o seu objetivo?"

## A Fórmula Orientada a Dados e Centrada no Ser Humano

Você pode se surpreender ao saber que muitos criadores de conteúdo não conseguem responder a essa pergunta diretamente. Se você não tem uma meta em mente, provavelmente está andando em círculos no YouTube. Quero ajudá-lo a descobrir sua linha de chegada para que possamos desenvolver um plano para alcançá-la. Esse é o primeiro passo na Fórmula do YouTube.

Podemos utilizar a metáfora de correr uma maratona. Os maratonistas têm literalmente uma linha de chegada para cruzar, mas seus objetivos podem variar entre correr tudo sem andar, bater seu melhor tempo, se classificar para a maratona de Boston ou para as seletivas olímpicas. Nesses cenários, cada corredor tem que correr exatamente o mesmo percurso e a mesma distância, mas seus planos de treinamento serão muito diferentes entre si, pois seus objetivos são diferentes. Seja qual for a sua linha de chegada, você precisa defini-la para criar um plano, saber os passos que dará e como se monitorar para chegar lá. A maioria dos criadores deseja obter milhões de inscritos e sonha com o dia em que poderá postar uma foto segurando o botão de reprodução dourado. Seu objetivo pode ser tão simples quanto substituir seu emprego padrão pela renda do YouTube. Talvez você queira influenciar a mudança na vida de outras pessoas. Ou talvez seja como MrBeast e queira ser o maior YouTuber de todos os tempos.

Todos somos motivados por coisas diferentes. Pessoalmente, não sou motivado por recompensas como mais visualizações, inscritos, botões dourados ou dinheiro, mas sou obsessivamente motivado por metas. Sinto muita realização e satisfação ao atingir um objetivo. Talvez sua motivação seja dinheiro, e não há problema algum nisso. Nós só precisamos descobrir logo de cara para sabermos qual plano elaborar.

Deixe-me falar sobre o criador do canal *Invisible People*. Mark Horvath entrevista pessoas em situação de rua. Seu canal tem mais de meio milhão de inscritos e mais de 120 milhões de visualizações. Perguntei a Mark por que ele estava no YouTube e qual é sua linha de chegada, e ele me disse que estava em uma missão para ajudar a educar o mundo sobre a situação de rua. Ele explicou as concepções equivocadas que dificultam abordar a raiz do problema e, em seguida, me contou uma história comovente sobre um garoto chamado E.J. Seus pais morreram em um acidente de carro quando ele tinha seis anos, então ele foi levado para um lar temporário. O local foi um pesadelo para E.J., que foi abusado por seus tutores e fugiu. Ele vivia nas ruas por onze anos.

Mark me disse: "Derral, as pessoas simplesmente não entendem. Os políticos não entendem. E estou em uma missão para que as pessoas saibam que a situação de rua tem mais profundidade do que aparenta. Quero mudar essa narrativa." Eu vi que isso significava muito para ele, então perguntei por quê. Lágrimas brotaram em seus olhos, e Mark me revelou que foi uma pessoa em situação de rua. Ele ficou desempregado por um longo período, o que o levou a perder sua casa para execução hipotecária, e não tinha para onde ir. Ele se sentiu invisível quando estava nessa situação. Por isso que Mark era tão apaixonado pelo motivo por trás de seu canal no YouTube. Ele disse: "Isso não é apenas conversa. A cada ano, nosso conteúdo educacional inovador atinge mais de 1 bilhão de pessoas em todo o mundo. Nossas histórias reais e sem filtros de pessoas em situação de rua quebram estereótipos, exigem atenção e fazem um apelo à ação, que está sendo respondido por governos, grandes marcas, organizações sem fins lucrativos e cidadãos comuns como você." A linha de chegada de Mark é perfeita para ele.

Quando trabalho com clientes e alunos, ajudo-os a criar um plano para seguir a Fórmula do YouTube e cumprir as etapas rumo à linha de chegada. A Fórmula o ajudará a criar qualquer plano para atender a qualquer objetivo de qualquer canal, pois é elaborada a partir dos dados que o YouTube nos fornece. O YouTube é incrível em fornecer dados que ajudarão os criadores a tomar decisões inteligentes com base em feedback real; não temos que adivinhar o que fazer em seguida. Conheça seu objetivo, crie um plano, execute-o, analise a aceitação e ajuste sua abordagem para o futuro. Em suma, essa é a Fórmula do YouTube, mas há muitas partes e dados que precisamos entender para realmente tirar proveito dela.

## Alinhe-se com o Objetivo do YouTube

Como expliquei na introdução do livro, minha carreira começou em 1999, quando abri minha própria empresa de marketing online. Eu fazia classificações de site em diretórios da internet e mecanismos de busca. Enquanto aprendia a fazer marketing online na década de 1990, aprendi muito sobre mecanismos de busca e SEO. Basicamente, eu era bom em preencher palavras-chave e procurar vulnerabilidades. A internet era burra naquela época, então isso funcionava. Tradicionalmente, os mecanismos de busca eram criados com o envio a um diretório, mas o Google mudou a maneira como tudo é descoberto ao rastrear os resultados e, em seguida, classificar os resultados de pesquisa. A primeira página dos resultados de pesquisa do Google é o principal espaço na terra do dinheiro e, obviamente, o que todo mundo quer; enquanto a segunda página dos resultados de pesquisa... bem, se você nunca ouviu o ditado sobre o melhor lugar para esconder um cadáver, pesquise no Google (alerta de spoiler: a resposta é a segunda página do Google).

Passei anos tentando encontrar vulnerabilidades, usando hacks para colocar meus clientes no topo da primeira página. Toda vez que eu achava que estava no topo, o Google fazia atualizações para tapar os buracos e entender o tráfego da internet, dando a cada atualização o nome de um animal fofo: a atualização Panda, a Penguin e assim por diante. Eu odiava essas atualizações, pois elas dificultavam meu trabalho e minha vida. E eu voltava ao ciclo, procurando qualquer hack ou estratégia para subir a classificação dos sites. Eu só conseguia pensar no algoritmo. Era um ciclo vicioso, e alguém tinha que ceder. Quem cedeu? Eu. Finalmente percebi que precisava mudar a maneira como fazia as coisas para poder operar de acordo com os objetivos do Google. A partir do momento em que fiz isso, fui bem-sucedido.

Este é o meu apelo para que você não odeie o algoritmo do YouTube. Veja o todo e perceba que o trabalho da IA é seguir os espectadores e prever a que eles vão assistir, e *isso é bom*. O YouTube não está perseguindo você! Não tente enganar o sistema como eu tentei por muito tempo no início da internet. Pense nos espectadores como pessoas, humanos reais, vivos. O YouTube foi criado para ajudar humanos a encontrar os vídeos a que desejam assistir, vídeos de que gostam e que os satisfazem.

É por isso que você precisa otimizar para humanos, não para mecanismos de busca. Para ser o melhor criador possível, é preciso fazer conteúdo para pessoas. Vários criadores dão muita importância às palavras-chave, achando que elas são a chave para o reino do YouTube. Deixe-me dizer a verdade: o YouTube vai muito além de suas palavras-chave. Quando você faz upload de um novo conteúdo, o YouTube possui sistemas que determinam exatamente o que há em seu vídeo.

A IA do YouTube não se importa com seu título e sua miniatura, mas, se uma pessoa se importa e clica, o YouTube presta atenção. Quando o espectador se conecta com o conteúdo ou com o criador, ele assiste mais e por mais tempo. Isso deixa o YouTube feliz e ele envia seu conteúdo para espectadores semelhantes. A maioria das pessoas disponibiliza conteúdo, conteúdo e mais conteúdo, mas precisa se preocupar mais com a conexão com o espectador.

Uma pessoa que assiste ao seu conteúdo pela primeira vez está clicando nele por causa do seu título e/ou da sua miniatura, mas, se ela assistir ao vídeo e começar a se conectar com você, nasce sua oportunidade. Quando você converte um espectador em fã, seu título e sua miniatura perdem muita importância, pois esse fã assistirá ao seu vídeo de qualquer maneira — ele gosta de você, confia em você e quer assistir com base nesses fatos.

A fim de otimizar para humanos, recomendo que o título de seu vídeo tenha menos de sessenta caracteres. Isso é difícil de fazer e exigirá mais raciocínio do que você imagina. O olho humano é atraído por títulos mais curtos. Os humanos, ao contrário dos robôs, são atraídos por certas imagens e têm uma incrível capacidade de navegar rapidamente por elas. Um cérebro humano pode processar imagens em miniatura em impressionantes treze milissegundos. E, uma vez que o cérebro chega a uma imagem intrigante, leva em média 1,8 segundo para processar o título anexado.

Além disso, humanos respondem à narrativa. Seu vídeo deve ter um arco de história. Deve começar com você cumprindo a promessa de seu título e de sua miniatura. Depois disso, é preciso reengajar o espectador e puxá-lo para o seu conteúdo. Esse é um ótimo momento para compartilhar os toques pessoais: sua história, suas crenças e outros elementos envolventes. Compartilhar suas crenças deixa seus espectadores em posição de decidir se concordam ou não com você. No final do vídeo, cumpra novamente a promessa do título e da miniatura, provando que eles conseguiram o que queriam, e dê uma prévia de um vídeo futuro para mantê-los assistindo por mais tempo. Por fim, interaja com seus espectadores e responda aos comentários.

Depois de tentar otimizar para humanos em vez de mecanismos de busca, você fará exatamente o que o algoritmo deseja, e o YouTube conseguirá encontrar seu público. A IA analisa padrões para pessoas, então, quando você cria conteúdo para pessoas em vez de robôs, todos saem ganhando.

## Tráfego e Impulso: Decodificando o Espectador

Aprendi um princípio muito importante quando abri minha empresa na virada do século. Meus clientes eram muitas vezes empresas familiares locais, e era difícil convencê-los de que gastar dinheiro com marketing online valia a pena na época. Ainda estávamos na internet discada. Você conhece o som da discagem? Eu consigo ouvi-lo na minha cabeça até hoje. Demorava uma eternidade para conectar! De qualquer forma, um dos meus primeiros clientes veio até mim pedindo ajuda com seu marketing, pois havia tentado TV, rádio, jornais e outros recursos, e nada parecia funcionar. Eu o convenci a me deixar fazer marketing online.

Demorou alguns meses, mas os clientes começaram a entrar "magicamente" por suas portas. Essas pessoas estavam aparecendo por causa dos meus esforços de marketing online, mas meu cliente não reconheceu a correlação e não perguntou aos clientes onde ouviram falar de sua empresa. Ele me disse que não precisava mais dos meus serviços porque os negócios estavam crescendo. Fiquei arrasado por perder o cliente. Ele não parou para descobrir por que o tráfego havia subido, mas eu sabia. Eu também sabia que diminuiria quando parássemos com o marketing online, o que aconteceu após alguns meses. O cliente me procurou de novo, voltamos a trabalhar juntos, e ele acabou crescendo rapidamente.

O princípio importante que esse cliente deixou passar era saber como replicar o que deu certo. Embora eu soubesse o motivo por trás de seus resultados, ele não sabia e ingenuamente presumiu que não precisava saber. Você tem que saber o porquê de seu tráfego e de onde veio. Muitas empresas fizeram suposições ousadas sobre coisas que achavam que dariam certo quando, na verdade, o correto era totalmente o oposto. Você precisa conhecer as origens de tráfego e saber qual mensagem é eficaz para elas.

Alguns de vocês são criadores do YouTube recém-chegados e outros são veteranos, mas todos precisam saber que a origem do tráfego é a chave para entender seu espectador e seu comportamento. Eis o motivo: se você acessar os dados que o YouTube fornece, verá uma lista de fontes nas quais seus espectadores acessam seu conteúdo, incluindo Pesquisa do YouTube, Vídeos sugeridos, Recursos de navegação (Página Inicial e Inscrições), Playlists, Páginas de canal, Publicidade no YouTube, Vídeos, Cartões, Anotações, Notificações, Telas finais e outros recursos. É possível observar a quantidade de visualizações vinda de uma fonte, e você notará que as outras métricas são completamente diferentes dependendo de qual origem de tráfego é analisada.

Se você se lembra dos capítulos anteriores, quando discutimos a IA, existem vários algoritmos, no plural. É aqui que isso entra em jogo. Cada fonte de tráfego possui um algoritmo independente, cujo objetivo é aumentar a probabilidade de as pessoas clicarem e assistirem aos vídeos. Saber de onde vem seu tráfego pode mudar a maneira como tudo é feito.

Kristina Smallhorn é uma corretora de imóveis da Louisiana que estava usando o YouTube para criar conteúdo a partir de uma mentalidade de tráfego de pesquisa. Ela passou muito tempo pesquisando palavras-chave e criando conteúdo para o tráfego de pesquisa. Ela obteve alguns resultados positivos com cliques e visualizações, conseguiu leads e fechou alguns negócios com seu conteúdo, mas queria melhorar e aumentar ainda mais sua

## A Fórmula Orientada a Dados e Centrada no Ser Humano

renda. Comprou alguns cursos online e leu alguns livros sobre SEO, e eles simplesmente não davam os resultados que ela queria. A essa altura, Kristina me procurou para uma consultoria.

Analisei os dados do canal de Kristina e conversamos sobre quais vídeos tinham os melhores números e ainda estavam gerando visualizações. Tivemos dois candidatos: "How to Get Rid of Dog Pee Smell In Carpet" [Como se livrar do cheiro de xixi de cachorro no carpete], com 223 mil visualizações, e "Mobile Homes Pros and Cons: Manufactured Homes"[Prós e contras de casas móveis: casas fabricadas], que tinha 107 mil visualizações. Após pesquisar os dados, percebi que os vídeos mais antigos dela tiveram um bom desempenho, então recomendei que fizesse mais conteúdo para alcançar os espectadores que responderam a esses dois vídeos.

Ela não ficou contente com minha primeira recomendação, pois não queria se tornar a "Moça do Xixi de Cachorro" no YouTube. Nós dois rimos disso. No entanto, estava disposta a dar outra chance às casas móveis, então fez exatamente o que eu lhe disse, mas sem muita fé de que funcionaria; quando deu certo, ela ficou animadíssima. Atualmente, as estatísticas de crescimento de seu canal são excelentes e estão subindo. Ela conseguiu 6 milhões de visualizações e mais de 33 mil inscritos, tudo porque criou conteúdo para um espectador específico que o YouTube era capaz de achar para recomendar o conteúdo dela. A melhor parte foi que ela também conseguiu uma enxurrada de novos leads para seu negócio imobiliário e mais receita de referência, além de encontrar outros fluxos de renda que substituiriam a necessidade de ser corretora de imóveis.

Se Kristina não soubesse observar seu tráfego em tempo real e suas fontes de tráfego para saber qual conteúdo criar, como criar e para quem, ela ainda estaria gastando horas tediosas em SEO de palavras-chave. Conheça suas fontes de tráfego para conhecer seu espectador.

Eu entendo se você estiver frustrado. Entendo se já pensou em abandonar o YouTube. Entretanto, também entendo que, se você persistir, conhecendo seu objetivo e aprendendo a Fórmula, poderá alcançar tudo o que deseja e muito mais. Prepare-se para mergulhar na Parte III com essa mentalidade e conclua as tarefas do Exercício de Ação no final de cada capítulo.

## Exercício de Ação

**Tarefa 1:** Escreva sua linha de chegada (seu objetivo) e coloque-a em algum lugar para que a veja diariamente. Não perca de vista o motivo de criar, especialmente nos tempos difíceis.

**Tarefa 2:** Se você já tem conteúdo no YouTube, acesse suas análises em tempo real e veja seus vídeos com melhor desempenho. Anote os que têm mais de seis meses e que, mesmo assim, estão gerando a maior quantidade de tráfego nas últimas 48 horas.

**Tarefa 3:** Planeje, crie e faça upload de material sobre o mesmo tópico que um vídeo da lista que você montou.

Há um curso complementar gratuito que acompanha este livro. Você pode obter acesso a todos os vídeos, treinamento extra, recursos e exercícios em www.ytformulabook.com [conteúdo em inglês].

# 11 Identifique seu Público

**A** maioria dos novos criadores de conteúdo do YouTube usa a clássica "abordagem espaguete" para criar conteúdo: jogam na parede e veem o que gruda. Isso pode funcionar se você quiser que sua massa fique perfeita, mas não funciona para um conteúdo bem-sucedido do YouTube. Você não pode fazer upload de conteúdo de qualquer jeito e cruzar os dedos para que todos assistam; é preciso ser tático para descobrir o que funciona com um público específico. Seu público consiste no espectador individual, que às vezes chamamos de avatar, ou a representação da pessoa real do outro lado. Eu uso esses termos como sinônimos ao longo do livro. Compreender o avatar é a coisa mais importante que você pode fazer. Não importa se você está usando o vídeo para aumentar o público ou vender algo, é preciso saber quem é o seu público.

Mas, antes de se preocupar com o público, você deve se concentrar no seu conteúdo. Se não criar um bom conteúdo em um nicho pelo qual é apaixonado, seu canal fracassará, pura e simplesmente. Crie um bom conteúdo sobre um assunto importante para você. Ponto-final. O público seguirá, e o YouTube seguirá o público. Mostrarei exatamente como ser tático, mas lembre-se de que você precisa começar comprometido com uma paixão. Já vi muitos criadores que mudam seu conteúdo rápido demais; eles não estão dando ao conteúdo tempo suficiente para que seja possível coletar dados e criar um plano estratégico. Se você trabalhar com algo importante para você, precisa estar disposto a dedicar tempo a fim de que os dados o ajudem.

## Não Faça Vídeos para Você

Depois de chegar a uma base de conteúdo pela qual é apaixonado, você está pronto para identificar seu público específico. Aí vem a grande pergunta que ouvi milhares de vezes: como encontrar meu público? Não é uma pergunta idiota; na verdade, é a melhor pergunta a fazer se você quiser ter sucesso no YouTube. Mesmo os criadores que estão indo bem às vezes não têm essa resposta, e isso impede que seus canais façam sucesso. Shaun McBride, o "Shonduras", já era uma estrela bem-sucedida de mídia social quando começou seu canal no YouTube, então ele tinha um público inerente, mas seu canal apenas encontrou seu ritmo depois de ter mais de oitocentos vídeos. "Uma vez que me concentrei em um determinado grupo demográfico e fui fiel a quem eu era e ao que queria gravar — a vida com minha família fora do trabalho —, encontrei um público leal e vi um crescimento gigantesco", disse Shaun. Não quero que leve oitocentos vídeos para que você identifique seu público-alvo ideal. Por isso escrevi este livro: para ajudá-lo a planejar, executar, analisar e ajustar seu conteúdo com base em padrões de visualização que o possibilitem encontrar seu público mais rapidamente.

Crie conteúdo em torno de sua paixão, mas não crie apenas por esse motivo. Faça isso para as pessoas que realmente assistirão aos seus vídeos. Combinar sua paixão com seu público ideal cria uma mistura que funciona perfeitamente.

O bom e velho diagrama de Venn na Figura 11.1 mostra bem o que estou tentando dizer.

Mantenha-se fiel ao que você deseja para seu canal, mas não faça o vídeo para você, faça-o para o público que se importa. Se não encontrar essa mistura entre sua paixão e seu público, seu canal nunca crescerá.

# Identifique seu Público

**Figura 11.1** Conteúdo valioso

Chad Wild Clay e Vy Qwaint são dois criadores especialistas em descobrir quem é seu público e a que ele assistirá. Eles costumavam fazer vídeos de paródias, e um deles viralizou em resposta ao fenômeno Pen Pineapple Apple Pen. Como resultado, eles aprenderam que os vídeos virais não necessariamente servirão para algo. Eles conseguiram muitos inscritos com o sucesso do vídeo, mas logo perceberam que um inscrito geralmente não equivale a um espectador dedicado. Há uma enorme diferença entre reunir um público a partir de um vídeo viral e a partir de seu conteúdo e sua personalidade. Queremos uma audiência mais estável; queremos espectadores leais. O vídeo viral não atrai o mesmo tipo de espectador que seguiria lealmente as personalidades e o conteúdo programado.

Algo que Chad e Vy fizeram bem foi ler os comentários de seus espectadores e criar conteúdo a partir das sugestões. Eles perceberam que mesmo seus vídeos com qualidade de produção mais baixa tiveram um bom desempenho quando respondiam ao que os espectadores pediam. Mas, ao analisar os números, também notaram que suas conversões de assinantes eram muito menores do que as de outros canais, então começaram a experimentar diferentes tipos de conteúdo para ver o que funcionaria melhor. Por fim, aceitaram que seu público estava ficando cada vez mais jovem, então decidiram fazer conteúdo voltado para crianças de seis a doze anos. Funcionou. O canal explodiu. Funcionou porque eles continuaram tentando entender seu público e corresponder o conteúdo. É importante reiterar que você deve criar com paixão, portanto, não altere seu conteúdo à custa de fazer algo que você ama!

## Encontre o Ponto Ideal

Um dos meus exemplos favoritos de alguém que encontrou seu público é Devin Stone. Devin é um advogado que começou a fazer vídeos no YouTube para ajudar estudantes de direito a se prepararem para o exame LSAT e sobreviverem à faculdade. Ele conseguiu um bom público em seu canal, *Legal Eagle*, mas queria que ele crescesse. Devin entrou em contato comigo e fiz uma consulta para lhe dar dicas e conselhos para expandir. Perguntei a Devin quantos estudantes de direito havia, em média, nos Estados Unidos, independentemente do período do ano. Eram cerca de 100 mil, então o ajudei a entender que havia atingido o limiar de penetração no mercado com o que estava fazendo e que, para superar isso, deveria ampliar seu alcance.

Com o tipo de conteúdo que estava criando, Devin havia atingido seu público máximo; se quisesse um público maior, precisaria mudar seu conteúdo para alcançar pessoas fora do grupo demográfico de estudantes de direito. Eu pedi a ele para reiterar por que queria fazer vídeos em primeiro lugar, e ele disse que só queria compartilhar sua paixão e ajudar as pessoas a entenderem melhor o direito. Então, a pergunta seguinte foi: como você pode ajudar mais pessoas fora da faculdade de direito a entender esse curso? A resposta que encontramos foi usar programas de TV e filmes relacionados à lei que já estavam no gosto da população geral e desconstruí-los em um formato "Advogado de Verdade Reage a...". Ele já tinha um vídeo assim, mas precisava criar mais nesse formato. Ele também criou um especial original de crimes reais. Ele continuava alcançando seu espectador original, mas também havia encontrado uma forma de atrair um espectador da cultura pop. O *Legal Eagle* agora tem mais de 1 milhão de inscritos e 100 milhões de visualizações. Devin descobriu como misturar sua paixão com seu público, mas o verdadeiro ponto ideal veio quando ele adicionou a terceira dimensão: a cultura pop/mainstream. Dê uma olhada no diagrama de Venn na Figura 11.2 para ver exatamente o que quero dizer.

## Identifique seu Público

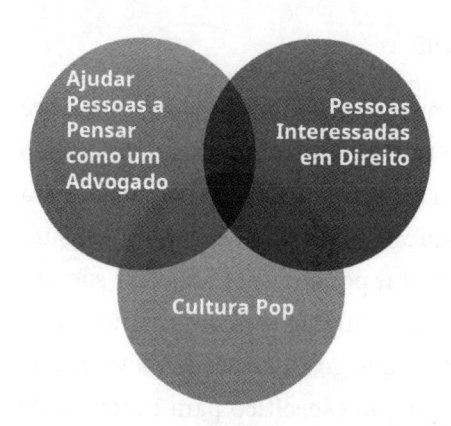

Figura 11.2  Conteúdo valioso escalável

Deixe-me fazer uma pausa agora, pois sei o que muitos de vocês estão pensando: "Mas meu conteúdo é para todos." Não, não é. Se for, então esse é o problema. Primeiro, é preciso encontrar seu público. Reconheça quem é o seu grupo de "fãs" dentro do nicho que ocupa e amplie o público a partir daí. Por grupo de "fãs", quero dizer os leais. São suas tietes. Pense nos fãs da banda Grateful Dead; eles são tão leais que têm até seu próprio nome: "Deadheads". São as pessoas que vão a todos os shows — ainda que seja o mesmo — em todas as cidades, tirando folga do trabalho, relacionamentos e hobbies apenas para seguir a banda. Suas tietes online, quando você as encontrar, consumirão tudo o que fizer só porque foi *você* quem fez. Elas se converteram a você.

Matthew Patrick, conhecido no YouTube como "MatPat", fez um vídeo em 2020 para falar sobre alguns problemas bem complicados para criadores que tentam ganhar a vida no YouTube. Seu canal, *Game Theorists*, é obviamente para gamers, então para que esse vídeo fora do comum tivesse um bom desempenho com suas "tietes", ele usou uma analogia da Manopla do Infinito para explicar os problemas de uma forma que elas conseguissem entender e quisessem continuar assistindo. Mas você sabe quem mais conhece os filmes dos Vingadores e a Manopla do Infinito? O público mainstream. MatPat acertou em cheio com esse vídeo, tanto para seus fãs leais quanto para um público mais amplo, e os manteve assistindo porque gostavam *dele* e porque ele usou algo com que o público conseguia se conectar amplamente.

## Nem Todos os Canais São Iguais

Nem todos os canais funcionam da mesma forma no diagrama de Venn. Você verá resultados diferentes com base no tipo de canal que possui; é por isso que é tão importante saber quem é o seu grupo de fãs antes de ampliar para o mainstream. Se você tiver um canal educacional, não deve pegar o que um canal de games faz, copiar tudo e se perguntar por que a estratégia de sucesso deles não funcionou quando você tentou. O conteúdo ressoa de maneira distinta com diferentes públicos. Uma pessoa que gosta de assistir a vídeos de jogos terá um comportamento de visualização específico para conteúdo de jogos e outro para, digamos, um tutorial de culinária. E vice-versa.

Existem vários tipos diferentes de conteúdo: tutoriais, os melhores, vlogs, análises de produtos, culinária, jogos, música, pegadinhas, educação infantil, e a lista continua. Faz sentido que, se seu canal for um vlog, seu espectador tenha padrões diferentes de quem vê tutoriais. No fim das contas, as pessoas consomem conteúdo importante para elas, então descubra quem se importa com seu tipo específico de conteúdo.

No entanto, tenha cuidado ao supor que isso significa que alguém que gosta de comida verá todo tipo de conteúdo sobre comida, por exemplo. É preciso limitar o que você produz para abaixo de uma categoria ampla a fim de entender seu espectador ideal. Ou seja, alguém que deseja achar e seguir uma receita não quer que você adicione seus comentários, personalidade e criatividade visual; essa pessoa quer apenas a receita. Ao passo que outro canal pode ser perfeito para o espectador que quer se divertir e se conectar com a pessoa que faz a comida. Viu como podemos ser mais específicos? Quando você consegue identificar quem está assistindo, de onde e do que essa pessoa gosta, acertou em cheio. Pense em Gordon Ramsay. As pessoas que assistem ao seu conteúdo não estão lá pela receita, mas, sim, pelo entretenimento. A comida é apenas mais um personagem de sua história; não é o que o espectador fará para o jantar.

## A IA Também Precisa Conhecer Seu Público

Quando você conseguir fazer os algoritmos do YouTube entenderem quem são seus espectadores, eles trabalharão para encontrar outros espectadores com padrões de visualização semelhantes para veicular seu conteúdo. Lembre-se de que o principal objetivo do YouTube é manter o espectador na plataforma por mais tempo, portanto, se você aprimorou seu conteúdo para atender a um espectador específico, o YouTube dará uma força para que seu conteúdo seja encontrado por esse espectador, que provavelmente desejará vê-lo. A IA reúne vídeos semelhantes para serem recomendados a espectadores com a mesma opinião porque, bem, isso funciona. Quanto mais rápido você criar conteúdo para caber em uma coleção de vídeos que serão agrupados, mais rápido ele será enviado para as recomendações e descoberto pelos espectadores certos. Porém, para se destacar entre eles, use estratégias para obter alto tempo de exibição e tempo médio de visualização. Eu mostro como fazer isso no Capítulo 16.

Eu realmente acredito que exista um público para qualquer coisa que você possa querer fazer no YouTube. A autoproclamada criadora "mais revoltada" do Canadá, Jackie NerdECrafter, encontrou seu público quando parou de tentar fazer as coisas da maneira tradicional e começou a ser ela mesma. "Achei que precisava tentar ser bonita para atrair as pessoas, pois sou muito sem sal", disse ela. "Então comecei a usar delineador, mas sou alérgica e meus olhos lacrimejavam nos vídeos. Quando percebi que receberia comentários negativos mesmo com delineador, deixei ele de lado."

Jackie abraçou sua autenticidade e mostrou sua personalidade e seus erros, e foi aí que passou a crescer. Ela atribui seu crescimento a ser ela mesma; na verdade, acha que foi por isso que seu canal decolou em comparação com outros canais de mulheres que vieram antes dela. Elas estavam tentando ser perfeitas; ela estava sendo genuína.

Jackie disse: "Quando postei meu primeiro vídeo no YouTube, ele teve trinta visualizações. Pensei: 'Minha nossa, trinta visualizações; isso é incrível! Quem são essas trinta pessoas?'" Ela realmente se importava com quem eram essas pessoas e queria entendê-las para que pudesse continuar a fazer conteúdo que elas gostassem. Esse deve ser o seu objetivo, quer você tenha trinta ou 30 mil espectadores. Pergunte-se quem eles são e a que podem querer assistir.

## Mas... *Como* Aprendo Sobre Meu Público?

Isso pode parecer loucura ou impossível, mas eu gosto de descobrir quem é meu público antes de descobrir meu nicho. É por isso que é importante encontrar o espectador certo. Não se precipite na criação de conteúdo, porque, se fizer do jeito certo, o comportamento de seus espectadores mudará seu conteúdo. É aqui que podemos falar sobre a analogia da carroça na frente dos bois. As pessoas geralmente criam conteúdo rápido sem entender completamente para quem estão criando, o que é uma ótima receita para a frustração. Gosto de ótimas receitas, mas não dessa. Saiba para quem você está criando. Seu conteúdo será consumido e compartilhado naturalmente e não levará à frustração, então pare um pouco e, primeiro, conheça seu público.

### Análise Detalhada da Persona

Para conseguir fazer isso, faço algumas suposições antes de obter os dados de que preciso. Eu chamo isso de Análise Detalhada da Persona. A persona é seu espectador, seu avatar, seu público-alvo. Precisamos conhecer essa pessoa o melhor que pudermos. É complicado fazer isso logo de cara, mas podemos fazer suposições até obter os dados que nos ajudarão.

Figura 11.3    Análise Detalhada da Persona

Dê uma olhada na Análise Detalhada da Persona mostrada na Figura 11.3. Se quiser conhecer seu espectador para criar conteúdo a que ele assista, você precisa saber coisas sobre ele demográfica, psicográfica e comportamentalmente, tanto online quanto offline. Eu faço essa análise duas vezes: uma para o espectador e outra para a espectadora.

Primeiro, os dados demográficos. Pense na idade e no sexo antes de qualquer outra coisa e, em seguida, considere a faixa de renda, educação, localização, status de relacionamento e quantos filhos seus espectadores têm. Você não acha que seria útil saber se seu público é composto de uma maioria de homens solteiros entre 25 e 35 anos? Se são meninas? Da geração Z? Classe média? Conheço alguns criadores que achavam estar criando conteúdo para meninas adolescentes, mas, quando realizaram um evento ao vivo, a esmagadora maioria dos participantes tinha, na verdade, de oito a nove anos. Esse fato os surpreendeu, mas eles mudaram seu conteúdo para atender de fato a esse público mais jovem, e seu canal teve um desempenho muito melhor.

Após passar pelos dados demográficos, observe os dados psicográficos do seu espectador. Os dados demográficos são traços externos ou fatos sobre uma pessoa, enquanto os psicográficos são seus traços internos. Eles detalham as crenças, os valores, as atitudes, as motivações, as escolhas de estilo de vida, os temores e as vulnerabilidades de uma pessoa. Isso é o que a move. São seus objetivos e aspirações; aquilo pelo que tem paixão. Os dados demográficos são os fatos chatos; os psicográficos deixam tudo divertido, pois você descobre quem seu espectador realmente é. Ele deixa de ser um número e se torna uma pessoa. Agora você pode se conectar a ele em um nível que não seria possível de outro modo.

Um ótimo exemplo sobre ver a pessoa por trás do número é quando uma celebridade se conecta com um fã cara a cara. Você já viu esses vídeos. Um dos meus favoritos tem Billie Eilish enviando um vídeo personalizado para uma paciente com leucemia de treze anos. Billie conquistou fãs para toda a vida, não apenas a garota que estava doente, mas também pessoas como eu, cujos corações foram tocados profundamente. Pense em como esse gesto afetou o grupo de "fãs" de Billie e sua lealdade a ela.

Depois de analisar os dados demográficos e psicográficos, já é possível dar um bom palpite sobre quem é seu espectador, mas nada disso importa se você não souber o que ele realmente faz. É preciso saber como ele age no dia a dia, tanto no mundo real quanto online. O algoritmo do YouTube não consegue analisar os dados psicográficos do seu espectador como você, mas consegue observar o comportamento online dele muito bem. Na verdade, vê dados que não conseguimos ver como humanos. Mesmo com mais de 2 bilhões de espectadores ativos e conectados, a plataforma ainda consegue observar todos para conhecer seus comportamentos. Especificamente, a IA observa o que um espectador faz e o que não faz quando clica em um vídeo, bem como o que ele pesquisa, onde clica, não clica, o que vê por cinco segundos e desiste, a que vídeo assiste inteiro, se clica em próximo e assim por diante. A IA conecta os dados não estruturados e as semelhanças entre os espectadores.

## Seu Espectador Vive em Micromomentos

No entanto, você precisa conhecer ainda mais os comportamentos diários do seu espectador, minuto a minuto. Isso é o que o Google chama de "micromomentos". A empresa montou um excelente guia sobre como as pessoas interagem com o conteúdo online e como isso afeta suas vidas. O fundamento é que as pessoas sempre estão com seus dispositivos móveis por perto, o verificam 150 vezes por dia e a maior parte do tempo gasto nele é composto de momentos. Esses momentos são definidos pela intenção: elas querem saber de algo, ir a algum lugar, fazer algo ou comprar algo. Uma marca precisa estar presente para responder a qualquer uma dessas demandas rapidamente, pois a oportunidade de apresentar conteúdo de maneira útil durará apenas um momento.

Veja um exemplo rápido de cada tipo de micromomento:

- **O momento "eu quero saber":** Você fica online e faz uma busca por um fato aleatório. Isso acontece muito nas conversas do dia a dia. Uma pergunta surge e alguém diz: "Joga no Google." Então você fica online para obter a resposta e já sai da internet.
- **O momento "eu quero ir":** Provavelmente, o mais comum aqui é o tipo de pesquisa "encontre restaurantes italianos próximos a mim". Você quer ir a algum lugar próximo para fazer algo específico.
- **O momento "eu quero fazer":** Você precisa trocar o filtro de ar do seu veículo, então pesquisa como fazer isso no YouTube.
- **O momento "eu quero comprar":** Sua torradeira queimou esta manhã. Você precisa pedir uma nova hoje e está pronto para comprá-la.

Pense em seus próprios hábitos no dia a dia com o celular. Você pega seu celular para pesquisar algo no Google e passa as duas horas seguintes navegando casualmente por um site inteiro ou pega o celular quando um pensamento surge, clica no primeiro resultado que parece mais relevante e avalia em poucos segundos se permanecerá nesse site? Quando encontra o que estava procurando, você deixa o celular de lado e volta para a tarefa em que estava. Cinco minutos depois, você o pega novamente, envia uma mensagem para seu amigo, verifica suas notificações de mídias sociais e o guarda. Quinze minutos depois, volta a pegar o celular, se informa sobre o restaurante mexicano mais próximo com boas críticas e o coloca de volta no bolso. No restaurante, você pega o celular para tirar uma foto no almoço, a envia ou a publica e guarda o aparelho. Vivemos em micromomentos, online e offline.

Todos nós vivemos nesse binarismo, mas temos hábitos diferentes. Ao marcar uma viagem à Europa, por exemplo, alguns começam a fazer planos com meses de antecedência, pesquisando os melhores lugares para visitar e comer, reservando hotéis e passeios. Outros reservam uma viagem apenas quando veem uma oferta e decidem os detalhes de última hora. Minha filha Ellie é assim. Ela foi comigo a uma viagem de negócios a Berlim, e eu pedi a ela para decidir onde ficaríamos hospedados e o que faríamos. Depois que minha palestra acabou, perguntei a ela qual era o plano, e ela pegou seu telefone naquele momento e encontrou a melhor hamburgueria escondida em um banheiro de metrô adaptado. E a comida não estava uma porcaria, era uma delícia. Seu comportamento online decidiu o que faríamos em tempo real e para onde iríamos depois. Se minha esposa, Carolyn, estivesse na viagem, ela teria planejado os detalhes meses antes de fazermos as malas.

## Usando a Análise Detalhada da Persona

A análise detalhada da persona se aplica profundamente à forma como criamos conteúdo. Conheça os detalhes e hábitos do seu avatar para que possa dar a ele exatamente o que deseja.

Vamos fazer uma Análise Detalhada da Persona com um exemplo hipotético. Lembra quando eu disse que não é possível juntar todos os espectadores de conteúdo sob o tema "comida"? Os espectadores de Gordon Ramsay não são os mesmos que querem pegar uma receita. Então, digamos que queremos criar conteúdo para um público gastronômico, mas pretendemos focar os "gourmets". Os gourmets são completamente diferentes das pessoas que estão atrás de receitas. Quem se encaixaria no padrão gourmet? Vou fazer algumas suposições. Demograficamente, vou assumir que as características dos gourmets são: entre 25 e 40 anos, maioria do sexo feminino, faixa de renda entre US$40 mil e US$120 mil, a maioria vivendo em grandes metrópoles, com algum tipo de educação após o ensino médio. Em termos de localização, vou presumir que muitos deles morem em um dos três principais estados de espectadores do YouTube: Califórnia, Texas e Nova York.

A seguir, pensaremos nos dados psicográficos desses espectadores: não são necessariamente cozinheiros, mas gostam de comida em ocasiões sociais. Gostam de tirar fotos de seus pratos e postar no Instagram. Gostam de recomendar para seus amigos ótimos lugares para comer. Gostam de se divertir, não apenas comer. Geralmente, são trabalhadores de jornada comum, e esse tipo de atividade ou hobby é algo que lhes dá prazer.

No que diz respeito ao consumo de conteúdo online, são atraídos por miniaturas bonitas e bom entretenimento. Pode ser que se inscrevam no canal de Gordon Ramsay e em outros semelhantes. Assistem a programas de culinária na Netflix como *Cake Boss* e *British Bake Off*. Gostam de "pornografia gastronômica".

Seu comportamento offline reflete os hábitos dos millennials: eles podem tirar uma folga de seu emprego muito estável para fazer o que querem; podem tirar férias prolongadas; são menos propensos a se casar e ter filhos muito cedo.

Eis a zona ideal: a fusão entre seus comportamentos online e offline. Eles tiram uma foto da comida e publicam nas redes sociais. Comem em um restaurante e avaliam no Yelp. Adoram encontrar a pizzaria local escondida e contar a seus amigos online. Quando estão em uma festa, falam sobre lugares em que estiveram e decidem para onde irão no futuro com base nessas conversas. São cheios de opiniões. São mais propensos a assistir *Cake Boss* para concordar ou discordar dos juízes.

Lembre-se de que estamos apenas fazendo suposições. Você pode fundamentar melhor a sua hipótese fazendo algumas pesquisas no Google sobre seu tema ou as pessoas que você acha que se encaixam em seu público. Quanto mais conteúdo você criar e observar padrões, melhor será sua suposição. E então, à medida que obtemos mais dados, podemos decidir o que fazer com base nessas informações, pois elas não são hipotéticas. Você poderá ver todos os dados demográficos e comportamentos online em suas análises de vídeo e em seus comentários. Quando você inserir a análise na jogada, poderá obter mais informações e elevar o nível, coletando informações externas sobre o comportamento online de seus espectadores. Quanto mais você souber, melhor poderá atendê-los.

## Este é o Meu Pessoal

Ao avaliar nosso espectador em uma Análise Detalhada de Persona, definimos vagamente o que supomos que ele é. Em seguida, fazemos pesquisa para validar ou descartar as suposições que acabamos de fazer. Abordaremos como aprimorar seu espectador fazendo reconhecimento e pesquisa no próximo capítulo. Essa é a parte nerd e divertida que sempre fico animado em compartilhar; a maioria dos criadores não tem ideia do que está perdendo em sua estratégia de conteúdo e fica impressionada com os insights que ganha. Prometo que você descobrirá coisas sobre seu conteúdo e seu público que mudarão suas estratégias e o ajudarão a criar um conteúdo melhor. Você aprenderá o quanto é importante fazer um plano — é a base do seu sucesso.

Existem muitos tipos diferentes de pessoas no mundo. Quem são e como se comportam online e offline depende de como elas foram criadas, do status social, do estilo de vida, da personalidade e muito mais. Quando você faz vídeos da maneira certa, vira um ímã para certos tipos de pessoas, que consumirão esse conteúdo da mesma forma que outro espectador com características e interesses semelhantes. O YouTube encontra pessoas que pensam como você e oferece a elas seu conteúdo para ser consumido.

Existem duas maneiras de olhar para o seu avatar quando se trata do YouTube: como alguém que visualizará seu conteúdo e como alguém que compartilhará seu conteúdo ou possivelmente comprará algo. Alguns discordam que são duas pessoas diferentes, mas acredito que seja uma distinção valiosa a ser feita quando se trata de quem é seu espectador e qual é a intenção dele com seu conteúdo.

Minha avó, que Deus a tenha, era uma persona compradora. Quando ela faleceu, tivemos que organizar coisas que ela adquiriu no canal de compras pela TV, que juntas valiam dezenas de milhares de dólares... e que ela nunca usou. Uma boa propaganda sempre a fazia pegar o telefone, com o cartão de crédito à mão. Para o bem ou para o mal, também sou assim: quando vejo um comercial que me mostra como algo pode melhorar minha vida funcionalmente, mesmo que eu nunca tenha pensado que "precisava" daquele item, compro imediatamente. Meu porão está começando a ficar muito parecido com a coleção da vovó Eves.

Nos próximos capítulos, aprofundaremos a pesquisa e a criação de um bom conteúdo a fim de que seja mais fácil encontrar seu público, mas, para começar, a Análise Detalhada da Persona é uma ótima maneira de conhecer seu espectador em potencial. Então, à medida que você tomar decisões baseadas nos dados das características e do comportamento do seu espectador, a mágica acontecerá. Adoro usar os dados para tomar decisões, pois não é mais uma suposição de quem é seu espectador e o que ele está fazendo: os fatos estão bem ali; os dados não mentem. Você finalmente poderá dizer com confiança: "Este é o meu pessoal."

## Exercício de Ação

Faça a Análise Detalhada da Persona do seu espectador. Se tiver conteúdo de canal, verifique suas análises para obter as informações de seus espectadores e concluir estas tarefas. Se não tiver conteúdo, ainda poderá fazer uma Análise Detalhada da Persona projetada até ter dados nos quais se basear. Faça isso duas vezes, uma para o espectador e outra para a espectadora.

**Tarefa 1:** Liste os dados demográficos da persona do seu espectador: idade ou geração, sexo, faixa de renda, educação, localização geográfica e status de relacionamento.

**Tarefa 2:** Liste os dados psicográficos da persona do seu espectador: motivações, valores, atitudes, estilo de vida, temores e objetivos.

**Tarefa 3:** Faça uma lista do comportamento online da persona do seu espectador: tipos de mídia e conteúdo consumidos por interesse pessoal versus entretenimento e canais em que ele se inscreve.

**Tarefa 4:** Faça uma lista do comportamento offline da persona do seu espectador: padrão comportamental em compras, hábitos, hobbies e onde eles passam o tempo offline.

Obtenha a apostila complementar e encontre mais recursos em www.ytformulabook.com [conteúdo em inglês].

# 12 Reconhecimento e Pesquisa

Toda empresa sabe que não existem negócios sem os clientes. É preciso fazer as pessoas irem até você. Isso é chamado de aquisição. Muito dinheiro e tempo são gastos em marketing para adquirir clientes. Você também precisa gastar certo tempo para descobrir como atrair as pessoas. Talvez você não esteja vendo seus espectadores como clientes ou consumidores, mas deveria. São consumidores que você precisa adquirir para chegar ao sucesso. Mostrarei como encontrar seu pessoal e, mais importante, como retê-lo. É preciso saber como fazê-los voltar sempre; do contrário, você os perderá. Nosso objetivo é manter a taxa de perda, ou "churn", o mais baixo possível e a taxa de crescimento subindo continuamente. Todo bom empreendimento faz isso bem, e você também deveria.

Este será um dos capítulos mais divertidos do livro, pois falaremos exatamente sobre como encontrar seu espectador de forma tática. A parte mais divertida é que isso funciona.

Na introdução, eu disse que um unicórnio fazendo cocô me fez escrever este livro. Não foi ironia; eu falei sério. Eis a história: eu estava visitando meu amigo Jeffrey Harmon, com quem trabalhei em muitos projetos ao longo dos anos. Nós nos complementamos muito bem profissionalmente. Ele me contou sobre um novo projeto em potencial que teria um unicórnio fazendo cocô. Ele me ganhou no unicórnio e mais ainda no cocô. O anúncio era de uma empresa chamada Squatty Potty, e eles tinham um desafio a superar. Seu público era a geração boomer, e eles haviam entrado em um platô. Sabiam que precisavam alcançar um avatar mais jovem e preocupado com a saúde, então procuraram a agência de marketing dos irmãos Harmon para ajudar.

Eu disse a Jeffrey que queria muito participar do projeto (quem não gostaria? Um unicórnio fazendo cocô de sorvete? Tô dentro!), então unimos forças e começamos a parte criativa. Precisávamos remover a "nojeira" que fazer o número dois representa, além de convencer os donos da Squatty Potty e seu investidor do *Shark Tank* de que isso funcionaria. Originalmente, o plano era usar um unicórnio artificial do tamanho de um cavalo da raça Clydesdale para fazer cocô, pois seria grande o suficiente para colocar uma máquina de sorvete dentro, mas Daniel Harmon, irmão e sócio de Jeffrey, teve a ideia de usar efeitos de CG e um unicórnio pequeno.

Precisávamos saber onde encontrar os aficionados mundiais de unicórnios e descobrir quem eram em nível individual para que pudéssemos nos conectar com eles com nossa mensagem e apresentação. O sucesso de toda campanha de marketing depende do conhecimento sobre quem é o comprador, mas eu queria saber mais do que isso; eu queria saber que tipo de pessoa se importava com unicórnios o suficiente para responder com vigor a um anúncio que apresentasse um. Então entrei no Reddit, que é sempre um ótimo lugar para encontrar grupos de nicho, e procurei pessoas que gostassem de My Little Pony, pois achávamos que essa comunidade responderia ao unicórnio.

Há um subreddit para cada tema e, veja só, encontrei uma comunidade de fãs de My Little Pony... formada por homens adultos. Eles até se chamavam de "Bronies" e tinham sua própria cultura de memes, terminologia e fantasias de My Little Pony. Eu nunca esquecerei das fantasias. Perdi três dias da minha vida com os Bronies, porque simplesmente não conseguia acreditar que existia uma subcultura tão bizarra, e continuei me afundando cada vez mais no buraco negro. Fiquei muito fascinado. Voltei a encontrar Jeffrey e Daniel Harmon e Dave Vance, o redator-chefe do projeto, e contei a eles o que eu havia encontrado. Mantivemos os Bronies em mente enquanto fazíamos um brainstorming e criávamos o anúncio, pois queríamos fazer algo com que a subcultura deles se identificasse — queríamos que eles gostassem o suficiente do material para comentar sobre e compartilhar com outras pessoas. Dave inventou o mundo mágico e o príncipe e escreveu um roteiro brilhante e divertido.

O momento da descoberta da comunidade Brony foi sensacional para meu trabalho porque me fez perceber o quanto era importante encontrar o avatar. A lâmpada acendera; foi um momento de percepção para mim. É importante observar que os Bronies não eram nossos compradores-alvo. Eles eram o grupo de foco que responderia ao anúncio em vídeo de forma natural. Eles criariam um ciclo de feedback para a campanha: encontrariam o anúncio e assistiriam até o fim, comentariam e compartilhariam. Criariam o burburinho para que os prováveis compradores do produto vissem o anúncio. Iniciariam a campanha e a fariam crescer.

Para cada 10 mil visualizações, sabíamos quantos compartilhamentos conseguiríamos e quantas pessoas marcariam seus amigos, interagiriam ou comprariam. Eu trabalhei na venda orgânica para diferentes personas de espectadores que visualizariam, consumiriam, compartilhariam e comprariam. Jeffrey a observou a partir da abordagem de longo prazo de aquisição e retenção. Ele mediu a persona do comprador por um critério: quem passava o cartão de crédito. Nós dois cuidamos de tudo. Como eu disse, trabalhamos muito bem juntos.

Quando o anúncio estava pronto para ser lançado, sabíamos que tínhamos algo grande. Era um vídeo de formato mais longo, quase quatro minutos, que era muito maior do que propagandas tradicionais, mas era original e extremamente divertido. Jeffrey e eu fizemos uma sessão de estratégia de lançamento e tivemos a ideia de fazer um gif do unicórnio fazendo cocô de sorvete com a legenda: "O mundo mudará em [data]." O que fizemos com isso? Vazamos para os Bronies, é claro! Eu compartilhei esse gif animado com um membro específico da comunidade Brony. Como diz o ditado: você pode levar um Brony à água, mas pode obrigá-lo a beber? Bom, eles beberam.

Foram à loucura com o gif e, quando o vídeo foi lançado no final daquela semana, chegou à primeira página do Reddit.

Conseguimos mais de 20 milhões de visualizações em menos de 24 horas, e ele continuou ganhando força a cada hora. Jeffrey e eu ficamos pasmos com a resposta. A melhor parte era saber que, para cada dólar gasto, ganharíamos uma certa quantia. Colocamos lenha na fogueira veiculando ainda mais anúncios no auge de sua distribuição orgânica. Isso sustentou as vendas ao longo do tempo, o que foi ótimo porque conseguimos analisar e ajustar no percurso, e continuou dando resultado.

No primeiro ano do anúncio, ele gerou US$28 milhões em vendas atribuíveis e, até hoje, anos depois, converte toda vez que é executado. Ainda há pessoas que não viram o anúncio, mesmo que ele circule por vários anos, e sabemos que elas comprarão o produto porque conhecemos a persona, então podemos segmentar exatamente quem precisamos. Há novos compradores chegando ao mercado todos os dias e, quando a pessoa certa é atingida, conquistamos outro cliente.

Eu nunca vi um anúncio viralizar como esse. Foi até considerado "O maior anúncio viral da história da internet" pelo blog *Boing Boing*. Foi assim que descobri o verdadeiro segredo para entender a criação baseada em encontrar a pessoa certa para o conteúdo. Encontramos os espectadores certos que compartilhariam o anúncio e encontramos os espectadores certos que comprariam o produto. Esse é o segredo mágico do unicórnio que faz cocô de sorvete.

## Reconhecimento

Reconhecimento significa estar no modo de descoberta. Você precisa descobrir seus próprios Bronies, por assim dizer. Seu trabalho é definir que tipo de conteúdo deseja criar. Você quer saber se alguém já está fazendo algo semelhante no YouTube e, em caso afirmativo, o que cada canal representa e com o que seu público se importa. Quer saber quem são os grandes criadores no nicho — quem tem movimento e impulso. Quer descobrir quem é o público-alvo e como ele está respondendo.

Então vamos ao que interessa no *método*: acesse o YouTube e faça uma lista de vinte canais diferentes no nicho de seu interesse. Em seguida, vá para os vídeos do primeiro canal e classifique-os pelos mais populares. Assista aos vídeos mais populares que foram lançados no último ano. Vá para o próximo canal e faça a mesma coisa. Você precisa anotar tudo isso. Preste atenção nos próximos vídeos recomendados enquanto assiste cada vídeo. Você poderá ver o que está dando certo no YouTube no momento. Alguns desses canais podem ter muitos inscritos, mas não têm muita atividade recente. Certifique-se de que os canais listados tenham espectadores ativos que consumiram e/ou comentaram o conteúdo recentemente. Alguns desses grandes canais não postam vídeo há muito tempo, então não os use para fins de reconhecimento. Ao classificá-los pela popularidade, verifique se existe algo recente nos principais resultados. Veja o quanto os espectadores interagem em cada vídeo e canal. Observe a proporção deles em relação aos inscritos a fim de medir o tamanho do mercado para o nicho. Lembra de Devin Stone, mencionado no Capítulo 11, cujo canal *Legal Eagle* ensina as pessoas sobre direito? Enquanto estiver fazendo o reconhecimento, lembre-se de como ele alcançou um público mais amplo do que estudantes de direito.

O que você está fazendo é a coleta de dados suficientes sobre conteúdo semelhante ao tipo que desejamos criar. Agrupar canais semelhantes nos ajuda a enxergar padrões. Quando entendemos canais semelhantes e como seus espectadores interagem e respondem ao seu conteúdo, estamos descobrindo quem pode ser nosso espectador.

Não quero que você faça uma pesquisa profunda sobre esses canais agora. Seu objetivo é obter o máximo de informações necessárias para descobrir o que há no seu nicho e quem seriam esses espectadores. Todas essas informações serão analisadas posteriormente na fase de pesquisa.

Depois de fazer sua lista no YouTube, pesquise também o nicho fora do YouTube. Pessoas que estariam interessadas no seu tipo de conteúdo se interessam por outras coisas na internet, e é preciso entender seus comportamentos e interesses. O Reddit é um ótimo lugar para encontrar comunidades. Você se surpreenderá ao descobrir os interesses inimagináveis de seus espectadores. Assim que estiver com todas essas informações, estará preparado para tomar decisões baseadas em dados.

Grandes criadores estão sempre em modo de reconhecimento, mesmo depois de alcançar um enorme sucesso. Não se faz o reconhecimento uma vez só e pronto. Sempre há mais coisas a descobrir sobre seu público, e os dados mostrarão padrões continuamente. Você descobrirá joias escondidas quando observar seus dados cuidadosamente. Analise-os com a pergunta "por quê?" em mente. Por que seu conteúdo teve ou não sucesso? Por que seus espectadores interagiram dessa ou daquela forma com ele? Entretanto, tome cuidado para não empacar: um grande erro que vi criadores cometerem é passar tempo demais no modo de reconhecimento. É muito fácil cair no buraco sem fim quando você começa a cavar (leia-se: minha jornada pelo mundo Brony). Obtenha as informações necessárias e passe para a fase de pesquisa.

## Pesquisa

Ok, agora você está pronto para pôr a mão na massa e analisar as coisas que coletou no reconhecimento. Volte para sua lista de canais do YouTube, clique em um deles e, novamente, classifique os vídeos pelos mais populares. Esqueça os vídeos mais antigos do canal; você quer ver o que tem funcionado recentemente. Escolha de seis a dez vídeos que tenham mais visualizações e faça anotações sobre títulos; miniaturas; visualizações de vídeos; quantidade de "gostei" e não "gostei"; e duração do vídeo. Observe se o criador usa um gancho para atrair os espectadores para o conteúdo, como é o ritmo e como o editaram. Pergunte-se quais semelhanças vê entre os diferentes vídeos e os diferentes canais da sua lista. Anote o reengajamento ao longo do vídeo, as chamadas para ação, as descrições e os comentários.

Estamos procurando padrões na criação de conteúdo e no comportamento do público. Essa prática tem tudo a ver com a resposta e interação do espectador e serve para ver o que está dando certo atualmente no seu nicho. Embora esta seção do capítulo não seja longa, o processo de fazer a pesquisa leva tempo. Pode ficar tedioso, mas não pule essa etapa. Você precisa trabalhar duro se quiser ver os padrões. Continue comigo, prometo que valerá a pena.

## O Unicórnio Supremo: Jesus

O reconhecimento e a pesquisa podem fornecer a tempestade perfeita quando se trata de encontrar sua comunidade e divulgar seu conteúdo para o mundo.

Outro projeto em que Jeffrey Harmon e eu estamos trabalhando juntos é o oposto de um unicórnio fazendo cocô; é Jesus. Estou muito mais entusiasmado por esse projeto do que por qualquer outro em que já trabalhei, e já trabalhei em *muitos* projetos. Quisemos criar uma série de TV sobre a vida de Jesus Cristo que atraísse a comunidade evangélica e tivesse o profissionalismo de uma série da HBO. Jeffrey me apresentou a um criador chamado Dallas Jenkins, que mais tarde se tornou meu sócio, escritor e diretor da série sobre Jesus Cristo chamada *The Chosen*. Ricky Ray Butler, Matthew Faraci e Earl Seals também se juntaram como proprietários. Jeffrey não seria proprietário, mas distribuiria o produto com sua empresa, VidAngel.

Em um grande projeto como esse, fazemos um retiro de vários dias para a realização da sessão de marketing, mas, antes, fazemos várias sessões de brainstorming para ter uma boa ideia de quem seria a persona do espectador: quem teria paixão pelo produto e quem apoiaria o projeto. Achei que seria fácil de fazer porque seriam pessoas como nós. Dallas sabia que seríamos capazes de transmitir a mensagem, mas estava mais cético quanto a conseguir que as pessoas investissem. Tínhamos que atender às necessidades do nosso projeto por meio de crowdfunding, e ele disse que ficaria impressionado se conseguíssemos arrecadar US$800.

Matthew trabalhara em vários grandes projetos evangélicos e conhecia bem esse universo. Dallas também tinha muita experiência nele, mas ninguém jamais fizera produções cristãs com qualidade da HBO. O Texas é um dos maiores grupos de consumidores de vídeos online, por isso direcionamos o projeto ao Texas e a outras áreas cristãs do sul dos EUA. Com base em outros dados que coletamos em reconhecimento e pesquisa, percebemos que a geração X e as millennials do sexo feminino são as que mais gastam online, então nossa persona do comprador-alvo eram mulheres de 25 a 45 anos. Visamos as pessoas que eram voluntárias da comunidade, escola e igreja, do tipo "eu amo Jesus".

Para nosso retiro de sessão de marketing, alugamos um Airbnb, pedimos comida e começamos a trabalhar. Focamos quem era nosso público. Definimos o caminho até o nosso objetivo final. Tínhamos que descobrir como arrecadaríamos o dinheiro e como encontraríamos o exército de pessoas que se identificaria com nosso conteúdo e o promoveria para o mundo.

Tínhamos capital inicial com a intenção de crowdfunding para atender às necessidades desse projeto. Na época, *Mystery Science Theater 3000* e *Veronica Mars* foram os projetos de financiamento coletivo de maior bilheteria, com seguidores fiéis. Então, estabelecemos a meta de superar esses projetos e nos tornarmos o maior projeto de financiamento coletivo na história do cinema e da televisão. A meta era de US$10 milhões. Sabíamos que queríamos transmitir nossa mensagem e visão para uma persona específica (mulher de 25 a 45 anos, casada ou solteira, frequentadora de igreja, voluntária). Então nos perguntamos onde essas pessoas se reuniam online. A resposta não estava no YouTube. Definimos que as encontraríamos no Facebook e no Instagram. Desenvolvemos nossas estratégias de mensagens e conteúdo em torno desse público específico e as direcionamos principalmente para o Facebook, pois era a plataforma mais fácil de compartilhar o conteúdo e a mensagem da nossa campanha com pessoas afins.

Lançamos o episódio piloto, que contava a história do nascimento de Jesus, e o direcionamos às pessoas certas na hora certa: pouco antes do Natal. O primeiro episódio atingiu o ponto ideal no diagrama de Venn (do Capítulo 11),

## Reconhecimento e Pesquisa

pois foi oportuno, relevante e poderia atingir nosso espectador ideal, além de um público mais amplo da cultura pop.

Nós mais que dobramos o recorde de crowdfunding com uma série sobre Jesus. Poderíamos dizer que foi como maná caindo dos céus, usando um termo bíblico. Alguns de nossos maiores contribuidores disseram que doaram dinheiro porque alguém lhes apresentou o episódio piloto — esse alguém geralmente era uma pessoa que se encaixava em nosso perfil de persona-alvo (nossa estratégia de comprador funcionou!). Em apenas algumas semanas, conseguimos dezenas de milhares de seguidores no Facebook.

Eu sabia que, para crescermos intensa e organicamente, precisávamos nutrir nosso público em outras plataformas. Levei dois anos para convencer Dallas a se tornar o rosto "influenciador" do nosso projeto, e foi aí que tudo mudou. As pessoas se identificavam com ele e sua paixão, personalidade e autenticidade. Quando fizemos uma live no canal do YouTube *The Chosen*, Dallas começou a falar com nosso avatar, o YouTube encontrou os espectadores correspondentes e sugeriu nosso conteúdo a eles. Conseguimos 146.886 inscritos em quatorze dias. Sim, quatorze dias, e, sim, esse número exato. Cada um deles era importante para nós.

Não conseguimos mostrar nada mais oposto em dados demográficos e conteúdo do que nos dois exemplos deste capítulo, o que eu realmente adoro porque mostra que o método funciona, não importa qual seja seu conteúdo ou quem seja seu público. Fale com seu público-alvo e depois amplie para levar seu conteúdo às massas. Os próximos capítulos mostrarão como realmente aproveitar isso.

A lição principal é que quanto mais você entender e se relacionar com seu público e criar conteúdo para ele, mais o YouTube conectará os pontos e o alimentará com seu sabor preferido de sorvete, por assim dizer. Talvez seja cocô de unicórnio ou algo mais relacionado a Jesus. O reconhecimento e a pesquisa nos possibilitaram formar uma comunidade de pessoas que amavam e distribuíam nossa mensagem e nosso conteúdo. Isso é o que pode acontecer quando você faz reconhecimento e pesquisa suficientes; essa é a recompensa. É por isso que você deve fazer tudo o que está neste livro.

Porém, tenha cuidado: esse não é um passo único. Não se faz reconhecimento e pesquisa apenas no início. É preciso voltar, observar os dados e reavaliar. Quanto mais dados chegarem, mais padrões você verá e melhor poderá mudar sua estratégia para tomar decisões mais assertivas sobre seu conteúdo.

## Exercício de Ação

Execute as etapas de reconhecimento para encontrar seu público e ver o que ele consome no YouTube:

**Tarefa 1:** Pesquise pelo menos dez criadores de sucesso em seu nicho.

**Tarefa 2:** Anote o que eles têm em comum. Assista aos vídeos de maior sucesso e anote os padrões de criação e edição.

**Tarefa 3:** Veja se eles se envolvem com suas comunidades e como, tanto nos comentários do vídeo quanto na aba Comunidade. Leia os comentários em seus vídeos mais populares.

Obtenha a apostila complementar e encontre mais recursos em www.ytformulabook.com [conteúdo em inglês].

# 13 O Conteúdo É Soberano

Dia 26 de maio de 1980.

Essa data sempre ficará marcada em minha mente porque algo mudou em mim naquele dia, e eu nunca mais fui o mesmo.

Este capítulo fala de momentos que mudam as pessoas. É o que mais gosto no meu trabalho — descobrir como nossa mensagem ou "conteúdo" pode causar o maior impacto nos outros. Alguns dos maiores especialistas em retórica mudaram o mundo com suas mensagens, de jeitos bons e ruins, de Aristóteles a Hitler e Gandhi. Cada interação que temos em todos os aspectos das nossas vidas se resume a transmitir uma mensagem. As mensagens são uma grande parte da nossa estratégia do YouTube. Elas nos ajudam a convencer as pessoas e a atingir nossas metas de sucesso.

Em 26 de maio de 1980, eu tinha seis anos. Meus dois tios tinham ido ver um novo filme que havia estreado alguns dias antes; eles gostaram tanto que precisavam de um motivo para gastar dinheiro para vê-lo novamente. Então perguntaram se poderiam levar seu sobrinho Derral. Que ideia excelente! Chegamos ao cinema e encontramos nossos lugares, e a abertura começou, com as letras subindo pela tela, uma marca registrada de "Star Wars". Era *O Império Contra-Ataca* — o segundo filme da trilogia original de Guerra nas

Estrelas. E, falando sério, *O Império Contra-Ataca* é O MELHOR FILME DE TODOS OS TEMPOS EM TODA A HISTÓRIA DA HUMANIDADE. Era conteúdo em sua melhor forma... Eu sabia disso mesmo aos seis anos de idade. A fotografia e a história foram mágicas para mim. Mas houve aquele momento épico no filme, que todos vocês conhecem, quando Darth Vader revelou que ele era o pai de Luke Skywalker (ah, e também a mão de Luke foi decepada). Na época das filmagens, as únicas pessoas que sabiam que aquela cena estaria no roteiro eram Mark Hamill (Luke Skywalker); James Earl Jones (voz de Darth Vader); George Lucas, o criador do filme; e Irvin Kershner, o diretor. Hamill diz que só soube da reviravolta na história pouco antes de filmar a cena, e Kershner o ameaçou, dizendo: "Se vazar, nós saberemos que foi você."

A sequência chocante ficou marcada no meu cérebro. Esse momento mudou minha vida. Fiquei obcecado com tudo sobre Guerra nas Estrelas (até mesmo o conteúdo constrangedor, como o beijo apaixonado de Luke e sua irmã, Leia, e o *Star Wars Holiday Special*), incluindo todos os filmes, cartazes e outras recordações. Eu cobiçava todos os colecionáveis que um pobre garoto com nove irmãos não podia comprar. Meus pais compraram *O Império Contra-Ataca* em VHS, e assisti ao filme 16.482 vezes desde então (não vejo mais em VHS). (Para as crianças: um VHS é inserido em um videocassete e reproduz um filme, como um DVD em um DVD player. Se você não sabe o que é um DVD player... não posso fazer mais nada.)

## Anúncios com Impacto

Vamos avançar alguns anos. Eu estava assistindo à TV em 1984 quando um comercial de hambúrguer da Wendy's apareceu. Eu já era um nerd de anúncios, mesmo aos dez anos, mas essa propaganda me impressionou. Havia três velhinhas olhando para um pão grande e comentando sobre o tamanho dele, mas, quando o abriram, havia um hambúrguer minúsculo dentro. Uma das velhinhas então disse a clássica frase do comercial: "Cadê a carne?!" Eu ri muito. Que marketing excelente! Contei a meus irmãos e pais e a todos que conhecia sobre o comercial por causa do impacto que teve em mim; foi muito engraçado e diferente. Claro, não tínhamos DVR nem internet, então esperei perto da TV com o dedo no botão de gravação do videocassete para poder mostrar a todos. Nos anos 1980, essa era a nossa versão do botão de compartilhamento ou da marcação em uma postagem.

Mais tarde naquele ano, o comercial "Time to Make the Donuts" [Hora de Fazer os Donuts], da Dunkin' Donuts, teve um efeito semelhante em mim. Nele, Fred, o Padeiro, entrava e saía pela porta sempre dizendo o slogan "Hora de fazer os donuts" e, no final da propaganda, ele se pegava desprevenido entrando e saindo pela porta ao mesmo tempo. Era como se o tempo tivesse se sobreposto, e ele visse dobrado. Eu rolei de rir. Que surpresa fantástica! Nessa época da minha vida, eu vivia vendo comerciais como esse. Eu queria saber por que eles eram tão bons. Queria aprender a criar conteúdo igualmente brilhante e eficaz em suas mensagens e em seu impacto.

Em 1987, os anúncios de serviço público eram minha obsessão adolescente. Eles eram muito impressionantes e poderosos, de uma forma original e inovadora. Anúncios como "This is your brain on drugs" [Este é o seu cérebro sob o efeito de drogas] e "Didn't see that coming?" [Não esperava por isso?] tinham um valor de choque que funcionava. No primeiro, um cara pega um ovo e diz: "Este é o seu cérebro." Depois ele mostra uma frigideira quente e diz: "Isto são drogas." Então ele quebra o ovo sobre a frigideira, dizendo: "Este é o seu cérebro sob o efeito de drogas. Alguma dúvida?", enquanto os espectadores assistem ao ovo fritar. Fiquei impressionado com o poder desencadeado pela mensagem em um vídeo tão rápido e simples. O anúncio tinha menos de trinta segundos de duração, e eu nunca vou esquecê-lo. É claro que o YouTube não existia quando esse anúncio foi ao ar, mas é divertido achar esse vídeo, que está na plataforma, e ver comentários como: "That's my brain while doing math. Not meth... MATH." [Este é o meu cérebro estudando matemática. Não metanfetamina, MATEMÁTICA.]

Os anúncios de serviço público "Didn't see that coming?", do Departamento de Transportes dos EUA, tiveram um efeito de choque semelhante. Um dos vídeos começa como se estivesse anunciando uma minivan, listando todas as especificações e pontos de venda enquanto uma família coloca suas coisas nela após o jogo de futebol do filho. De repente, outro veículo bate na lateral da minivan onde o filho estava sentado. A tela fica preta e diz: "Não esperava por isso? Ninguém espera. Use o cinto de segurança..." Era um comercial extremamente poderoso; a mensagem era clara.

Nos anos 1980 e 1990, também comecei a assistir esquetes do *Saturday Night Live* (SNL) que foram muito engraçadas e memoráveis para mim. Eu gravava as esquetes em fitas VHS para poder assisti-las repetidamente e compartilhar com minha família e amigos. Certa vez, quando precisei gravar um programa, acidentalmente peguei um VHS que tinha o projeto escolar do meu irmão Joe gravado. Era um vídeo curto e fofo de Joe demonstrando como ordenhar uma vaca... até eu gravar coisas por cima dele. Que conteúdo era tão importante a ponto de ser gravado, sacrificando memórias preciosas de família? Uma esquete chamada "Colon Blow" [Estouro de Cólon], uma paródia de cereal de fibras que termina com o aviso: "Pode causar distensão abdominal." Minha família nunca vai me perdoar por isso. Outras que eu adorava eram "The Love Toilet" [A Privada do Amor], um vaso sanitário duplo para amantes desagradavelmente grudados, e "Oops! I Crapped My Pants: Undergarments for the Elderly" [Ops! Fiz Cocô nas Calças: Roupas Íntimas para Idosos], que é bastante autoexplicativo. Recordando, gosto de pensar nesses comerciais como precursores do meu trabalho no anúncio do unicórnio fazendo cocô de sorvete. Enfim, minha preferência por humor escatológico é antiga.

O evento mais esperado da publicidade acontecia todo mês de fevereiro, a época do Super Bowl. Eu esperava ansiosamente pelos comerciais, tanto quanto qualquer fã de futebol esperava pelo jogo em si. Eu gravava todos os comerciais durante o jogo. Em 1984, o comercial da Apple de Ridley Scott apresentou ao mundo os computadores Macintosh durante o terceiro quarto do Super Bowl XVIII. Em 1949, o romancista George Orwell escreveu *1984*, um livro que retratava uma sociedade distópica sob o domínio de um governo corrupto. Como estávamos no ano de 1984, Scott criou sua própria versão da história — um anúncio proclamando com bravura que seu produto libertaria as pessoas. O comercial mostrava uma mulher atlética correndo em direção a uma tela de TV gigante, que transmitia uma mensagem para uma multidão de pessoas que sofreram lavagem cerebral. Ela segurava uma marreta e a arremessou na tela gigante, quebrando-a pouco antes de as autoridades a alcançarem. A mensagem então diz: "Em 24 de janeiro, a Apple Computer lançará o Macintosh. E você verá por que 1984 não será como 1984." Foi uma afirmação muito confiante — e uma mensagem brilhante. (Curiosidade: O administrador de patrimônio de George Orwell, autor de 1984, e o detentor dos direitos de TV do romance enviaram uma notificação extrajudicial à Apple e à sua agência de publicidade para que cessassem a transmissão do comercial, alegando violação de direitos autorais. O anúncio foi ao ar apenas uma vez no país inteiro, mas ganhou prêmios e foi considerado o comercial de TV da década.)

Eu queria descobrir os elementos em anúncios épicos como esse para que eu pudesse fazer os meus. Queria ser o cara que teve a ideia para o anúncio do Super Bowl sobre o qual as pessoas comentam depois. Eu fiz pesquisas com minha família e amigos para ver quais anúncios eram seus favoritos e por quê. Por fim, cursei marketing e publicidade, o que não deixou ninguém surpreso.

Tal como esses anúncios e as esquetes do *SNL*, todos os bons vídeos seguem um padrão: chamam a atenção com um gancho, prendem a atenção com estratégias de reengajamento e deixam você com uma recompensa ou uma surpresa no final, como a grande revelação de Darth Vader em *O Império Contra-Ataca*. Nas pesquisas de anúncios que fiz quando jovem, os resultados de todas elas refletiam que os vencedores eram os vídeos que seguiam um padrão específico de narração para manter os espectadores engajados e tinham uma recompensa memorável no final.

## O que Exatamente É Conteúdo?

A frase "O conteúdo é soberano" já foi usada antes, mas é a melhor maneira de enfatizar o quanto a afirmação é verdadeira. Como podemos ver na minha própria carreira, que começou aos seis anos, o conteúdo pode mudar a vida das pessoas. Suas mensagens inspiram, educam, chocam e transformam essências humanas. Quando falamos de "conteúdo" no YouTube, um dos maiores erros que as pessoas cometem é pensar que "conteúdo" é o mesmo que "vídeo". O vídeo definitivamente faz parte dele, mas o conteúdo também inclui o título, a miniatura e outros metadados. Seu vídeo deve ser bem feito, com certeza, mas você deve dar igual — se não mais — atenção ao título e à miniatura, pois eles são os fatores decisivos quando um espectador está decidindo se vai clicar e assistir. No Capítulo 15, você aprenderá a fazer um bom título e uma boa miniatura.

Depois de fazer as pessoas clicarem, você pode passar para a parte divertida: fazer o vídeo! Ou, melhor, fazer um bom vídeo. Para tanto, você precisa saber o que torna um vídeo bom. É um raciocínio circular simples, mas funciona. Como quando Chris Farley diz na clássica esquete do *SNL*: "Você terá muito tempo para morar em uma van perto do rio quando estiver morando em uma van perto do rio." Nós entendemos, Farley. Você fará bons vídeos quando souber fazer bons vídeos.

## Padrão de Narração: A Narrativa

Todo bom conteúdo tem bons elementos de narrativa. As pessoas se lembram de uma boa história, mesmo que a tenham ouvido décadas atrás. A narração em uma boa narrativa e em um bom conteúdo segue o mesmo padrão em todos os aspectos, quer você esteja fazendo vídeos sobre comida, viagens, educação ou pegadinhas. E funciona para crianças, millennials e boomers. Denominamos isso de arco de história, e a melhor maneira de explicá-lo é recorrendo a um episódio de *Seinfeld*, uma das séries de maior sucesso da TV. O episódio foi intitulado "The Cafe" e foi ao ar em 1991. A Figura 13.1 mostra uma visão geral do arco de história.

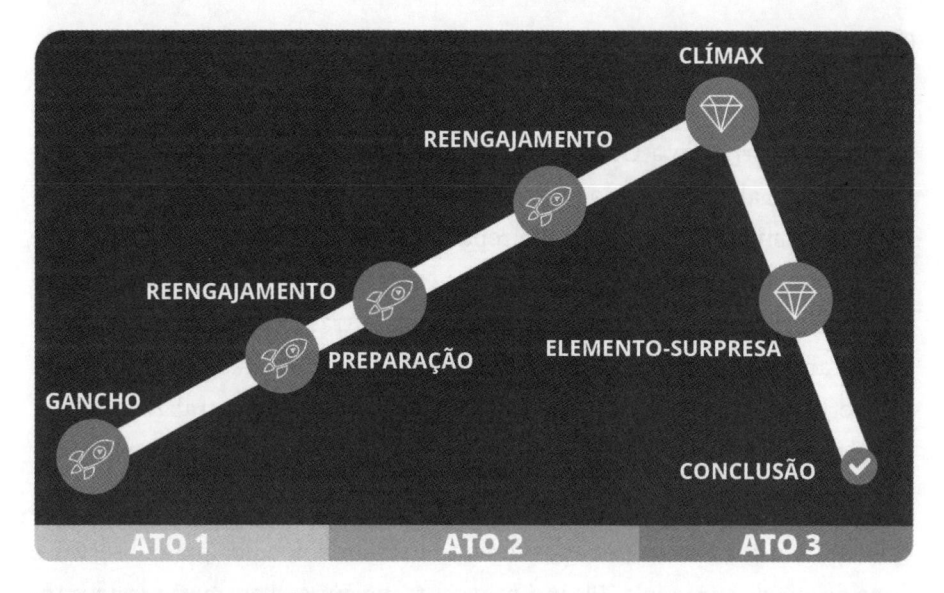

Figura 13.1  Arco de história

## O Gancho

O comediante Jerry Seinfeld é um exímio contador de histórias, embora sua série seja normalmente chamada de "série sobre nada". A maioria dos episódios de nove temporadas começa com Jerry fazendo uma rotina de monólogo de standup no palco, contando piadas que prenunciam a história do episódio. Seu objetivo era prender o espectador logo de cara e apresentar o tema do episódio. No monólogo "The Cafe", Jerry diz que há uma loja em cada bairro ou cidade que está sempre mudando de dono: "É uma loja de artigos em couro, depois é uma loja de ioga, depois é um pet shop." Ele brinca que é como o Triângulo das Bermudas — ninguém consegue ter um negócio de sucesso no local. Esse monólogo é o "gancho", o primeiro elemento do nosso arco de história. O gancho cria curiosidade suficiente para o espectador querer saber sobre o que será o episódio ou o vídeo.

## O Reengajamento

Em seguida, Jerry passa para o elemento de reengajamento. O episódio começou, e Jerry diz a George: "Não vi ninguém entrar naquele restaurante desde que abriu. Coitado." Ele e George batem um papo. George reclama sobre bons sujeitos terem uma má reputação, enquanto Jerry cria a teoria de que o dono do restaurante provavelmente tem familiares no Paquistão esperando que ele envie dinheiro. George introduz outras duas histórias do episódio durante essa cena: o dilema do bom moço e a namorada querendo que ele use perfume e faça um teste de QI. Eles fizeram um ótimo trabalho ao prenunciar e preparar esses temas para mais discussões e risadas no episódio.

Jerry é ótimo em reengajar seu público para não perder espectadores. O episódio mostra ele em seu apartamento usando binóculos para observar o dono da loja de sua janela. Ele incentiva os transeuntes a entrar no restaurante porque se sente mal por Babu, o dono. Jerry apresenta a persona do "bom moço" ao longo do episódio. Elaine (outra amiga de Jerry na série) pergunta se Jerry já foi ao restaurante, e ele responde que não, pois tem medo de acabar virando sócio do homem, já que é muito boa-praça. Então George entra segurando um guia de estudos para o SAT, e Elaine cheira o amigo, ao que George responde irritado: "Estou usando um pouco de perfume, tá bom?!"

## A Preparação

O terceiro elemento do arco de história é chamado de preparação. É a parte do vídeo em que você prepara o clímax que está por vir, sendo outro ponto de reengajamento com o espectador. Na preparação de Jerry, ele finalmente entra no restaurante para dar suporte a Babu. Ele mesmo acha que é boa praça por ser um cliente e até oferece alguns conselhos ao proprietário (que não os pediu) para transformar seu estabelecimento multicultural e de culinária eclética em um restaurante exclusivamente paquistanês. Jerry fica animado com o que está por vir, pois acha que a ideia, vinda de um cliente "boa-praça", será a razão do sucesso iminente de Babu. Essa é uma ótima preparação. Tenha cuidado para não ir direto ao clímax nesse momento, pois você tem

# O Conteúdo É Soberano

que continuar provocando o espectador. É aqui que Jerry retoma o desenvolvimento, voltando para seus binóculos e congratulando a si mesmo por ajudar Babu. Como espectador, vemos que Babu fechou para reforma e queremos ver se o conselho de Jerry se concretiza no clímax vindouro.

## O Clímax

Agora Jerry está pronto para nos mostrar o clímax do arco de história, pois já o desenvolveu em várias ocasiões. Ele volta para a loja depois que Babu reabre como restaurante paquistanês. Babu está claramente chateado com Jerry porque seguiu seu conselho, gastando tempo e dinheiro na reforma, e não deu certo. O lugar está vazio. A arrogância de Jerry como um "bom moço" irrita Babu, e o clímax termina com ele saindo do salão e gritando para Jerry: "Você é um homem mau! Você é um homem muito mau!" Jerry fica horrorizado pelo fim de sua vibe de boa-praça. O restaurante fecha.

## O Elemento-Surpresa

A história foi concluída, mas não pense que acabou ainda se quiser reter esses espectadores. O conteúdo realmente bom tem um bônus chamado "elemento-surpresa". Aprendi sobre ele com Matt Meese, cocriador e escritor-chefe de *Studio C*, programa de comédia da BYUtv. Essa é a cereja do bolo, e o *Studio C* faz isso extremamente bem. No episódio de *Seinfeld*, Jerry está conversando com seus amigos na calçada em frente ao restaurante fechado. Elaine revela seu QI, fazendo com que George se sinta mal, e então Jerry pergunta o que eles querem comer. Jerry sugere comida mexicana, George quer comida italiana, e Elaine quer comida chinesa — uma cozinha eclética. Então Jerry diz: "Sabe o que seria ótimo...", voltando ao restaurante original que estava lá antes de Jerry abrir sua boca grande. George e Elaine olham para ele, e o público dá uma última risada. É aqui que você esconde a joia; é o maior valor que você tem a oferecer, que vai além do que o público foi buscar. Se feito regularmente, seus espectadores esperarão isso. É o que os manterá retidos, pois seus espectadores não desistirão do conteúdo sabendo que ainda há algo para eles no final do vídeo.

Os filmes do Universo Cinematográfico da Marvel são conhecidos por seu elemento-surpresa. Quando um filme da Marvel termina e os créditos aparecem, ninguém sai do cinema. Por que não? Porque todos sabem que haverá uma cena bônus depois que os créditos terminarem. A cena bônus da Marvel estabelece um enredo do filme, traz um alívio cômico ou sugere um futuro filme da Marvel. Seja qual for o seu propósito, os espectadores adoram, saem do cinema com aquele momento em mente e provavelmente o contarão aos amigos. Se você quer fazer um vídeo realmente bom, precisa surpreender.

## A Conclusão

Há uma última coisa para amarrar o arco de história antes do vídeo terminar: a conclusão. Em *Seinfeld*, quase todos os episódios terminam como começam, com Jerry encerrando a piada original que ele apresentou ao público no início do episódio. Nesse exemplo, Jerry fala sobre super-heróis, os maiores exemplos de bons moços, que escondem sua identidade para evitar que as pessoas os critiquem pelos danos colaterais que acontecem quando estão salvando o mundo. Ele defende sua "boa ação" mesmo que ela não tenha beneficiado ninguém. É uma forma divertida de encerrar a história nos últimos segundos em que ele tem a atenção dos espectadores.

Se você já assistiu a um episódio de *Seinfeld*, basicamente viu todos eles. Eles são feitos nesse padrão previsível de narração porque isso funciona. Cada arco de história prende o público e o envolve novamente, tecendo várias histórias que convergem no final. Há uma preparação clara, um clímax imprevisível e um elemento-surpresa com conteúdo bônus ou joia escondida. Esse padrão funciona para qualquer gênero e, se você o seguir, estará se preparando para criar conteúdos excelentes.

## Fazendo seu Conteúdo se Destacar

Meu objetivo com este capítulo é que você nunca mais veja o YouTube da mesma forma. Ao assistir aos vídeos, você se treinará para analisar cada elemento, procurando padrões de narração. Aprenderá o quanto a narrativa é importante e como se conectar emocionalmente com seu público. Mas também quero que você reconheça todos os pequenos detalhes em um vídeo, pois eles o ajudam a criar conteúdo que realmente se destaca. Observe detalhes como ângulos e movimentos de câmera; time-lapses e zooms; interrupções de padrão; música; reações; e técnicas de edição. Permita-me compartilhar um exemplo de um criador que sabe como destacar muito bem seu conteúdo.

Trabalhei com o YouTuber MrBeast em muitos vídeos do YouTube e outros projetos e posso afirmar que seu sucesso não é por acaso. Ele é muito atencioso e metódico sobre cada pequeno detalhe em seu conteúdo. Ele planeja todos os elementos de título, miniatura, arco de história, trabalho de câmera e todas as outras coisinhas que um criador poderia pensar ao fazer um novo vídeo. MrBeast cria várias combinações de títulos e miniaturas e grava várias opções para diferentes cenas de cada vídeo. Seu enredo é claro, seu gancho é ousado e simples, e seus reengajamentos são extraordinários. Ele faz zoom, panorâmica e filma de diferentes perspectivas. Ele edita com o reengajamento contínuo em mente, fazendo cortes rápidos em um ritmo mais acelerado, pois sabe que é isso que funciona com seu público.

Ele também mantém a simplicidade dos enredos. Essa habilidade de criação de conteúdo é altamente negligenciada e desvalorizada pela maioria dos criadores do YouTube, mas é o que diferencia os grandes criadores das massas. Se MrBeast não consegue explicar um conceito de vídeo em uma frase, ele o rotula como muito complicado e o deixa de lado. Ele poderia ter ganhado muito dinheiro com alguns desses vídeos, mas ele não os usará se não passarem no teste da frase única. O que ele faz com esses vídeos rejeitados é transformá-los em uma compilação com a qual cria um vídeo de reações. Dessa forma, eles não viram desperdício de tempo, dinheiro e conteúdo.

MrBeast sabe destacar seu conteúdo. Um exemplo: ele gravou um vídeo intitulado "I Opened a Free Car Dealership" [Abri uma Concessionária Gratuita] (observe o título com menos de cinquenta caracteres, fácil de lembrar e simples de explicar), e a primeira coisa que ele disse foi: "Comprei todos os carros de uma concessionária." Essa frase pisca, em negrito, na tela preta. Já sabemos exatamente do que esse vídeo falará: MrBeast comprou um monte de carros e vai doá-los. Conceito simples, execução magistral. MrBeast então aparece no vídeo comprando os carros, o que demorou um pouco na vida real, mas, no vídeo, cerca de cinco segundos. Nesse segmento de abertura, os ângulos da câmera mudam várias vezes, há um time-lapse rápido e há alívio cômico, incluindo expressões faciais. O conteúdo já está se destacando. Então MrBeast anda pelo estacionamento para fazer um inventário de seus veículos recém-adquiridos e altera o preço nos para-brisas para valores absurdamente baixos. O gancho deu certo. Tudo isso acontece em 45 segundos.

Esse vídeo tem quase dezessete minutos de duração, e você vai querer assisti-lo do início ao fim se procurá-lo no YouTube. MrBeast é especialista em estratégias de reengajamento — ele usa alívio cômico e emocional, jogo de câmeras e técnicas de edição para reter seu público e maximizar seu padrão de narração. O tempo de retenção de MrBeast é impecável. Ele anunciou o primeiro carro a ser vendido por US$3, mas, quando os compradores se sentam para assinar a "papelada" (que é uma pilha de palavras cruzadas e caça-palavras), ele diz: "Nós fizemos uma promoção de 33% de desconto, então agora ele custa US$2." O tempo todo usando zoom, edição em ritmo acelerado, efeitos sonoros e palavras na tela para reengajar continuamente.

## Autenticidade e Conexão Emocional

Há um ponto importante a ser observado aqui: esse vídeo parece dar certo por causa do sensacionalismo — MrBeast compra doze carros e documenta suas gracinhas cômicas para entregá-los —, mas algo acontece fora do sensacionalismo e das palhaçadas. Vemos a felicidade e a gratidão das pessoas que recebem os carros gratuitos e vemos MrBeast se sentindo muito bem em ajudar as pessoas. É genuíno, e MrBeast, ao que parece, é um cara genuinamente bondoso. Quando seus espectadores se conectam emocionalmente, você está contando uma boa história.

No final do vídeo da doação de carros, você perceberá que sorriu, deu risadas e talvez até chorou, então, quando MrBeast apresenta sua chamada à ação para que você compre seus produtos a fim de que ele possa continuar espalhando o bem pelo mundo, você quer muito clicar, seja no botão de produtos ou no próximo vídeo do MrBeast — ele pegou você. Suas estratégias magistrais de narrativa e criação de conteúdo funcionaram como mágica.

Se você pegasse papel e caneta e assistisse ao canal do MrBeast com técnicas de criação de conteúdo em mente, acabaria com uma lista muito longa de ações que provocam o destaque. Você pode fazer isso com qualquer grande criador de conteúdo; todos eles usam essas técnicas de forma meticulosa e abundante com uma boa razão: elas funcionam. Pergunte-se quais elementos você já usa e se pode melhorar. Em seguida, anote os que você não usa e que precisa implementar na futura criação de conteúdo.

## Conteúdo para Vendas

Alguns de vocês podem estar pensando: "Mas não estou usando o YouTube para aumentar o público; estou usando-o para vender." Esteja você fazendo um vídeo para ter um público ou um anúncio para vender um produto, a fórmula é a mesma. No entanto, quando desejamos que os espectadores comprem algo, criamos conteúdo com uma fórmula de solução de problemas em mente. Você deve explicar um problema com o qual seus espectadores se identifiquem e, quando oferecer uma solução, fundamente-a com credibilidade. O mestre do marketing direto original foi Ron Popeil, o cara do infomercial, que cunhou a frase: "Mas espere, tem mais!", que as pessoas usam até hoje. Ron seguiu a fórmula para criar um bom conteúdo reunindo-o em uma história, mesmo quando seu objetivo final era fazer com que as pessoas pegassem o telefone e comprassem um produto. Ele se envolvia com o público com um gancho rápido e um problema com o qual muitas pessoas conseguiam se identificar.

No início dos anos 1950, Ron filmou o primeiro comercial de horário nobre de seu cortador de alimentos, chamado Chop-O-Matic. Ele abria com um gancho visual, demonstrando a facilidade e velocidade do "melhor utensílio de cozinha já feito" (que era o gancho verbal). Ele prosseguia dizendo às pessoas que o Chop-O-Matic facilitaria muito suas vidas ao fazer bolos, doces e coberturas de sorvete. Essas tarefas específicas de produção de alimentos não foram escolhidas aleatoriamente. Ron perguntou a multidões em demonstrações de produtos quais tarefas de cozinha eram mais problemáticas, e a maioria das respostas se resumia a picar nozes por esses três motivos. Então ele tratou do problema maior primeiro. Ele continuava seguindo a estratégia de solução de problemas à medida que o vídeo avançava, demonstrando velocidade e facilidade notáveis ao picar qualquer coisa, de aipo a gelo. Ele afirmava que a característica principal do produto era picar cebolas tão rapidamente que salvava suas mãos e seus olhos. Chega de lágrimas!

Ron dialogava com mulheres e homens em diferentes pontos do anúncio, abordando primeiro seu principal cliente (esposas e mães) e, depois, seu grupo demográfico alternativo (os homens). A venda visual funcionava por conta própria, mas, combinada com um roteiro impecável, preço com desconto e livro de receitas bônus, a campanha do Chop-O-Matic foi um sucesso. Gerou milhões de dólares e lançou a carreira extremamente bem-sucedida de Ron. Seu conteúdo, como todo conteúdo de primeira, chamava a atenção, explicava de forma simples, chegava ao clímax e tinha uma recompensa no final. Para fazer a venda, ele apresentava um problema, oferecia uma solução e demonstrava sua credibilidade repetidas vezes.

## Funciona para Tudo

Você pode estar se perguntando se todos esses elementos de conteúdo podem mesmo ser adaptados a qualquer cenário. Afinal, um episódio de *Seinfeld* dura cerca de vinte minutos, e o vídeo de MrBeast tem quase dezessete. Como você poderia incluir todos esses elementos em uma apresentação mais curta e focada? Vamos voltar ao comercial da Wendy's, que tem apenas trinta segundos, mas ainda tem todos os elementos de um bom conteúdo:

- **Gancho:** Três velhinhas fofas estão em um balcão de fast-food. Há um grande sanduíche no balcão. Atrás delas, mesas de restaurante sem graça se parecem muito com cubículos de escritório sem graça. O contraste é tão impressionante que atrai imediatamente.

- **Reengajamento:** As mulheres olham para o sanduíche no balcão e começam a comentar sobre o quanto o pão é grande e macio.

- **Preparação:** Aos dez segundos de comercial, uma senhora tira a parte de cima do pão, revelando um pequeno hambúrguer dentro. Outra senhora diz: "Onde está a carne?!"

- **Clímax:** Aos quinze segundos, a imagem muda para mostrar um close-up de um hambúrguer grosso, e uma narração diz "modestamente" que é um único hambúrguer da Wendy's, com muito mais carne do que o Whopper, do Burger King, ou o Big Mac, do McDonald's.

- **Elemento-Surpresa:** Na marca de 25 segundos, uma mulher leva o pão gigante ao ouvido, como se fosse uma concha do mar vazia e ela estivesse tentando escutar um oceano inaudível. Ao mesmo tempo, outra senhora comenta sobre a equipe do restaurante, aparentemente desaparecida: "Acho que não há ninguém lá atrás." Essa é uma combinação poderosa de boa comédia, reforçando que a maioria das lanchonetes não se importa se você quer um hambúrguer melhor.

- **Conclusão:** Nos segundos finais, o locutor diz: "Você quer algo melhor. Você é o tipo de gente que vai à Wendy's." A empresa quer ajudar você e as velhinhas fofas enquanto faz você rir. Isso não provoca uma sensação agradável?

Uma narrativa simples que pode ser explicada em uma frase: A Wendy's lhe dá mais carne.

## Cause um Impacto Duradouro

Há um padrão por trás da criação de ótimo conteúdo, seja um comercial de trinta segundos dos anos 1980, uma doação de dezessete minutos em um estacionamento ou um episódio de uma "série sobre nada". Os maiores criadores de conteúdo são mestres em narrativa, que sabem como causar um impacto duradouro no público. Eles fazem isso seguindo padrões e implementando táticas para prender, reengajar, brincar com emoções, cumprir promessas, ofertar surpresas e recompensas inesperadas e oferecer conteúdo extra antes de o material acabar. Se forem realmente bons, eles deixarão você querendo mais e com vontade de compartilhar. Esses princípios fundamentais são universalmente aplicáveis, independentemente da duração, do público-alvo e do propósito.

## Exercício de Ação

**Tarefa 1:** Volte para a lista que você fez no Exercício de Ação do Capítulo 12. Analise os vídeos usando a Figura 13.1 para ver se eles usam um arco de história. Identifique o gancho, o reengajamento, a preparação, o clímax e o elemento-surpresa.

**Tarefa 2:** Crie seu próximo vídeo usando o arco de história.

Obtenha a apostila complementar e encontre mais recursos em www.yt-formulabook.com [conteúdo em inglês].

# 14 O Feedback É Seu Braço Direito

O conteúdo pode ser soberano, mas o feedback é seu braço direito. Seu reinado pode ficar prejudicado se houver apenas um deles, mas ambos são necessários no comando para que seu império prospere. Você sabe criar bom conteúdo, agora precisa aprender a desbloquear o poder do feedback para crescer de verdade.

Precisamos definir o feedback no que se refere ao seu canal do YouTube. A maioria das pessoas provavelmente pensa na contribuição humana quando ouve a palavra feedback. Recebemos feedback positivo e negativo de nossos parceiros, chefes, mães, amigos e das mães dos amigos. É verdade que devemos receber feedback humano sobre nosso conteúdo, mas também estou falando de feedback dos dados do YouTube. Vamos falar sobre ambos.

## Feedback Humano

Primeiro, o feedback humano. Quando se trata do seu canal do YouTube, você não deve buscar feedback de sua mãe ou de seu amigo. Se sua mãe for como a minha, ela dirá que seu vídeo é ótimo, mesmo que seja o pior vídeo já postado na internet. Ou talvez você tenha o tipo de mãe que critica tudo o que você faz, e ela encontraria defeitos em seu vídeo mesmo que fosse a melhor coisa na internet. De qualquer forma, ela não é a pessoa certa para isso. Por quê? Porque ela não é seu público.

É por isso que não se inicia um novo canal no YouTube e depois persegue todos os amigos do Facebook e seguidores do Instagram para assistir ao seu novo vídeo. Não é assim que se consegue inscritos e espectadores certos. Seus comportamentos de visualização não são os mesmos do seu avatar ideal. E o feedback verbal deles será algo como: "Incrível, mano!", "Ficou ótimo!" ou "MEU DEUS DO CÉU, seu cabelo e maquiagem estavam, tipo assim, um arraso!".

Muitos criadores de conteúdo acham que grupos de Facebook são bons lugares para obter feedback de qualidade. É preciso ter cuidado com eles, porque geralmente são como sua mãe; as pessoas só encorajam ou dão muitos conselhos ou críticas, sem nem saber do que estão falando. Em vez disso, crie ou ingresse em um grupo de mastermind formado por pessoas confiáveis e relevantes em seu universo. Vocês podem conversar semanalmente por meio de uma reunião online ou se encontrar pessoalmente se morarem em um local com criadores afins. Eu tenho um grupo semanal de mastermind com um punhado de pessoas confiáveis para trocar ideias e obter bom feedback. Conversamos sobre novos projetos, o algoritmo, problemas que encontramos, colaborações e tudo relacionado ao YouTube.

Meu programa de coaching em grupo inclui grupos de feedback privados para todos os participantes. Eu uso o Discord, mas há muitas opções para espaços de reunião online, como Mumble, Zoom, TeamSpeak, MeetUp ou até o Google Hangouts. Faça sua parte e junte-se ou crie um grupo que combine com você. Se a melhor opção for criar seu próprio grupo, pense em incluir criadores de seu nicho, de preferência aqueles que você admira ou em quem confia. Ou selecione os bons de um grupo do Facebook e fale com eles. Não custa nada pedir. Eu amo meu grupo privado do Discord, pois os participantes compartilham compromisso e paixão, e é um lugar seguro em que estamos abertos para discutir e aceitar feedback. Eles também adoram isso. Algumas ideias excelentes surgiram de conversas que eles tiveram no grupo de feedback.

## O Feedback É Seu Braço Direito

Fui mentor de um YouTuber chamado Steve Yeager (o canal dele se chama *Shot of The Yeagers*). Uma das primeiras coisas que disse a ele foi que encontrasse dois ou três YouTubers com quem pudesse se reunir semanalmente para conversar sobre estratégia e trocar ideias. Steve mora em Utah, onde há uma enorme comunidade do YouTube, graças a Devin Graham, também conhecido como "devinsupertramp", e outros YouTubers das antigas. Devin e outros criaram um grupo chamado "UTubers" (Utah YouTubers). Falei para ele começar a participar das reuniões mensais e procurar alguns criadores com quem pudesse fazer um mastermind. Ele disse: "Derral, eu só tenho cem inscritos; ninguém vai querer fazer isso comigo." Eu disse que conhecia três outros canais que seriam ideais para ele (um com mil, outro com 5 mil e o último com 15 mil inscritos). Ele os procurou, apesar da hesitação, e os dois canais menores ficaram animados em começar um grupo de mastermind. O canal que tinha 15 mil inscritos rejeitou a oportunidade, achando que era grande demais para se reunir com novatos.

Steve e os criadores dos outros dois canais começaram a se reunir semanalmente. Eles criaram ideias, conversaram sobre vídeos e, o mais importante, compartilharam dados. Também começaram a colaborar em vídeos. Houve uma verdadeira sinergia. Os canais dos três criadores estouraram. Hoje, o *Shot of The Yeagers* tem 4,9 milhões de inscritos, e Steve tem outros quatro canais. O *The Ohana Adventure* tem 3,3 milhões de inscritos, e seu criador tem outros quatro canais. O *The Tanneritas* tem 2 milhões de inscritos, e seu criador tem outros quatro canais. E você se lembra do criador que os recusou? Ele tem 45 mil inscritos. Obter feedback e encorajamento presencial é uma ferramenta poderosa. Eu recomendo muito que você encontre criadores de conteúdo semelhantes em sua área e que se reúna com eles regularmente. Crie um grupo, assim como Steve.

MrBeast lançou um vídeo chamado "Anything You Can Fit in the Circle I'll Pay For" [Pagarei por Tudo o que Você Conseguir Colocar no Círculo]. O vídeo não estava recebendo tantos cliques quanto seus outros vídeos. Então ele mudou a miniatura para incluir menos itens no círculo, e o vídeo teve um desempenho melhor, mas ainda não como ele queria. Ele entrou em contato com nosso grupo de mastermind para obter feedback humano, e alguém sugeriu que ele deixasse o círculo vazio.

Então ele tirou todos os itens da miniatura, deixando o círculo vazio. Os espectadores responderam muito bem e o vídeo decolou. Ao fazer upload de um vídeo, MrBeast é expert em observar suas análises em tempo real e fazer ajustes de acordo com o feedback dos dados do YouTube ou o feedback humano de seus colegas. Ele corrigiu o curso com o feedback que o YouTube deu a ele em tempo real, o que lhe gerou um aumento de 6% na CTR (taxa de cliques).

## Feedback de Dados

Além de receber feedback das pessoas certas, você também deve ouvir o feedback de dados das análises do YouTube. O feedback aciona a parte "analisar e ajustar" da Fórmula. Isto é muito importante: se você não estudar suas análises e corrigir o curso com base nos dados observados, nunca terá sucesso no YouTube. O termo "correção de curso" é importante, pois é algo que fazemos enquanto estamos em movimento. Isso significa que há um problema imediato que precisa ser resolvido, porque, se adiarmos a correção, não chegaremos nem perto do destino desejado.

Não sabe ao certo como corrigir o curso em tempo real com suas análises? Deixe-me explicar isso com uma história. Eu viajo por todo o mundo para palestrar em eventos ou trabalhar pessoalmente com meus clientes. Como faço muitos voos, prefiro pegá-los no aeroporto da minha região. No entanto, dei uma palestra em Londres certa vez e queria um voo direto, ou seja, eu precisaria dirigir por duas horas até o aeroporto internacional de Las Vegas, Nevada. Levei meu filho Thatcher comigo para que pudéssemos passar seu aniversário juntos em Londres e Paris. Nosso voo de volta, de dez horas, nos fez pousar em Las Vegas tarde da noite, e eu estava com jet lag e doido para chegar em casa. Cruzei a interestadual o mais rápido que pude, mas chegamos a um trecho em obras, com um limite de velocidade reduzido.

Eu já falei do voo longo, do jet lag e da saudade de casa, certo? Bem, isso tudo se acumulou e eu não quis desacelerar. A estrada era uma reta lisa, então, mesmo com várias placas me alertando de que as multas dobram em um trecho em obras e que o limite de velocidade era de 70km/h, continuei pisando fundo. Não demorou muito para notar aquelas temidas luzes vermelhas e azuis piscando atrás de mim. FUI PEGO NO FLAGRA! Levei uma multa pesada e precisei fazer curso de direção defensiva. Tudo correria melhor se Thatcher estivesse dirigindo, e ele nem tinha idade suficiente para tirar carteira de motorista naquela época.

Um mês depois, eu estava de volta à rodovia no mesmo cenário após retornar da Europa: com pressa para chegar em casa, dirigindo em uma estrada lisa e aberta. Dessa vez, no entanto, havia algo além das mesmas velhas placas. Era um letreiro eletrônico piscando com os dizeres: "Limite de velocidade: 70... sua velocidade: 104." Esse sinal me deu feedback em tempo real para corrigir o curso. Sim, eu poderia ter olhado para o velocímetro para ver que estava indo a 104km/h, mas não fiz isso. Não consegui ignorar o letreiro piscando, pois eu sabia as consequências do excesso de velocidade em um trecho em obras. Então eu desacelerei e não fui abordado.

O YouTube fornece feedback em tempo real, exatamente como o letreiro de limite de velocidade piscando. Toda vez que fazemos upload de um vídeo novo, recebemos feedback nas análises para nos ajudar a corrigir imediatamente o que não está funcionando. A IA é muito sensível às nossas fontes de tráfego. Ela rastreia impressões e cliques. O clique é fundamental para a estratégia de ajuste; a taxa de cliques (CTR) permite que vejamos o que acontece no vídeo em tempo real para que possamos dinamizar rapidamente conforme necessário.

## Os Quatro Qs

No YouTube Studio, a plataforma deu ferramentas incríveis e inestimáveis aos criadores. Essas ferramentas nos ajudam a realmente entender o espectador por inteiro e também a quantificar os sucessos e fracassos de nossos vídeos. A análise do YouTube nos ajuda a detalhar os elementos nas métricas para que possamos corrigir o curso. A equipe de desenvolvimento do YouTube fez um ótimo trabalho. Parece que toda semana há uma nova métrica ou ferramenta adicionada para simplificar seus relatórios. Estou entusiasmado com as robustas ferramentas analíticas e os insights. Números e gráficos são apavorantes para algumas pessoas, então elas nem chegam perto das análises do YouTube. Não deixe que a "paralisia da análise" o impeça de aprender. Conhecer seus dados é uma parte crucial da Fórmula do YouTube.

Para começar, respire fundo e não complique demais o que estamos tentando analisar. Precisamos do feedback que nos ajudará a alcançar e nos conectar com o público. Precisamos pensar nas perguntas básicas de coleta de informações, que faremos com os Quatro Qs: quem, que lugar, qual e quando.

Começamos com *Quem* (o Público). Isso é muito mais do que meros dados demográficos. Podemos detalhar seu público nas análises do canal para exibir seus espectadores únicos, a quantos vídeos eles assistem, o ganho e a perda de inscritos, quando seus espectadores estão no YouTube e quantos deles são inscritos que ativaram as notificações. Você pode ver seus espectadores por idade, sexo e os principais países e idiomas representados entre eles. Veja as Figuras 14.1 e 14.2.

O segundo Q é o *Que Lugar*. Seu relatório de origem de tráfego fica na guia Alcance. Isso o ajudará a descobrir onde os espectadores estão assistindo ao seu vídeo: no site do YouTube, de fontes externas ou incorporações em sites. Veja a Figura 14.3 e observe qual origem de tráfego está gerando mais visualizações, visibilidade e tempo de exibição. Entender qual conteúdo o YouTube adora recomendar (recursos de navegação, vídeos sugeridos) o ajudará a entender melhor sua estratégia de conteúdo e a aumentar a audiência. Essa é, de longe, uma das métricas mais negligenciadas no YouTube, mas é crucial para sua estratégia de crescimento.

# O Feedback É Seu Braço Direito

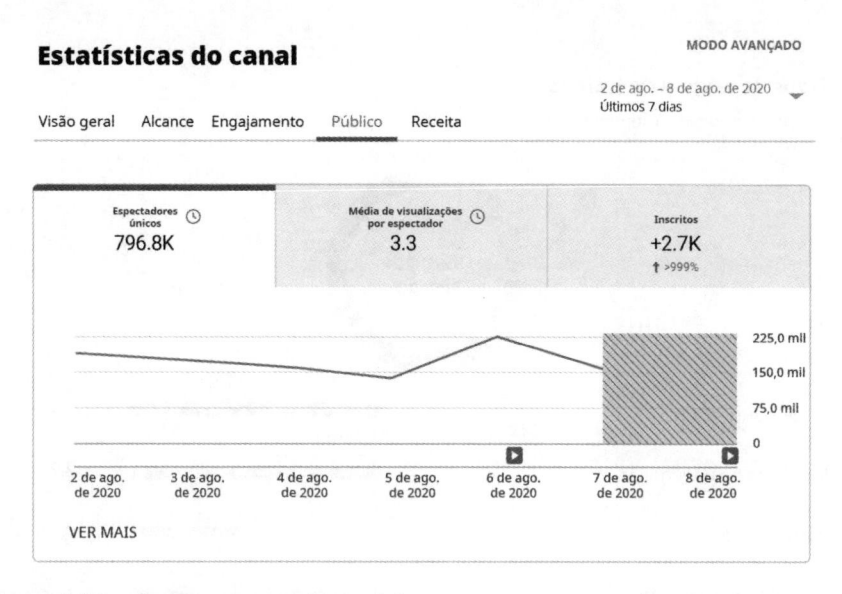

Figura 14.1  Quem: espectadores únicos

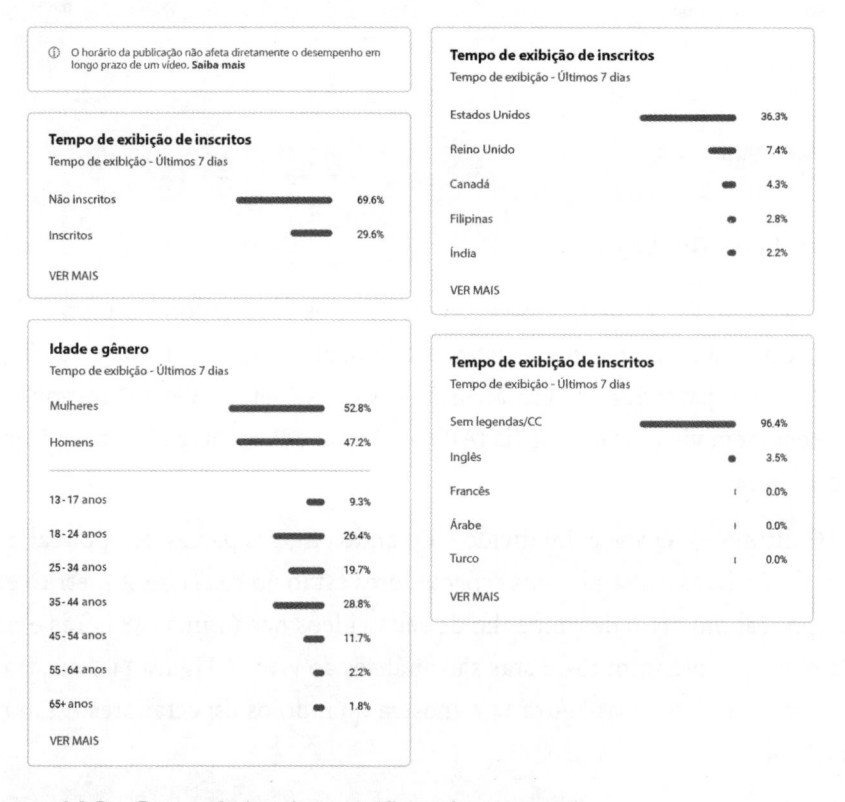

Figura 14.2  Quem: dados demográficos do espectador

**Tipos de origem de tráfego**
Tempo de exibição - Últimos 7 dias

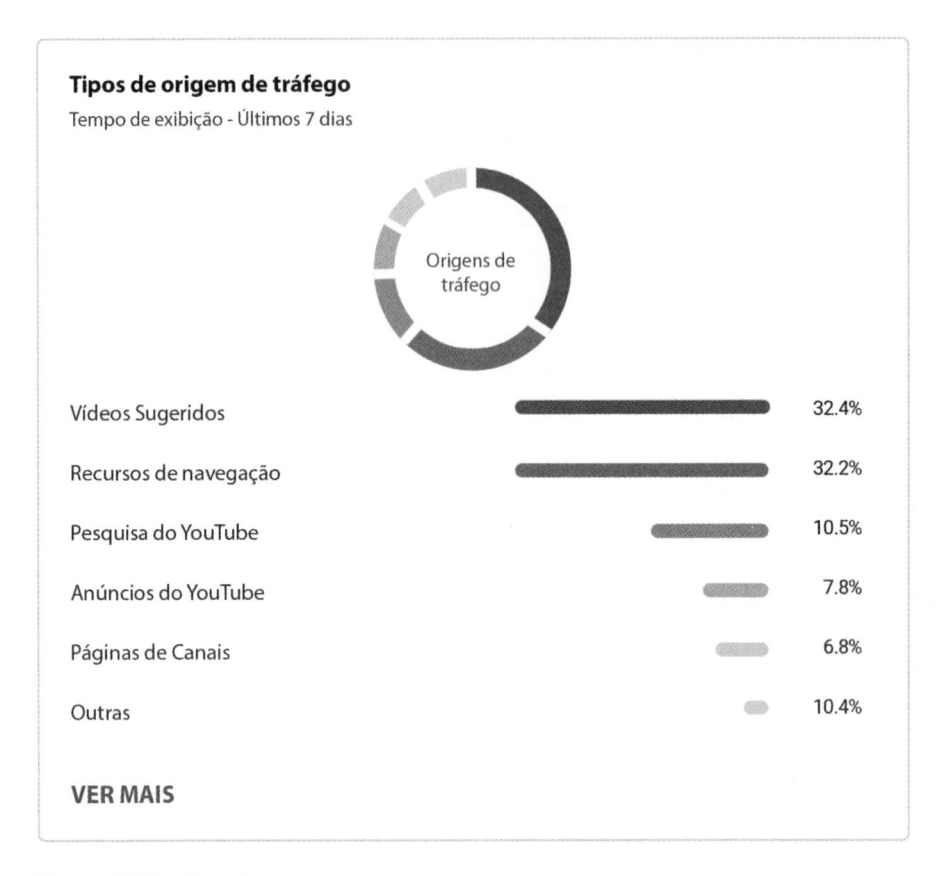

Origens de tráfego

| | |
|---|---|
| Vídeos Sugeridos | 32.4% |
| Recursos de navegação | 32.2% |
| Pesquisa do YouTube | 10.5% |
| Anúncios do YouTube | 7.8% |
| Páginas de Canais | 6.8% |
| Outras | 10.4% |

**VER MAIS**

Figura 14.3   Que Lugar

O terceiro Q é o *Qual*, ou seja, o vídeo que os espectadores estão vendo e clicando para assistir. Aqui se incluem as impressões, o tempo de exibição, a CTR, a duração média de visualização (AVD — Average View Duration) e a porcentagem visualizada média (APV — Average Percentage Viewed). Veja a Figura 14.4.

O último é o *Quando*. Eu divido o Quando em três partes: tempo real, intervalo de datas e quando seus espectadores estão no YouTube. A métrica em tempo real mostra o desempenho de seus vídeos nas últimas 48 horas e nos últimos sessenta minutos. Estas são análises ao vivo. A Figura 14.5 mostra o intervalo de datas e a Figura 14.6 mostra quando os espectadores estão no YouTube.

# O Feedback É Seu Braço Direito

| Visualizações | Tempo de exibição (horas) | Inscritos | Receita Estimada |
|---|---|---|---|
| 138.2K | 10.8K | — | — |
| 51,8 mil abaixo do padrão | 5,9 mil abaixo do padrão | | |

● Este vídeo  ● Desempenho típico

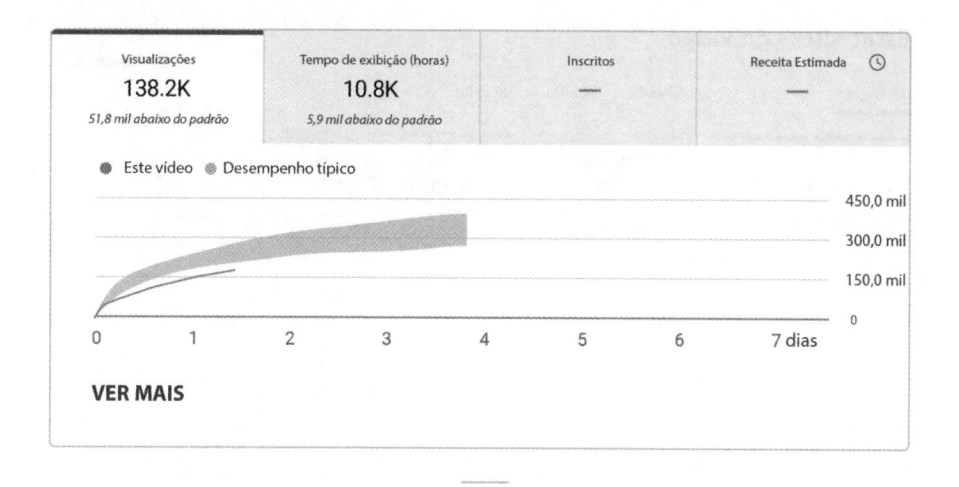

Seu canal sendo recomendado pelo YouTube

**Comparando com seus outros vídeos, um grupo menor de pessoas está assistindo a este vídeo a partir das recomendações**

**Taxa de cliques** — 12.3%
Apelo de tema, título e miniatura — 7.9% / 10.7%

**Duração média de visualização** — 4:53
Interesse em seu conteúdo — 4:12 / 5:59

**Visualizações a partir da Página Inicial e dos Sugeridos** — 83.9K
60,7% das suas visualizações totais — 131.7K / 198.7K

● Este vídeo  ● Desempenho típico

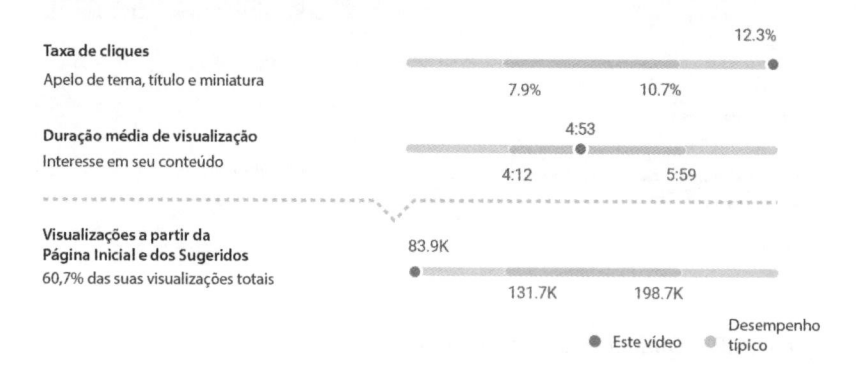

Figura 14.4  Qual

Com os Quatro Qs, você pode começar a ver como os espectadores respondem ao seu conteúdo. Eles fornecerão os dados necessários para corrigir o curso sem complicar demais as coisas.

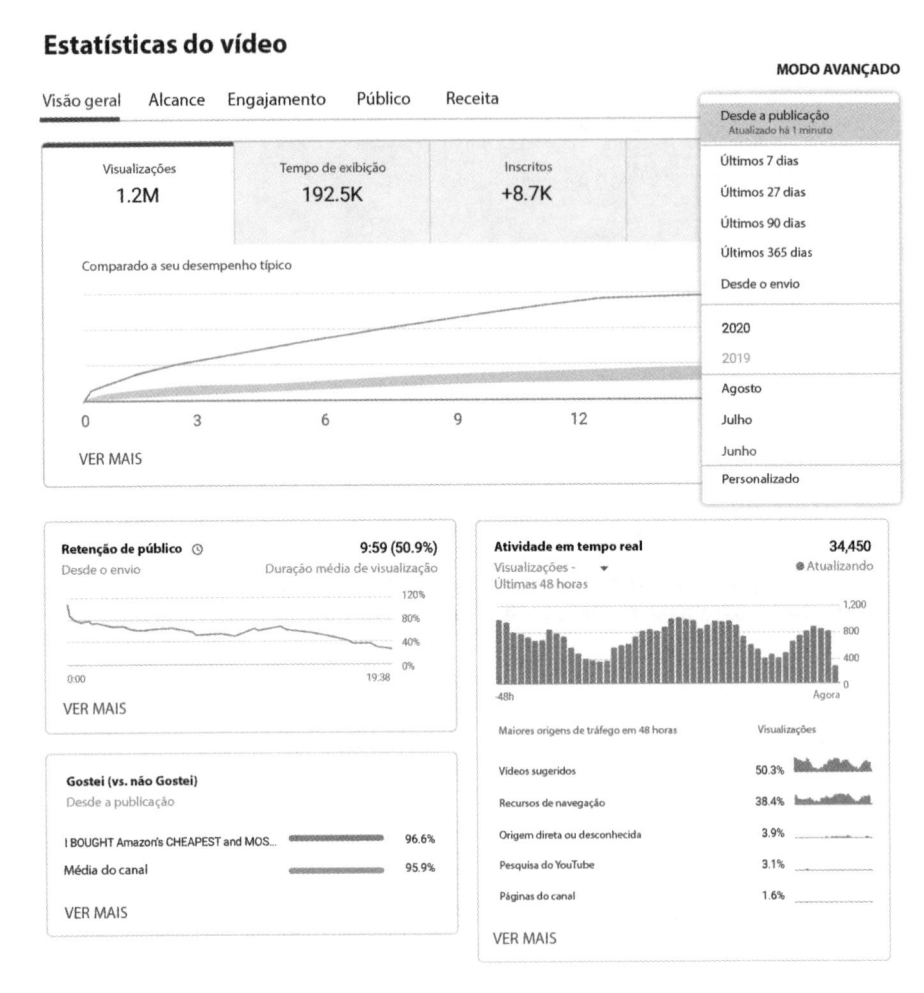

Figura 14.5  Quando: intervalo de datas

## Feedback Humano + Feedback de Dados: Uma combinação vencedora

John Malecki, um dos meus alunos de coaching, tem um canal de trabalho em madeira e metal. Suas miniaturas costumavam apresentar apenas um objeto — o belo produto final de seu trabalho. John estava muito hesitante em se colocar na miniatura, mas eu o convenci a tentar porque os dados mostram que as miniaturas funcionam melhor com rostos de pessoas.

# O Feedback É Seu Braço Direito

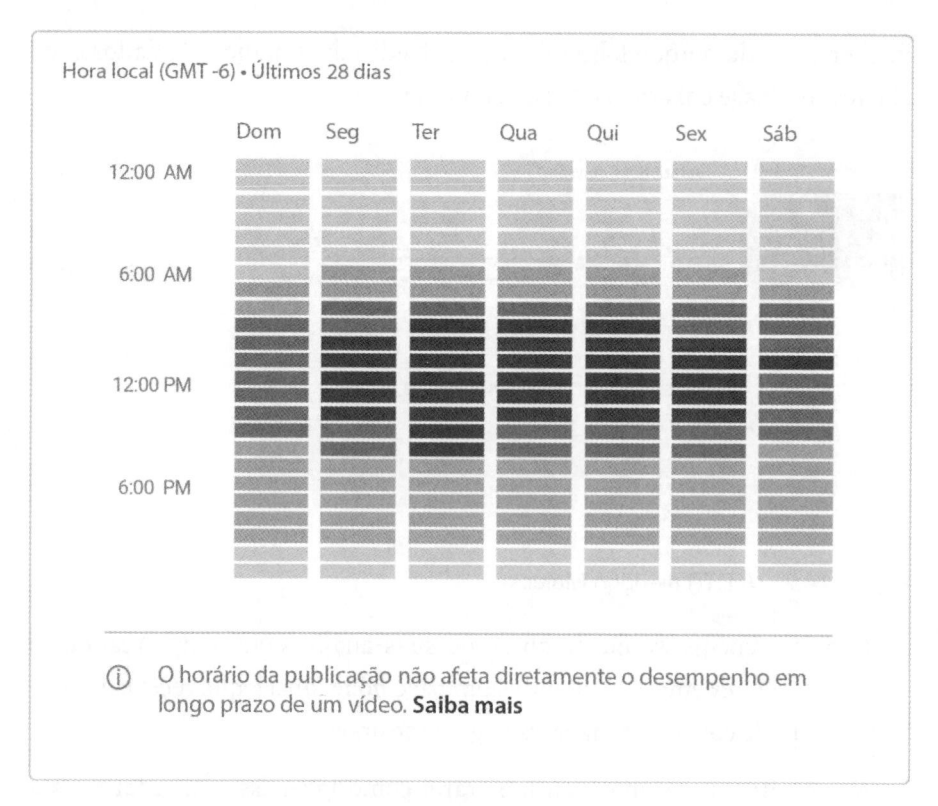

Hora local (GMT -6) • Últimos 28 dias

ⓘ O horário da publicação não afeta diretamente o desempenho em longo prazo de um vídeo. **Saiba mais**

Figura 14.6   Quando os espectadores estão no YouTube

Como ex-jogador da NFL, John achava que era grande demais para estar na foto. Mas decidiu fazer isso mesmo assim; ele começou a fazer mais vídeos baseados em personalidade e a se incluir nas miniaturas. Os espectadores começaram a clicar mais e a assistir por mais tempo. John fez um vídeo sobre uma mesa de lava DIY e a miniatura mostrava apenas a mesa. Três dias após fazer o upload dele para seu canal, sua CTR estava baixa, com 1,6%. Então trocou a miniatura por uma em que ele aparecia junto com a mesa. Algumas de suas miniaturas anteriores mostravam John derramando algo e tinham muitas visualizações, então sugerimos que usasse a mesma tática. Ele derramava a "lava" em um balde e uma flecha apontava para o produto finalizado. Então observamos a sua CTR — que saltou imediatamente para 8,9%. Um vídeo que estava rumo ao ranking de menor desempenho agora é um dos melhores... tudo porque John foi atrás de feedback humano e de dados e fez ajustes com base em ambos. Veja a Figura 14.7.

**Figura 14.7** A CTR de John Malecki

Não se preocupe se nunca observou suas análises em tempo real ou se nunca fez ajustes em seu conteúdo com base no feedback que recebe dos dados: você pode começar a fazer isso agora mesmo.

Nos capítulos seguintes, eu mostrarei como fazer isso. Abordaremos a CTR e outras métricas, como AVD, APV e visualizações médias por espectador. Também analisaremos sua estratégia de conteúdo e como categorizar seus vídeos. Você poderá criar conteúdo incrível, tomar decisões inteligentes e orientadas por dados e, assim, alcançar o melhor desempenho. Esse é um combo poderoso para reger seu canal!

## Exercício de Ação

**Tarefa 1:** Procure outros criadores de conteúdo do YouTube na sua região. Confira se já promovem encontros, seja online ou offline, e peça para participar.

**Tarefa 2:** Se não houver nenhum, crie seu próprio grupo de mastermind e se reúna com os participantes regularmente.

**Tarefa 3:** Veja os vídeos que postou nos últimos noventa dias. Anote seus vídeos de melhor desempenho e analise cada um deles usando os Quatro Qs. Procure padrões entre eles.

**Tarefa 4:** Valide a persona do seu espectador de acordo com o Exercício de Ação do Capítulo 11. Ele é quem você achava que era? Quais as diferenças?

Obtenha a apostila complementar e encontre mais recursos em www.yt-formulabook.com [conteúdo em inglês].

# 15 Título e Miniatura: O sucesso começa com um clique

Qual é a métrica mais importante para atingir o sucesso no YouTube?

Essa é uma das perguntas mais frequentes que recebo ano após ano. A resposta é fácil e é mais ou menos a seguinte: tudo começa com um clique. Se as pessoas não clicarem, não assistirão, não importa o quanto seu vídeo seja incrível, ponto-final. E como fazer os espectadores clicarem? Atraia a atenção deles. Vejo que a maior dificuldade, tanto de criadores quanto de marcas, é fazer os espectadores clicarem. É preciso fazer com que as pessoas se concentrem no seu conteúdo além de todas as distrações.

Meu filho Logan decidiu concorrer à presidência do grêmio estudantil, então me pediu para ajudá-lo com o marketing. Claro que fiquei animadíssimo; adoro novas campanhas e conversar sobre estratégias, mas dessa vez era para o meu filho. Falamos sobre a importância de chamar a atenção das pessoas com uma mensagem ou um slogan. Precisava se destacar das outras campanhas, ser fácil de lembrar, simples de explicar e fácil de compartilhar. Ele disse: "Pai, você sabe que eu odeio chamar atenção, odeio estar em foco." É verdade; desde pequeno, Logan sempre ficava desconfortável quando chamava atenção. Eu o provoquei um pouco, dizendo que talvez precisasse sair de sua zona de conforto. Mas então ele respondeu: "Não quero ser falso. Sou apenas eu mesmo." *Bum!* Tive uma ideia. Sua mensagem de campanha seria: "Sem slogan, apenas Logan." Chamava a atenção das pessoas de maneira eficaz e era fácil de lembrar. O slogan era um lembrete: seus colegas gostavam dele por quem ele era, e foi por isso que ele venceu as eleições no fim das contas — não pela campanha.

Nos capítulos anteriores, você aprendeu que o trabalho do YouTube é prever a que o espectador assistirá. A IA é realmente sensível a tudo com que os espectadores se envolvem na plataforma, e isso começa com uma impressão. Uma impressão acontece quando o espectador consegue ver um título e uma miniatura por pelo menos um segundo. Isso pode estar na página inicial do YouTube, no feed de Inscrições, nos resultados da Pesquisa ou no feed de Sugestões (A seguir). Se o espectador pular o título e a miniatura em menos de um segundo, isso não conta como uma impressão. Se ele clicar, é isso que fica registrado na sua taxa de cliques (CTR). Uma observação importante: quanto maiores as impressões e os dados de CTR, melhor. Isso significa que o YouTube está recomendando seu vídeo para um público mais geral. Quanto mais ele recomendar, mais impressões você terá. Quanto mais impressões você obtiver, menor será sua CTR. Portanto, não se assuste se sua porcentagem de CTR cair quando suas impressões e visualizações aumentarem. Isso é bom, pois o YouTube está mostrando seu conteúdo para mais espectadores fora do seu "público normal".

Antes de o YouTube nos fornecer dados de CTR no YouTube Studio, eu já sabia que isso era muito importante apenas com base em como eu achava que o algoritmo funcionava. As taxas de sucesso das campanhas publicitárias concentravam muita atenção nos dados de CTR. Comecei a fazer testes A/B de miniaturas e títulos no AdWords para meus maiores clientes. Inserimos os dados demográficos e os interesses do nosso público e criamos um anúncio para ver qual deles tinha a maior CTR. Fiquei surpreso quando colocamos as miniaturas e os títulos vencedores no YouTube. Os vídeos estouraram! Comecei a implorar à equipe de desenvolvedores do YouTube para fornecer esses dados aos criadores. Eu sabia que era um fator enorme, então continuei gastando muito tempo, dinheiro e energia para aprender quais títulos e miniaturas davam certo, pois essa era a única maneira de fazer as pessoas assistirem ou comprarem.

Permita-me dar um exemplo de como fazer isso. Quando Jeffrey Harmon, Daniel Harmon, sua equipe e eu fizemos o anúncio do Squatty Potty, criamos um documento do Google para ideias de títulos e adicionamos todas as variações que conseguimos imaginar. Não existem ideias "ridículas" no brainstorming, porque qualquer coisa pode inspirar um grande título. Precisávamos descobrir o que despertaria a curiosidade humana e faria os usuários clicarem. Afinal, mais cliques nos trariam mais pessoas se movimentando para comprar. Sabíamos que teríamos que testar nossas opções, então fizemos 165 variações de títulos para ver como os espectadores responderiam. Tínhamos nossos favoritos, mas precisávamos escolher com base nos dados — eles não mentem! E queríamos muito fazer tudo certo, pois havia muita coisa em jogo nessa campanha. O sucesso era nossa única opção. A melhor maneira de ver qual título e qual miniatura recebiam a maior CTR era soltar anúncios de engajamento no Facebook. Criamos vários anúncios para o Facebook a fim de descobrir como nosso público-alvo responderia, executando testes A/B em diferentes títulos e cenários.

Curiosamente, o primeiro título que criei acabou se tornando o título final, "This Unicorn Changed the Way I Poop" [Este Unicórnio Mudou Meu Jeito de Fazer Cocô], mas custou algumas centenas de dólares para saber que era o título com melhor desempenho. A inspiração veio ao olhar para uma lista de títulos de Daniel e fazer um brainstorming a partir deles. Esse é o poder da colaboração e do brainstorming em conjunto. Depois de selecionar os títulos, precisávamos testar as miniaturas. Separamos vinte miniaturas diferentes, as testamos com nossas cinco principais opções de título, gastamos mais algumas centenas de dólares em testes A/B adicionais e tomamos nossa decisão final com base nos dados. Nossa CTR final foi dez vezes maior do que seria sem os testes. Dez vezes. Pense um pouco nisso.

Jimmy Donaldson, o "MrBeast", tornou-se um mago na criação de títulos e miniaturas para uma resposta ideal de cliques. Adoro seu processo de criação do melhor título e da melhor miniatura para cada vídeo feito por ele. Se ele não conseguir criar um título e uma miniatura clicável, não fará o vídeo, não importa o quanto a ideia seja boa. Nunca! Acredite em mim, eu tentei convencê-lo. A maioria dos criadores deixa para escolher o título e a miniatura apenas depois de gravar o vídeo e logo antes de fazer upload. Isso é um grande erro e pode custar o sucesso potencial do vídeo. Pense muito no que as pessoas vão querer clicar. Isso é fundamental porque, se não clicarem, não assistirão. É por isso que Jimmy cria estratégias antes de fazer cada vídeo. Nós literalmente passamos dias criando o título e a miniatura certos. Não horas, mas dias. Considere esse fato e reflita sobre seu processo e prioridade de criação de títulos e miniaturas. Faça disso uma prioridade. Não precisa ir ao extremo, como MrBeast, mas pense no seu espectador em potencial e no que o motivaria a clicar. Isso também o ajudará quando estiver criando o vídeo. O espectador em primeiro lugar!

## Chamando a Atenção Visualmente: A ciência por trás disso

Na minha aula de biologia da faculdade, fiquei fascinado ao aprender sobre o cérebro e o córtex visual. Meu interesse aumentou quando pude ver a aplicação prática na publicidade. Passei horas tentando descobrir como isso se aplicava para chamar a atenção das pessoas. Em resumo, o córtex visual do cérebro é o que processa a informação visual. Existem quatro áreas no córtex visual chamadas V1, V2, V3 e V4. Há também áreas especiais que processam a informação visual muito rapidamente. Elas são chamadas de áreas de "pré--atenção", pois processam as informações mais rápido. Deixe-me mostrar como funciona.

Vamos fazer um exercício rápido chamado "teste do piscar". Feche e abra os olhos por um milissegundo e olhe para a Figura 15.1. Em outras palavras, apenas pisque e mantenha os olhos fechados por alguns segundos.

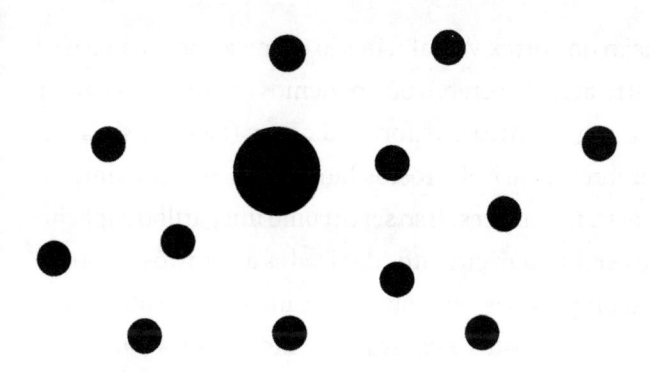

Figura 15.1   Tamanhos e formas

Perceba o que atraiu seu olho. Foi o círculo maior?

Vamos tentar novamente com a Figura 15.2.

Seu olho foi atraído pelas barras com uma orientação diferente?

Esses exemplos são muito simples, mas funcionam. A ciência é demais! Não dá para ilustrar todo o poder desse processo em um livro em preto e branco, porque funciona melhor com imagens coloridas. O efeito visual da cor nas miniaturas é tão importante que criei um curso online gratuito para acompanhar este livro. Você encontrará os melhores exemplos de miniaturas coloridas, junto com meu treinamento detalhado de miniaturas, em ytformulabook.com [conteúdo em inglês].

Figura 15.2   Orientação

As áreas de pré-atenção do córtex visual não são a única conexão visual/cerebral que usamos. Outra área do cérebro que podemos ativar para chamar a atenção em uma miniatura é a Área Fusiforme da Face (FFA, na sigla em inglês). Essa parte do cérebro é sensível a rostos humanos e está próxima da área do cérebro que processa as emoções. Isso serve como um gatilho explícito nas miniaturas porque o cérebro tem circuitos dedicados aos rostos. Quando Ellie, minha filha, tinha quatro meses, eu estava lendo um estudo sobre como os bebês conseguem reconhecer rostos e expressões emocionais a partir dos três meses de idade. Obviamente, tive que fazer o teste. Testei seis expressões faciais para ver que emoção a bebê Ellie produzia. Veja a Figura 15.3.

**Temeroso** **Zangado** **Triste**

**Feliz** **Enojado** **Surpreso**

Figura 15.3   Expressões

Eu testei as caretas "loucas" com minha filhinha durante semanas. Fiquei surpreso ao ver que cada expressão facial criava uma resposta emocional diferente, até mesmo em uma criança de quatro meses. Acho que traumatizei minha filha para o resto da vida (desculpe, Ellie!), mas foi em nome da ciência. Eu ainda brinco com ela, enviando caretas loucas por mensagem. Saber como o cérebro humano reage às imagens pode lhe dar uma enorme vantagem ao projetar suas miniaturas.

A Netflix tem algumas das melhores miniaturas do mundo. Eles gastaram muito dinheiro tentando aperfeiçoar a ciência de atrair a atenção do espectador. Eu navego regularmente na Netflix para ver as miniaturas que realmente chamam minha atenção. Nunca clico para assistir, apenas dou uma olhada. Isso deixa minha esposa, Carolyn, maluca. Ela diz: "Vamos ver alguma coisa ou vou ficar aqui esperando você olhar miniaturas a noite toda?" Fico fascinado com o que aparece. Também vou à conta de Carolyn e às contas dos meus filhos para ver o que aparece de diferente para eles. Eu estudo muito as miniaturas. Até crio contas de teste só para ver outros tipos de miniaturas e o que é recomendado. Ao fazer pesquisas para clientes, peço que listem vinte filmes a que seus espectadores assistiriam, depois os seleciono na Netflix e vejo quais recomendações e miniaturas são preenchidas pela IA. Isso sempre me dá ideias de quais cores e posições de imagem se conectam bem com determinado grupo demográfico.

Imagine ver doze imagens piscando em uma tela em uma fração de segundo. Você acha que consegue processar cada uma delas? Uma equipe de neurocientistas do MIT descobriu que o cérebro humano consegue processar imagens inteiras vistas pelo olho em apenas treze milissegundos.

Há um artigo da Netflix chamado "The Power of a Picture" [O Poder de uma Imagem], que reforça a importância de uma imagem para ajudar o consumidor a escolher a que assistir. Em sua pesquisa, a Netflix descobriu que a arte associada a um filme representava mais de 80% da atenção das pessoas durante a pesquisa. A atenção dada aos títulos era secundária e durava menos de dois segundos. Não é muito tempo para convencer alguém com palavras. A imagem é o mais importante. E ela tem que ser boa, porque vemos as coisas em um piscar de olhos e fazemos julgamentos rápidos sem nem perceber. Como criadores de conteúdo, temos apenas milissegundos para chamar a atenção das pessoas e atraí-las para o nosso conteúdo. Se não as cativarmos logo, elas encontrarão outra coisa que as fará clicar. Como podemos chamar a atenção delas? Com curiosidade.

A curiosidade é um comportamento humano básico — somos programados para ser máquinas de aprendizado. É um instinto humano natural que nos acompanha desde o dia em que nascemos. Nunca tinha pensado muito nisso até que minha filha completou três anos e começou a fazer perguntas sem parar. Ela fazia perguntas clássicas como: "Por que o céu é azul?" e "De onde vêm os bebês?", mas minha favorita era: "Mamãe, por que Papai é tão escandaloso?" A curiosidade é um elemento fundamental do nosso funcionamento cognitivo.

A curiosidade ganha o clique. Sua combinação de miniatura e título deve fazer com que alguém rolando a tela pare por tempo suficiente para cogitar clicar. Por exemplo, a foto de um cara segurando uma barra muito pesada debaixo d'água chamou minha atenção, então dei uma olhada rápida no título, "Can You Bench Press 1,000 Pounds Underwater?" [Você consegue fazer supino com 450kg debaixo d'água?], e fiquei vidrado. Veja a Figura 15.4.

Figura 15.4  Supino

Tive que clicar no vídeo. Sem querer, passei uma hora e meia consumindo o conteúdo do criador Tyler Oliveira. Ele criou miniaturas clicáveis com títulos envolventes que despertaram minha curiosidade repetidamente. Além disso, seu conteúdo em vídeo não decepcionou. Vamos abordar alguns princípios básicos de design que aumentarão sua porcentagem de CTR.

## A Regra dos Terços

Para garantir que sua imagem atraia o olho humano, mantenha-a simples e equilibrada. Um espectador se sente mais conectado a uma imagem bem equilibrada porque parece esteticamente correta. Uma imagem de aparência estática sempre será menos interessante. Uma das primeiras técnicas que um fotógrafo iniciante aprende em uma aula de fotografia é a "Regra dos Terços". É uma técnica eficaz para compor uma foto equilibrada dividindo-a em terços, tanto na horizontal quanto na vertical. O assunto da imagem é posicionado na interseção dessas linhas divisórias ou ao longo de uma delas. As linhas divisórias da Regra dos Terços dividem uma imagem em nove partes, conforme mostrado na Figura 15.5.

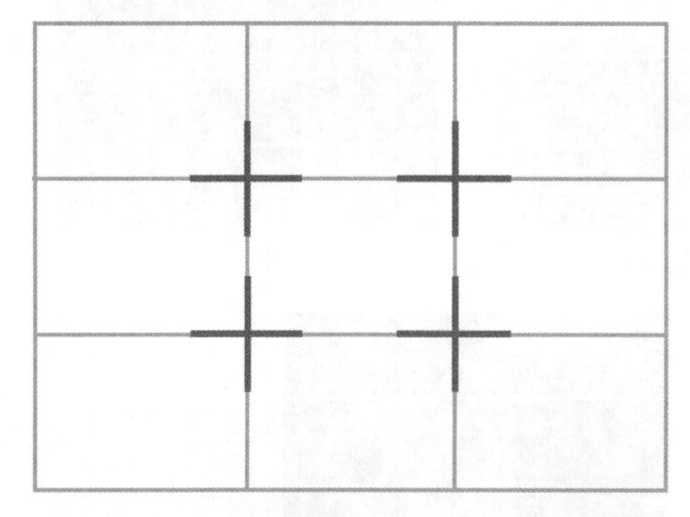

Figura 15.5   A Regra dos Terços

Estudos mostram que, quando as pessoas veem uma imagem, seus olhos vão naturalmente para um dos pontos de interseção. É mais fácil para o cérebro processar rapidamente. É bom aprender sobre processos naturais como esses para que você possa trabalhar com eles, e não contra eles. A Figura 15.6 mostra três exemplos da Regra dos Terços. Mais uma vez, para obter o efeito completo, feche e abra os olhos ao olhar para a Figura 15.6. Perceba o que seu olho foca primeiro.

Sempre faça estas perguntas ao tirar fotos ou criar miniaturas:

- Quais são os pontos de foco nesta foto?
- Onde esse foco será posicionado na grade?

Dito isso sobre "A Regra", não é preciso quebrar a cabeça toda vez que for fazer uma miniatura. Como se costuma dizer, as regras são feitas para serem quebradas — às vezes, a foto fica melhor sem a grade. Se necessário, podemos editá-la mais tarde com ferramentas de edição de pós-produção, cortando e reenquadrando para que sua imagem se encaixe na grade.

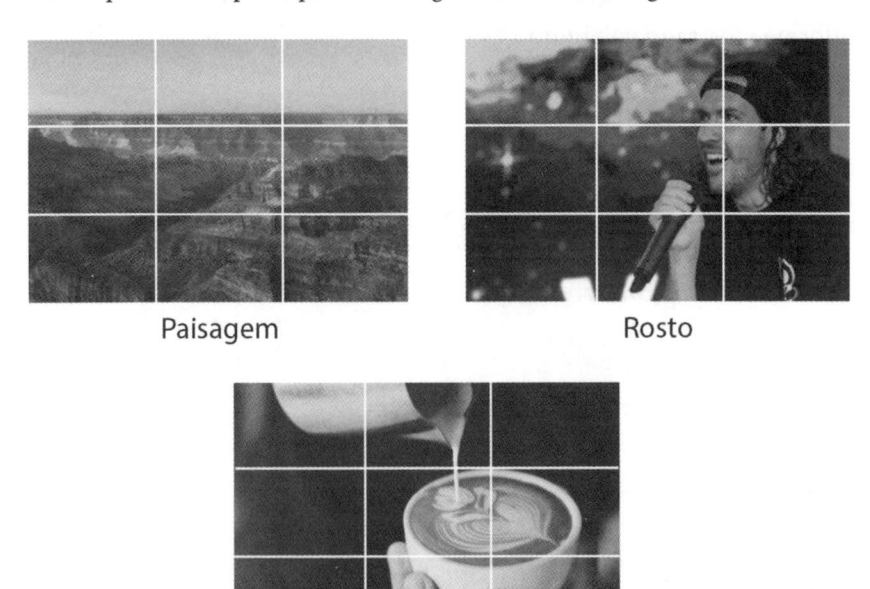

Paisagem    Rosto

Objeto

Figura 15.6    Três exemplos da Regra dos Terços

## Psicologia das Cores

Assisti a um vídeo no YouTube sobre um menino de dez anos chamado Cayson Irlbeck, que nasceu daltônico. O daltonismo é muito mal compreendido. Muitos presumem que a pessoa só enxerga em preto e branco, mas não é verdade. Para uma pessoa com daltonismo, o cérebro não consegue processar diferentes tons de cor. No vídeo sobre Cayson, seu pai queria fazer uma surpresa, então ele o fez sair de casa em um dia lindo. O céu estava azul brilhante e a grama, verde exuberante, mas Cayson não enxergava dessa forma. Seu cérebro daltônico via um céu azul ou roxo e uma grama vermelha. Então o pai de Cayson lhe deu óculos EnChroma. Esses óculos permitem que pessoas daltônicas vejam as cores corretamente, algo que Cayson nunca havia vivenciado antes. Ele colocou os óculos e lágrimas começaram a escorrer pelo seu rosto. Seu pai também chorou, ambos soluçando de alegria. Eu queria que todos pudessem ver o rosto de Cayson. Sou muito grato por viver em um mundo com cores.

Em 1665, Sir Isaac Newton estudava sobre luz e cor na Universidade de Cambridge. Ele observava como a luz era refletida em várias cores. Em um dia ensolarado, Newton escureceu seu quarto cobrindo sua janela com cortinas, fazendo um pequeno buraco para permitir que apenas um raio de sol entrasse. Então segurou um grande prisma de vidro no feixe de luz. Ele foi capaz de ver todo o espectro de cores. Isso levou a mais experimentos com prismas, não apenas de Newton, mas de inúmeros cientistas que estudavam cor e luz.

A cor desempenha um enorme papel na influência de decisões. Chamamos isso de psicologia das cores, e ela pode ser uma poderosa ferramenta de persuasão. Eu uso uma camiseta preta todos os dias da minha vida, mas não se engane achando que não me importo com cores. Quando se trata de conteúdo do YouTube, especialmente imagens em miniatura, sei que a cor pode fazer o seu vídeo ter sucesso ou falhar miseravelmente. A má escolha de cores em uma miniatura afetará negativamente a quantidade de cliques do seu vídeo. Um estudo de Satyendra Singh, publicado na revista *Management Decision*, afirma que a cor, por si só, contribui com até 90% das informações que formam uma decisão. Noventa por cento? Se isso for verdade, é extremamente importante prestar atenção na cor ao criar miniaturas. A cor é essencial para ganhar esse clique.

Todo mundo aprende sobre a roda de cores na escola primária. Quando aprendi, não sabia o quanto seria útil na minha carreira. Cores contrastantes ou complementares são opostas na roda de cores e podem ser usadas em conjunto de uma forma poderosa para destacar suas imagens. Tenha em mente que você ainda pode fazer contraste com a escala de cinza, mas seria sem graça, assim como o daltonismo de Cayson. Mostrarei o exemplo em escala de cinza na Figura 15.7, mas lembre-se: você pode vê-lo em cores no curso online gratuito.

**Contraste Alto x Baixo**

Figura 15.7   Contraste em preto e branco

A cor é uma ferramenta essencial no processo de criação de imagens em miniatura, pois tem um enorme impacto em como os espectadores pensam e se comportam. Esse processo tem sido estudado e analisado por profissionais de marketing e anunciantes, pois ajuda a prever o comportamento humano. Entender isso significa que seu conteúdo pode ser mais impactante. O córtex visual V1, que processa a cor, dá direção aos olhos do espectador e sinaliza a ele o que fazer e como interpretar algo, podendo também adicionar contexto ao conteúdo. Isso nos ajuda a decidir o que é importante e o que não é. É exatamente por isso que, como profissional de marketing de conteúdo, você precisa entender o que as cores significam para as pessoas.

## Estratégias de Miniaturas

Falamos um pouco da ciência por trás da importância das miniaturas: como os criadores chamam a atenção dos espectadores com técnicas de fotografia e combinações de cores certas. Agora vamos mergulhar na estratégia. Como usar essas informações a seu favor?

Antes de 2012, o YouTube selecionava automaticamente um clipe aleatório do vídeo e o definia como miniatura. Se o criador não gostasse da imagem automática, ele tinha que reenviar o vídeo até gostar da opção escolhida pelo YouTube. Eu sei disso por experiência própria; sabia o quanto aquela imagem em miniatura afetava minha CTR, então fazia o que fosse preciso para acertar, reenviando tediosamente até que eu estivesse satisfeito com a miniatura.

O YouTube lançou seu Programa de Parcerias (YPP) em 2012 e adicionou silenciosamente novos recursos para ajudar os criadores do YPP, que tiveram uma grande vantagem. Um desses recursos era o upload de uma miniatura personalizada. O YouTube enviou um e-mail aos membros do YPP incentivando-os a usar esse novo recurso de miniatura personalizada. Esses membros selecionados do YPP — não eram muitos na época — agora tinham uma enorme vantagem sobre o público geral do YouTube. Não demorou muito para a maioria perceber que podia fazer miniaturas sensacionais para obter muitos cliques e visualizações.

Foi aí que a tática de "clickbaiting" chegou com força no YouTube. Os criadores do YPP usaram técnicas de clickbait, como cores vivas, setas, expressões faciais carregadas de emoção e fotos com decotes grandes para que os espectadores clicassem em seus vídeos; era uma enganação, eles estavam sendo trapaceiros. Os espectadores mordiam a isca e clicavam, mas não demorava muito para perceberem que o conteúdo não mostrava o que era anunciado na miniatura. O YouTube notou tendências nos dados do novo recurso de miniaturas personalizadas, então passou a usar métricas diferentes para informar suas recomendações de vídeos sugeridos. Isso ajudou a minimizar o problema do clickbait (veja o Capítulo 2 para saber mais sobre esse problema). Observação: o clickbait pode ser bom se o conteúdo do seu vídeo entregar o que promete e não enganar o espectador.

Eu vi as miniaturas personalizadas transformarem o YouTube. Como profissional de marketing, observei algumas coisas com miniaturas que nunca tinha visto antes na publicidade. Os criadores aprenderam muito bem as estratégias de design de miniaturas para fazer com que as pessoas cliquem mais. São estratégias simples que qualquer criador ou marca pode usar, e mostrarei como na Figura 15.8.

Os dados mostram que as melhores miniaturas incluem um objeto e uma pessoa. Quando examinamos a fundo a pesquisa da Netflix mencionada anteriormente, vemos que os espectadores engajam com miniaturas que incluem pessoas. A miniatura deve contar uma história sem usar palavras. Podemos fazer isso com closes e emoções complexas no rosto da pessoa ou das pessoas na imagem. A Figura 15.8 mostra alguns dos tipos mais comuns de miniaturas no YouTube. Lembre-se de que estes exemplos estão em preto e branco, e a cor realmente faz com que tudo se destaque e faça sentido. Recomendo que você faça o treinamento detalhado de miniaturas em ytformulabook.com [conteúdo em inglês].

| | |
|---|---|
| **Rosto em Primeiro Plano**<br><br>Em uma miniatura de rosto, sua expressão facial é o mais importante. A melhor maneira de se conectar com alguém é por meio dos olhos. Portanto, certifique-se de que seu rosto esteja bem próximo e seus olhos estejam bem destacados. | Figura 15.8a  |
| **Rosto e Objeto**<br><br>Se tiver um objeto para mostrar, essa estratégia é uma ótima maneira de atrair seu público. A reação emocional em seu rosto junto com um objeto interessante fará com que sua miniatura se destaque. | Figura 15.8b  |
| **Objeto em Primeiro Plano**<br><br>Às vezes, o objeto é a estrela do show. Nesse caso, ele deve ficar bem no centro. Bem grande, ousado e destacado. Certifique-se de que a imagem não faça o público ficar confuso quanto ao que deve olhar. | Figura 15.8c  |
| **Dois Rostos**<br><br>Se você planeja ter duas pessoas em sua miniatura, deverá posicionar os rostos à esquerda e à direita do quadro com o objeto no meio. Não se esqueça de demonstrar emoção! | Figura 15.8d  |

| | |
|---|---|
| **Três Painéis**<br>Uma miniatura de três painéis é perfeita para mostrar progressão. Seu olho vai da esquerda para a direita, então certifique-se de colocar o "antes" à esquerda e o "depois" à direita. Lembre-se de que a progressão pode se dar no tempo, mas também pode indicar uma mudança. Cores diferentes também podem ajudar a melhorar a eficácia dessa miniatura. | Figura 15.8e 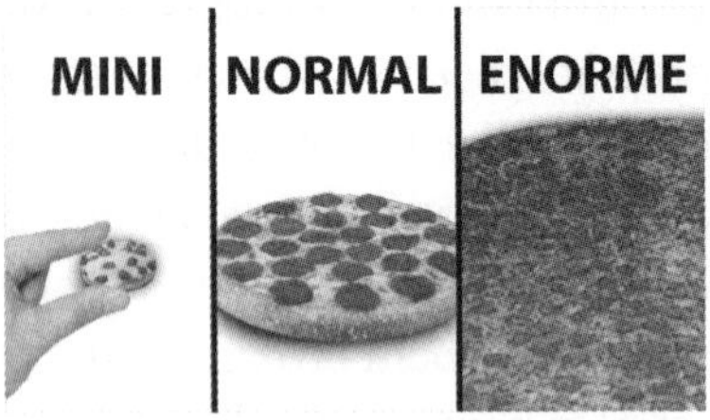 |
| **Dois Painéis**<br>A miniatura de dois painéis é outra maneira de dar ideia de progressão. O exemplo perfeito é o "antes e depois". Você também pode enquadrá-la como "certo ou errado", "real ou falso". A justaposição é o que importa nesse tipo de miniatura; ele pode ser aplicado a objetos e também a rostos de pessoas. | Figura 15.8f 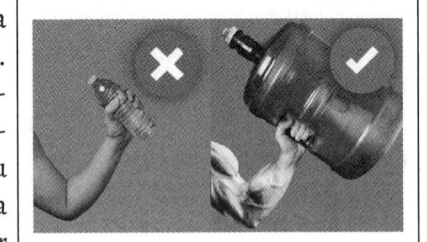 |
| **Texto para Amplificar**<br>O texto pode ter muito poder quando usado com moderação. E deve ser usado apenas para ajudar a compreensão do público ou aumentar sua curiosidade. O texto deve ser simples. Se não conseguir contar uma história apenas com a miniatura, use texto para esclarecer. | Figura 15.8g  |

| | |
|---|---|
| **Clipart**<br>Use setas vermelhas, círculos, gestos com as mãos e emojis para redirecionar os olhos do espectador para uma pessoa ou para um objeto específico na miniatura. | Figura 15.8h  |
| **Perspectiva**<br>Nossas mentes são atraídas por extremos, principalmente quando se trata de coisas muito grandes ou muito pequenas. Mostrar uma escala em relação a você pode destacar bastante a miniatura. | Figura 15.8i  |
| **Desordem Organizada**<br>Se há uma quantidade grande de algo, é possível usar a estratégia de "desordem organizada". Colocar-se em um fundo uniformemente desordenado pode ajudá-lo a se destacar. Certifique-se de que haja um padrão no plano de fundo, não apenas desordem — a última coisa que você quer é uma miniatura bagunçada. | Figura 15.8j  |
| **Mostrando ação**<br>Essas miniaturas criam o efeito: "O que será que vai acontecer a seguir?" A curiosidade leva ao clique, e essa estratégia de miniatura deve sempre gerar curiosidade. As pessoas adoram filmes e cenas de ação, então, quando puder, mostre ação. | Figura 15.8k  |

> **Cores Atraem os Olhos**
>
> Cada cor tem uma emoção associada a ela, então pode ser usada para influenciar como seu público se sente em relação à sua miniatura. Usar combinações certas de cores também pode ajudar a atrair o espectador. Algumas estratégias consistem em usar tons complementares ou opostos na roda de cores. Esse contraste fará sua miniatura se destacar muito.
>
> Figura 15.8l

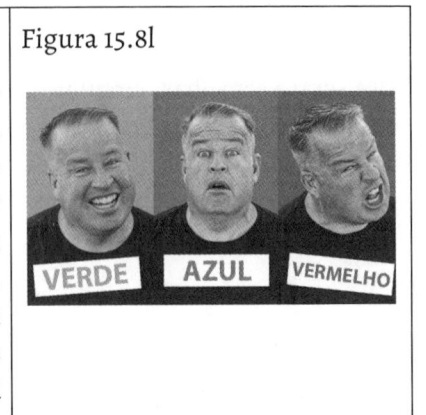

Figura 15.8 Tipos de miniaturas

Ao criar sua miniatura, lembre-se sempre de que a maioria dos espectadores do YouTube usa dispositivos móveis para assistir a vídeos. Garanta que sua miniatura tenha um bom aspecto quando visualizada em dispositivos móveis. Muitos criadores de conteúdo projetam miniaturas usando o computador, mas é preciso visualizá-la em dispositivos móveis para ver o que a maioria dos espectadores vê. Pergunte-se: "Há objetos pequenos demais? Coisas difíceis de distinguir?" e faça o teste da piscada, fechando e abrindo os olhos para ver o que chama sua atenção primeiro. Superdica: eu sempre gosto de comparar a aparência da minha miniatura com outras. Para simular uma comparação, tire print da tela de resultados de pesquisa e insira sua miniatura na lista de resultados usando o Photoshop. Isso pode ajudar muito a perceber como o espectador veria suas miniaturas.

## Miniaturas do Jeito Certo

Para fazer uma miniatura do jeito certo, tenha ideias antes mesmo de gravar o vídeo. Pergunte-se: "Como posso explicar o que está acontecendo sem palavras?" Em seguida, faça um brainstorming em sua lista de miniaturas e encontre maneiras de usar dois ou três métodos diferentes para criar imagens para esse vídeo específico. Muitas vezes, é preciso uma combinação dessas táticas para atrair espectadores. Lembre-se de que quanto mais emoção você inserir na miniatura, mais intrigante e clicável ela será. Depois, faça uma sessão de fotos antes de gravar o vídeo. Tire fotos de ângulos diferentes e lembre-se de que simplicidade vende bem.

Um conselho extra: não tire print de tela da miniatura de outra pessoa com a intenção de copiá-la. Isso é errado! Quanto mais você fizer brainstorming de forma consistente, mais fácil fluirá sua própria criatividade.

## Auditoria de Miniaturas

Tenha duas ou três variações de cada conceito de miniatura selecionado, pois você precisa de opções para testar ou alterar rapidamente se não estiver obtendo uma boa CTR. Depois de concluir a sessão de fotos e as imagens estarem editadas e prontas para uso, observe as opções de miniaturas e pergunte a si mesmo:

- Qual imagem é mais clicável?
- Ela realmente retrata o conteúdo do vídeo?
- Ela deixa o público animado ou intrigado?
- *Você* clicaria nesta miniatura?

## Fontes de Tráfego e Miniaturas

Sou conhecido por criar vários tipos de miniaturas para os diferentes estágios de consumo do espectador. Sei que isso é muito nerd e estratégico, mas sou muito sensível ao espaço em que as impressões se acumulam (Fontes de Tráfego) e à identificação dos pontos de referência da CTR. Em alguns dos maiores vídeos em que trabalhei, criávamos miniaturas que receberiam mais cliques no recurso Navegar (página Início do YouTube e feed de Inscrições) e, então, trocávamos essa miniatura por outra, projetada para uma CTR mais alta nos Vídeos Sugeridos (A seguir). Sim, há uma diferença mesmo nesse nível de detalhamento. Eu vi as visualizações triplicarem usando essa estratégia. E ela pode ajudá-lo, se você observar atentamente os índices de CTR.

## Títulos de Vídeo

O estudo da Netflix nos diz que, uma vez que atraímos a atenção do espectador com a miniatura, temos 1,8 segundo para impressioná-lo com nossos títulos, então não vamos desperdiçá-lo. Essa pode ser a diferença entre alguém assistir ao seu vídeo ou passar para a próxima coisa que chamar a atenção. Então, o que torna um título bom?

No Capítulo 11, falamos sobre como identificar seu público. Sobre aprender seus comportamentos offline e online. Isso é superimportante quando se trata de títulos, porque não queremos usar palavras ou frases que desconectem e confundam o público. Lembro-me de uma vez em que meu filho Kelton estava conversando com seu irmão mais velho, Logan, sobre praticar skimboard com alguns amigos. Kelton contou a Logan sobre uma "manobra doentia" que ele fez e o quanto o "bagulho" era louco. Minha mãe, uma baby boomer, estava na sala e me questionou: "Kelton está bem? Ele está doente? Os amigos dele estão usando drogas?" Depois de rir incontrolavelmente por alguns minutos, tive que tranquilizá-la explicando que Kelton estava bem e os amigos dele não estavam usando drogas. As palavras que ele usou eram desconectadas do público baby boomer. Certas palavras, como "doentia" e "bagulho", significavam algo totalmente diferente para ela.

É preciso considerar que, subconscientemente, o espectador toma uma decisão muito rápida ao olhar para a miniatura e depois para o título. Naquela fração de segundo, o cérebro dele pergunta:

- Este vídeo é o que eu estou procurando?
- Eu quero mesmo assistir a este vídeo?
- O tempo gasto neste vídeo vai valer a pena?

Quer você goste ou não, seus títulos do YouTube ajudam a moldar a decisão do espectador quanto ao clique.

## Seu Título Precisa Satisfazer o *Motivo* e o *Objetivo*

A meta para o título do seu vídeo é reforçar a miniatura. Isso dá contexto adicional ao que inicialmente chamou a atenção do espectador. Faça com que todos os títulos sejam clicáveis para humanos e tente prever como seu público responderá. O título deve ser fácil de lembrar, simples de explicar e fácil de compartilhar. Eu quero fazer um exercício com você que chamo de Macro e Micro. Esse exercício foi muito útil para resolver problemas na minha carreira e, mais importante, para ajudar a entender as intenções e o comportamento das pessoas.

Vamos primeiro observar o nível macro, o *Motivo*. Por que o espectador está acessando o YouTube? Por que ele está rolando a página inicial? Por que está procurando vídeos no YouTube? Por que está assistindo a esses vídeos ou não? Existe um estudo de 2017 chamado "The Values of YouTube" [Os Valores do YouTube], que tentou validar algumas suposições sobre por que as pessoas acessam a plataforma. Minha nerdice vai às alturas com qualquer estudo novo que o Google faça sobre o YouTube, mas, sendo nerd ou não, todo YouTuber precisa ver o estudo mostrado na Figura 15.9.

O Motivo do espectador do YouTube é simples e se resume a quatro coisas: Entretenimento, Educação, Inspiração/Motivação e Desestresse/Relaxamento. Isso é simplesmente a natureza humana.

O nível micro é o *Objetivo*. O que eles precisam aprender? Qual é a solução para seu problema? O que achariam divertido? O que vai inspirá-los? O que os ajudará a desestressar ou relaxar? Mais importante, o que os encorajaria a clicar? Qual é a sua proposta de valor para fazer as pessoas clicarem e assistirem?

## Por que as pessoas recorrem ao YouTube

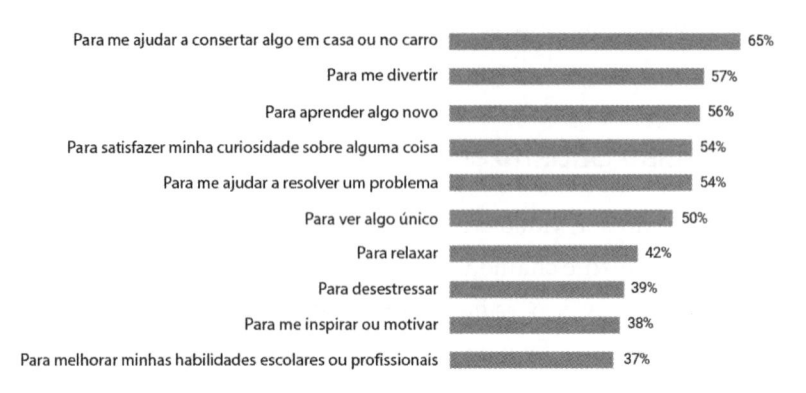

| Motivo | % |
|---|---|
| Para me ajudar a consertar algo em casa ou no carro | 65% |
| Para me divertir | 57% |
| Para aprender algo novo | 56% |
| Para satisfazer minha curiosidade sobre alguma coisa | 54% |
| Para me ajudar a resolver um problema | 54% |
| Para ver algo único | 50% |
| Para relaxar | 42% |
| Para desestressar | 39% |
| Para me inspirar ou motivar | 38% |
| Para melhorar minhas habilidades escolares ou profissionais | 37% |

Think with Google
2and2/ Google, "The Values of YouTube" Study, (1.006 consumidores entre 18 e 54 anos, com 918 usuários mensais do YouTube), entrevistados foram questionados sobre a qual plataforma recorrem para uma variedade de necessidades, outubro de 2017.

Figura 15.9   O valor do YouTube

Lembre-se de que estamos falando de pessoas que acessam o YouTube para satisfazer seus Motivos. O Objetivo é a palavra-chave ou frase que será usada no título para fazê-las clicar. E também é o tema do vídeo. O Objetivo é o gatilho final que dispara em seu cérebro para que você de fato tome uma atitude. A palavra-chave ou frase certa ajuda no processo de tomada de decisão e torna o vídeo mais atraente para ser clicado. Estamos falando de pessoas, não do algoritmo.

Na minha estratégia de conteúdo, passo mais tempo na miniatura e no título, pois preciso saber o que fará o espectador clicar. Eu discordo das ideias da maioria dos educadores do YouTube, pois o volume de pesquisa não é meu foco principal, é apenas um dos muitos fatores que uso para tomar uma decisão. Em vez de passar horas pesquisando palavras-chave, aproveito esse tempo para me concentrar no Objetivo e no Motivo do espectador, aprendendo como as pessoas respondem ao meu conteúdo e desenvolvendo um Sexto Sentido do YouTube, como abordamos no Capítulo 10. Gasto esse tempo testando meus títulos e miniaturas, mantendo-os fáceis de lembrar, simples de explicar e fáceis de compartilhar (estou enfatizando esse conceito pela terceira vez porque é muito importante). A intenção é gastar meu tempo pensando em como o vídeo ou projeto pode gerar um momento em que as pessoas parem para comentá-lo com a família, os amigos e os colegas de trabalho.

Tento imaginar como o espectador vai falar sobre o vídeo depois de vê-lo, até mesmo criando conversas imaginárias em minha mente: "Você viu aquele vídeo do MrBeast no qual ele comeu a maior fatia de pizza do mundo?" Se o título for fácil de lembrar, simples de explicar e fácil para o espectador compartilhar, você deu ao seu vídeo uma maior chance de sucesso. Isso é poderosíssimo. Certifique-se de reservar um tempo para imaginar como o espectador falaria sobre seu vídeo e ver se ele passa ou não no teste. Se não passar, crie outro título. Se passar, faça o upload e confirme se as pessoas responderam ao observar os dados e conferir se a CTR aumentou.

O exercício Macro e Micro irá ajudá-lo a entrar de cabeça e conhecer as personalidades e o conteúdo de seus espectadores, conforme discutimos no Capítulo 11. Entender o que os espectadores querem ou com o que eles se importam lhe dá uma vantagem quando eles estão tomando a decisão rápida de clicar.

## Criando Títulos Clicáveis

Para criar um título clicável, você deve satisfazer o Motivo por meio da inserção de valor no Objetivo. A maioria dos criadores tem dificuldades com essa parte há anos. Pode ser um grande incômodo fazer com que as pessoas se conectem com o seu conteúdo. Eu sempre faço uma sessão de brainstorming sobre ideias de títulos, como fizemos com o anúncio do Squatty Potty. Depois, refino o título para torná-lo mais atraente e clicável.

A seguir, temos algumas dicas e exemplos sobre como tornar os títulos mais atraentes e clicáveis. Vamos fingir que acabei de criar um novo canal no YouTube chamado "Derral 42". Meu conteúdo será sobre o espaço, a exploração e as maravilhas do universo, então meus exemplos de título estarão relacionados a esse tema. (A propósito, 42 não é a minha idade! Se você é minha persona de espectador, entenderá minha referência ao 42. Então, não entre em pânico.)

***Use a voz ativa.*** Os títulos em voz ativa são eficazes no YouTube, pois são claros, diretos e podem ser facilmente compreendidos. Você verá que os exemplos nestas dicas usam voz ativa. Ter um título em voz ativa também cria naturalmente um senso de urgência. Falarei sobre urgência mais adiante nesta lista.

***Seja relevante, siga as tendências e se mantenha atualizado.*** Usar tendências e eventos atuais contribui para que os títulos sejam tentações para o espectador certo. Por exemplo, no verão de 2020, a SpaceX virou notícia por enviar astronautas da NASA à estação espacial internacional pela primeira vez em quase uma década. Então, se eu criasse um vídeo sobre esse trending topic, meus títulos poderiam ser:

- SpaceX Ajudou os Astronautas da NASA a Serem Moda Novamente
- Elon Musk Ajudou os Astronautas da NASA a Serem Moda Novamente

***Use perguntas (tanto abertas quanto fechadas).*** As pessoas usam o YouTube como mecanismo de busca e fazem perguntas específicas. Você pode conferir as dúvidas comuns que os espectadores têm sobre seus temas e ver o que é preenchido automaticamente nos resultados de pesquisa do YouTube e do Google. Eu sempre tento procurar algo — um fato, lugar ou pessoa — para amplificar a pergunta e despertar a curiosidade. Os títulos dos vídeos para o meu canal poderiam ser:

- Como VOCÊ Sobreviveria em Marte?
- Você CONSEGUIRIA Sobreviver em Marte? O Plano Genial de Elon Musk
- Por Que o Pôr do Sol de Marte é Azul?

***Use números para títulos de vídeo com listas.*** Essa é, de longe, uma das estratégias de título e vídeo mais poderosas, pois, além de dar ao espectador uma ideia clara do que esperar e um limite de tempo preciso, ela o ajuda a se lembrar. Os títulos com listas para meu novo canal poderiam ser:

- 7 Razões Essenciais Pelas Quais os Humanos PRECISAM Colonizar Marte
- 5 FATOS Extremos Sobre Buracos Negros

***Estabeleça um problema e ofereça uma solução.*** Os problemas sempre trazem emoções humanas à tona. Isso pode ampliar o desejo de clicar se você conseguir oferecer uma solução confiável. O título pode prometer uma solução possível. Alguns títulos potenciais de problemas/soluções para vídeos no meu canal poderiam ser:

- Sucata Espacial... Veja como Limpamos!
- A Internet Por Satélite de Elon É uma Bagunça. É Assim que a Consertamos!

***Crie senso de urgência.*** Como humanos, temos medo de ficar de fora, ou o que chamamos de síndrome de "FOMO" [Fear of Missing Out]. Você precisa oferecer informações que o espectador quer ver imediatamente. Criar um senso de urgência desencadeia o medo humano de ficar de fora. Um título urgente para o meu canal poderia ser:

- Precisamos Colonizar Marte AGORA, Antes que Seja Tarde Demais!

***Use uma fonte confiável.*** Isso pode incentivar o clique dos espectadores que precisam de comprovação. Por exemplo:

- NASA Diz que Plutão NÃO é um Planeta

***Dirija-se ao espectador.*** Quando falamos com o espectador no título do vídeo, ele fica mais disposto a clicar, porque parece que o vídeo foi feito para ele. E isso também adiciona outro contexto emocional implícito ao título. Para o meu canal, eu poderia usar:

- Chineses e Russos Chegarão a Marte Antes da SpaceX
- Turismo Espacial: Você Pode Fazer sua Reserva AGORA Mesmo!

***Use drama ou palavras polarizadoras:*** Há uma razão pela qual as pessoas observam acidentes de carro, incêndios e brigas com curiosidade. A maioria das pessoas é naturalmente atraída por drama, fofocas, brigas, ferimentos, controvérsias, insinuações sexuais, comportamento ilícito e forças opostas. Trazer à tona o drama inerente no título do seu vídeo pode desencadear uma resposta emocional. Títulos dramáticos para o meu canal poderiam ser:

- Elon Musk Chama Jeff Bezos de Imitador
- Feito em Outro Planeta — Pentágono Revela Descobertas de OVNIs

***Utilize caixa alta em seus títulos ou palavras.*** Todos os títulos devem colocar a primeira letra de cada palavra em caixa alta e, às vezes, você deve usar todas as letras maiúsculas. Usar todas as letras em caixa alta é uma das maneiras mais fáceis de chamar a atenção em seu título. Mas tenha cuidado: às vezes, letras maiúsculas fazem parecer que alguém está gritando. Seja cauteloso no uso de maiúsculas para que você enfatize palavras-chave sem parecer que está apenas gritando o tempo todo. Observe como usei caixa alta nos exemplos de título anteriores, bem como nos seguintes:

- VIDA EM MARTE? Neil deGrasse Tyson Acha que Sim
- A TERRA NÃO É PLANA

***Amplie os efeitos do título com palavras que chamam a atenção.*** Amplie a palavra-chave ou frase para levar seu título ao extremo. Use palavras como:

Principal, Pior, Melhor, Mais Rápido, Insano, Loucura, UAU ou Chorei. Boas palavras de amplificação para canais educacionais incluem: DIY, Fácil, Passo a Passo, Simples, Sensacional, Rápido e Agora.

## Ferramentas de Geração de Títulos Disponíveis para Download

Ao longo da minha carreira, tive contato com várias ferramentas que aceleram muito o processo de geração de palavras-chave e de frases para títulos. Elas me pouparam milhares de horas de pesquisa e me ajudaram com o brainstorming. No curso complementar, há uma seção especial que exibe meu processo de criação de palavras-chave e títulos. Acesse o curso em www.ytformulabook.com [conteúdo em inglês]. Não caia no buraco negro do SEO; use essas ferramentas para obter dados e ideias e se concentrar no Motivo e no Objetivo.

O **TubeBuddy** mostra qual termo de pesquisa está aparecendo na classificação, o volume de pesquisa (pesquisas por mês), a concorrência pelo termo-chave e pesquisas relacionadas para ajudá-lo a se aprofundar. O TubeBuddy me economizou muito tempo! É minha ferramenta de gerenciamento de canal favorita para a fase de pesquisa e otimização. Também adoro as ferramentas que o TubeBuddy tem para testes. Baixe-o gratuitamente em www.Tubebuddy.com/go [conteúdo em inglês].

O **VidIQ Boost** foi desenvolvido para ajudá-lo a encontrar tópicos e palavras-chave para seus vídeos. Ele tem os recursos de SEO do YouTube mais robustos e as ferramentas de análise mais competitivas que já usei. Também tem um recurso para ajudá-lo a otimizar e dar impulso a seus vídeos. Baixe-o gratuitamente em www.vidiq.com/go/ [conteúdo em inglês].

O **Kickass Headline Generator** é uma das minhas ferramentas favoritas para fazer brainstorming. Você pode inserir tópicos, resultados desejados, resultados indesejados, público, pontos no conteúdo e auxiliares úteis, e ele gera títulos automaticamente para seu vídeo com base em seus parâmetros.

Baixe a ferramenta em www.sumo.com/kickass-headline-generator/ [conteúdo em inglês].

O ***Portent Content Idea Generator*** não é tão robusto quanto o Kickass Headline Generator, mas você pode inserir um assunto ou um tema, e ele criará ideias clicáveis de títulos. Eu o utilizo mais para brainstorming e para mudar minha forma de pensar. Baixe-o em www.portent.com/tools/title-maker [conteúdo em inglês].

### Exercício de Ação

**Tarefa 1:** Usando o que aprendeu neste capítulo, faça um brainstorming de dez ideias novas de títulos para o seu próximo vídeo. Reduza a três possíveis. Certifique-se de que os títulos sejam fáceis de lembrar, simples de explicar e fáceis de compartilhar.

**Tarefa 2:** Faça um brainstorming de três ou quatro ideias de miniaturas possíveis para cada título. Use as imagens do YouTube e do Google para ter ideias e aperfeiçoá-las. Escolha uma estratégia de miniatura e esboce-a (você não precisa ser um artista para isso).

**Tarefa 3:** Obtenha feedback humano sobre essas ideias com seu grupo de mastermind.

Obtenha a apostila complementar e encontre mais recursos em www.yt-formulabook.com [conteúdo em inglês].

# 16 Engajando a Atenção do Espectador para que Ele Assista Mais

Você criou um título e uma miniatura incríveis, conseguiu o clique do espectador, elaborou um bom conteúdo, obteve feedback e sabe de onde seus espectadores vêm... e agora? Agora você se concentra apenas em uma coisa: retenção, retenção, retenção. Retenção significa simplesmente que, se alguém clicar em seu vídeo, é preciso mantê-lo assistindo para que seu conteúdo tenha o melhor desempenho possível.

Há uma ideia que sempre circula por aí afirmando que o limiar de atenção humano ficou menor do que o dos peixes-dourados. O suposto tempo é de oito segundos. Essa teoria vem de um estudo feito em 2015, mas uma rápida verificação de fatos deixa a pergunta: quem inventa essas coisas? Um artigo da *BBC* intitulado "Busting the attention span myth" [Desmascarando o mito do limiar de atenção], escrito por Simon Maybin, expõe todos os buracos na teoria do peixe-dourado. Ele cita a Dra. Gemma Briggs, professora de psicologia da Open University, que acha que a ideia de um "limiar de atenção médio" não faz muito sentido, porque a atenção depende da tarefa. Ela disse: "A forma como aplicamos nossa atenção a diferentes tarefas depende muito do que o indivíduo traz para uma determinada situação."

Independentemente do limiar de atenção humano estar ficando menor, há uma coisa em que provavelmente todos concordamos: vivemos em um mundo cheio de distrações. Acordei com 66 novas mensagens de texto, 11 mensagens do Slack, 4 correios de voz, 128 notificações do Facebook e milhares de e-mails. O celular mudou a maneira como gerenciamos o mundo, tanto de formas boas quanto ruins. Temos o mundo ao nosso alcance e podemos ser superinformados e responsivos. Mas isso significa que nunca nos desconectamos. Podemos estar em uma reunião, no meio de uma conversa real com alguém, jantando ou lendo um livro para relaxar, e o tempo todo o telefone está vibrando ou tocando com notificações. O mais louco é que, às vezes, o telefone está inerte, mas estamos tão condicionados a ouvi-lo ou senti-lo que achamos que ele notificou algo. Isso acontece comigo o tempo todo. Esses toques ou vibrações "fantasmas" são comuns o suficiente para que a condição tenha sido cunhada como "síndrome da vibração fantasma" em um artigo escrito por Tim Locke no WebMD.

## Respeite o Compromisso do seu Espectador

Com tantas opções competindo pela atenção das pessoas — Facebook, Instagram, Snapchat, TikTok, YouTube, Twitter, TV, notícias, mensagens de texto, hiperlinks, anúncios e muito mais —, é difícil se destacar como criador de conteúdo ou empresa. Portanto, quando uma pessoa escolhe clicar no seu vídeo, ela está firmando um microcompromisso de dizer não a todo o resto e sim ao seu conteúdo. Respeite esse compromisso. Mesmo que a teoria do limiar de atenção do peixe-dourado não seja verdade, temos apenas um curto período de tempo para fisgar um espectador e mantê-lo atento a fim de que não troque o vídeo por algo que atraia mais engajamento. É por isso que é tão importante aproveitar a qualidade do seu conteúdo. É por isso que você deve gastar mais tempo fazendo vídeos clicáveis que mantenham seu público engajado.

## Gatilhos de Engajamento e Desengajamento

Quando observo os dados analíticos de um canal, procuro padrões entre os vídeos para ver exatamente o que faz as pessoas permanecerem engajadas, se desengajarem e o porquê. Assim, saberemos o que recriar para aumentar a AVD. Há algo extremamente importante a se observar aqui: todo canal é diferente. Cada um deles tem um espectador e um público diferentes, então não podemos comparar gráficos ou esperar padrões semelhantes. O canal de Joe Rogan no YouTube tem um tempo incrível de visualização, porque as pessoas assistem a seus vídeos até o fim e depois assistem mais. Não se preocupe com Joe Rogan ou em concorrer com pessoas como ele no meio digital. Apenas entenda que quanto mais pessoas assistirem ao seu conteúdo, mais dados você terá para trabalhar.

Sua meta é achar padrões e melhorar o conteúdo futuro. Após o upload do vídeo, verifique sua AVD na primeira hora, no primeiro dia, na primeira semana, nos primeiros trinta dias e por mais tempo. Pergunte-se o que aconteceu nas partes mais envolventes do seu vídeo. Você usou uma chamada para ação? Disse ou fez algo engraçado? Adicionou uma tela final, sugeriu outro vídeo ou usou uma técnica interessante de filmagem ou edição? Disse uma frase de gatilho? Frases de gatilho podem reengajar ou desengajar seu público, então certifique-se de acertar. Diga coisas como: "Não perca a dica extra no final do vídeo", e não: "É só isso por enquanto."

Eu sempre pergunto "Por que" enquanto estou fazendo minha análise. Por que as pessoas engajaram aqui ou por que as pessoas abandonaram esse material? Você as entreteve, trouxe valor para elas ou elas se desconectaram de você e partiram. O crescimento vem quando você se conecta com as pessoas e as engaja continuamente. Se você se desconectar ou desengajar as pessoas, seu canal acabará estagnado ou morrerá. Isso é fácil de explicar, mas difícil de implementar. Leva tempo e paciência para analisar. Você tem que se comprometer a ser dedicado aos seus dados. Torne-se mais obcecado com o processo de análise do que com o número de visualizações. Meus alunos, clientes e eu mergulhamos profundamente em nossas análises no início do mês e novamente no meio desse período. Isso nos permite ver como nossos vídeos estão se saindo e o que podemos fazer para identificar padrões de engajamento e gatilhos de desengajamento.

## Como Ler as Métricas

O YouTube facilita o monitoramento de tudo o que acontece em seu canal. Para monitorar o tempo de permanência dos espectadores no vídeo, há uma métrica chamada AVD, ou duração média de visualização. Se você tem um vídeo de dez minutos e o YouTube diz que sua AVD é 2:30, isso significa que, em média, seus espectadores assistem a dois minutos e trinta segundos do seu vídeo. Caso esteja se perguntando, essa não é uma boa AVD. A segunda métrica a ser analisada para retenção é chamada APV, a porcentagem visualizada média. Essa é a porcentagem média do vídeo a que as pessoas assistem antes de fechá-lo. Portanto, se a sua APV é de 63%, isso significa que, em média, seus espectadores assistem a 63% do vídeo total antes de partirem.

A AVD e a APV não são perfeitamente correlatas, devido à maneira como as pessoas consomem seu vídeo. Por exemplo, eu assisto a todos os vídeos em velocidade 2x. Então, em um vídeo de dez minutos, minha AVD seria de cinco, mas minha APV seria 100%. Essas duas métricas são fundamentais para o crescimento do canal a longo prazo. O título e a miniatura lhe trarão visualizações, mas a AVD e a APV lhe darão tempo de exibição e o tipo certo de público. Quanto mais tempo você conseguir manter os espectadores assistindo, mais engajados eles se tornam, o que os transforma em um público fiel. O objetivo é equilibrar essas duas métricas e aumentá-las em conjunto. O YouTube fornece várias métricas para ajudar com isso. Dê uma olhada nas Figuras 16.1 a 16.3 para uma explicação.

O efeito "taco de hóquei", mostrado na Figura 16.1, acontece quando os espectadores entram e saem rapidamente. É o que acontece quando há uma desconexão entre o título e a miniatura e o que o espectador esperava ver nos primeiros quinze segundos do vídeo.

# Engajando a Atenção do Espectador para que Ele Assista Mais 215

O efeito de "queima lenta", mostrado na Figura 16.2, ocorre quando os espectadores entram e lentamente saem no decorrer do vídeo. Para que você esteja mais próximo do gráfico ideal, essa linha precisa ser a mais plana possível.

A Figura 16.3 mostra a retenção relativa do público. Essa é uma comparação entre o seu vídeo e outros de tamanhos semelhantes dentro do seu nicho. É possível analisar como seu vídeo se sai comparado ao de outras pessoas e analisar o que chama a atenção do seu público.

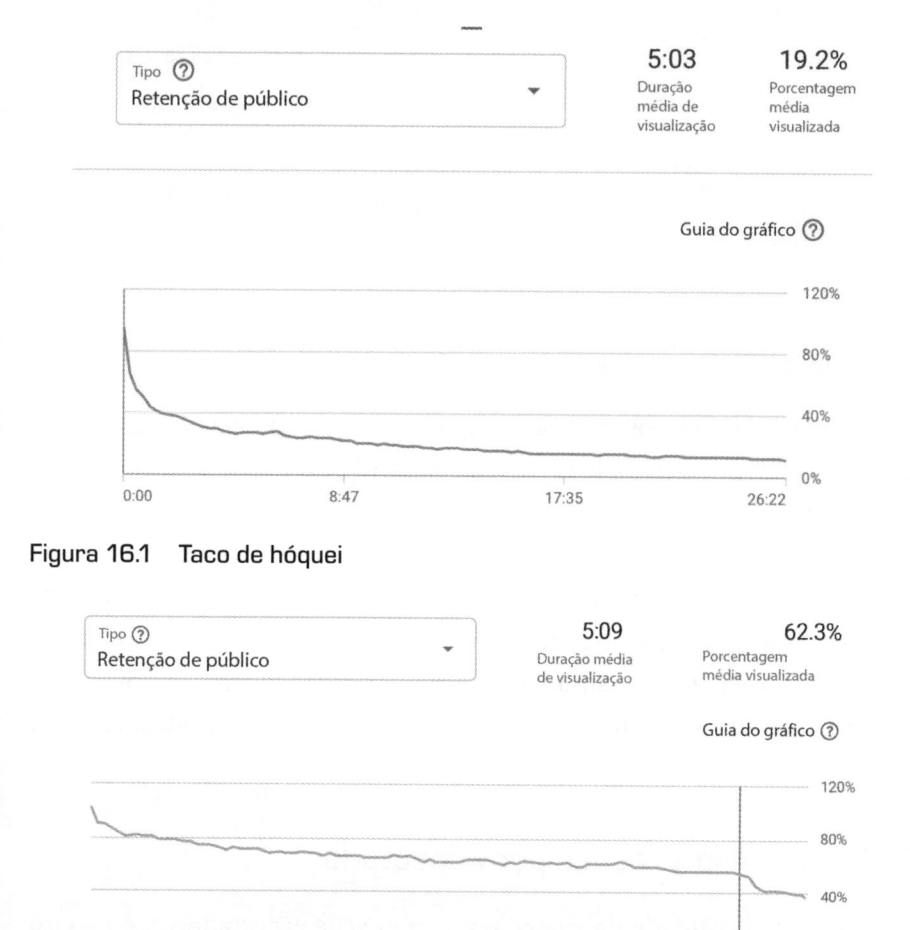

Figura 16.1   Taco de hóquei

Figura 16.2   Queima lenta

Observe novamente as Figuras 16.1 a 16.3. Perceba as pequenas "saliências". Às vezes, elas são sutis, mas ainda estão lá; os pontos de "ascensão" são os momentos em que seu conteúdo tem bom desempenho com seu público. Analise o que acontece nesse ponto do vídeo para que possa repetir a fórmula. Em seguida, veja os pontos de "queda" e analise o que fez as pessoas desistirem. No gráfico de retenção relativa de público, observe a queda perto do final do vídeo.

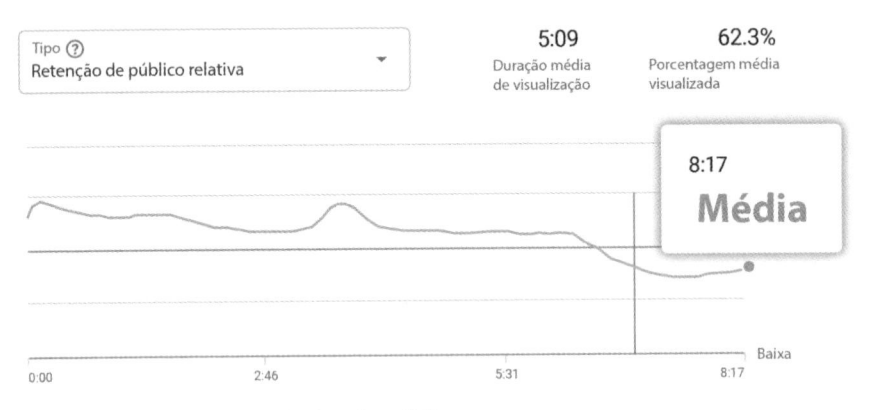

Figura 16.3   Retenção relativa de público

Foi aqui que começou o desfecho, e as pessoas foram embora. (No desfecho, a pessoa no vídeo pode fazer uma chamada para ação e adicionar elementos na tela final, como links para outros vídeos ou sites.) Seus gráficos de retenção se parecem com esse? Descubra o porquê. Houve uma palavra ou frase que os fez desistir? Você entregou o que prometeu, mas eles não tiveram motivo para ficar até o fim? O que pode aprender com isso? Essas são as coisas que você precisa analisar ao observar esses dados. Isso contribui para seu aperfeiçoamento e para a conexão com seu espectador em vídeos futuros.

## Média de Visualizações por Espectador

Para saber a qualidade da sua conexão com seus espectadores, é preciso estudar a AVPV, sua média de visualizações por espectador. A AVPV é o número médio de vezes que um espectador assistiu a qualquer vídeo do seu canal (na análise de canal) ou a um vídeo específico (em análise de vídeo). Essa métrica fornece uma compreensão aprofundada da conexão do seu conteúdo com o público.

Ao se concentrar no espectador e criar conteúdo divertido que estabelece uma conexão, você pode aumentar a quantidade de vídeos a que um espectador assiste durante um período de tempo. Pense nisso como uma série de TV à qual as pessoas assistirão repetidamente, como *The Office* ou *Friends*. Esforce-se para que seus vídeos sejam tão bons que as pessoas se conectem a você, o personagem. Na visualização de 28 dias nas métricas do canal, veja quantos vídeos você postou nesse período de tempo. Em seguida, observe a quantos deles o público realmente assistiu. É possível ver até a porcentagem de visualizações por um único espectador. Essa é uma boa maneira de entender quem está assistindo repetidas vezes e por quê.

## A Regra dos 50%

No seu gráfico de retenção, procure o ponto em que 50% dos espectadores desistem do vídeo e assista a essa parte do seu conteúdo para tentar entender por que eles fecharam o vídeo naquele momento. Você perdeu, literalmente, metade dos espectadores, e isso não é bom. Queremos reter o maior número possível de pessoas até o final do vídeo. Então, se conseguir descobrir em que ponto metade delas saiu, saberá o que deve mudar ou evitar em seu próximo vídeo. Procure padrões para ver se o mesmo acontece em vídeos semelhantes.

Observe também seus finais e desfechos. Eles precisam ser curtos, com o objetivo de fazer com que os espectadores escolham rapidamente assistir a outro vídeo, de preferência seu. Faça uma chamada verbal à ação e um link para outro vídeo relevante. Você pode inseri-lo como descrição, comentário fixado ou elemento de tela final — depende apenas do conteúdo. Descubra qual método funciona melhor no seu nicho, testando-o e observando e incorporando o que criadores semelhantes fizeram bem. A maioria dos criadores não procura saber em que ponto e por que perderam espectadores. Ao compreender esses aspectos, é possível corrigir em vídeos futuros o que você fez de errado, para que seu conteúdo tenha uma retenção melhor. E uma retenção melhor dá à IA mais do que o necessário para que ela encontre espectadores semelhantes para impulsionar seu conteúdo. Quanto mais você entender seu conteúdo, melhor será a estratégia de conteúdo que terá no futuro. Quando conseguir mover essa marca de 50% para um ponto mais à frente do conteúdo, o YouTube recomendará mais o seu vídeo, pois ele terá uma AVD mais alta.

## A Regra dos 30%

Depois de analisar a queda de 50%, volte e procure em que ponto você perdeu os primeiros 30% dos seus espectadores. Geralmente isso ocorre nos primeiros trinta a sessenta segundos do vídeo. Descubra o que causou essa queda para que seja possível fazer ajustes com base nos dados. Novamente, implemente táticas como as listadas na Regra dos 50% para reengajar o público. Se você colocar uma marcação de tempo dos principais pontos do seu conteúdo, verá um gráfico mais preciso sobre o ponto em que os espectadores acessaram esses elementos específicos.

## Mantenha a Proposta de Valor

Em junho de 2015, fui a um retiro com nossa equipe que estava criando o anúncio do Squatty Potty. Terminamos de escrever o roteiro final e o achamos incrível, mas percebemos que seria muito mais longo do que qualquer anúncio da época. Geralmente, a maioria dos anúncios não comerciais são de quinze, trinta ou sessenta segundos. Anúncios longos tinham um minuto e meio. O nosso passou dos quatro minutos. À medida que o produzíamos, achávamos que poderíamos cortar o conteúdo para ser mais consumível; porém, quando chegamos à etapa de edição, percebemos que estava ótimo.

Pedimos a um punhado de pessoas de confiança em nossa área de atuação que assistissem ao anúncio e nos dessem um feedback. Essas pessoas eram profissionais de marketing de vídeo ou criadores de conteúdo, ambos os grupos bem-sucedidos. Todos nos disseram que o anúncio era longo demais. No entanto, em minha perspectiva de como pessoas interagiam com conteúdo, vi que elas continuariam engajadas se a proposta de valor permanecesse. Era preciso fornecer valor em todo o seu decurso, coisa que achei que nosso longo anúncio fornecia. Outros iam direto ao ponto, faziam o discurso de venda e seguiam em frente. O nosso era diferente. Sabíamos que conseguiríamos manter as pessoas assistindo por causa do conteúdo exclusivo, mesmo que elas não planejassem comprar nosso produto. Dane-se a teoria do peixe-dourado; conteúdo de qualidade mantém as pessoas vidradas. Se isso não fosse verdade, as maratonas de Netflix não existiriam.

Jeffrey Harmon e eu conversamos por dias sobre o que deveríamos fazer. Chamamos Daniel, seu irmão, para nos ajudar a optar por um plano de ação. Daniel era o diretor de criação e também achava que tínhamos algo bom o suficiente, que não precisávamos cortar nada. Ele sugeriu que usássemos design de som para garantir que o engajamento persistisse até o final, então passou três dias com o editor de som para deixar tudo nos conformes. Também aceleramos o vídeo em 5% para deixá-lo com pouco menos de quatro minutos e lançamos a campanha. No primeiro mês, 92,6% das pessoas que clicaram no vídeo inicialmente assistiram até o final. Tivemos mais compartilhamentos, engajamento e vendas porque mantivemos as pessoas no vídeo, mesmo com toda a sua duração.

Jon Youshaei é gerente de marketing de produtos da IGTV no Insta-gram e ex-chefe de marketing de produtos de criadores no YouTube. Ele conseguiu chegar na lista 30 Under 30, da Forbes, para Marketing e Publicidade em 2020. Ele também tem uma série de quadrinhos relacionada à carreira chamada *Every Vowel* (você notou que o sobrenome dele tem "todas as vogais"? Que sacada). Eu estava conversando com Jon sobre o conceito de manter a proposta de valor quando ele disse uma das coisas mais importantes sobre encontrar o valor para os espectadores em todos os vídeos: "Você deve gastar horas de esforço criativo em cada segundo que o espectador consumir de seu conteúdo." É preciso oferecer qualidade e valor, pois a expectativa dos consumidores para o conteúdo está mais alta do que nunca.

## Primeiro a Mensagem

No entanto, preciso lhe dar um aviso: não se case com seu conteúdo. Dedique esforço e energia na edição e não tenha medo de cortar o que não funciona. Desapegue emocionalmente do seu conteúdo para que possa observá-lo objetivamente e não se sentir mal quando precisar cortar alguma coisa. Por exemplo, naquele mesmo anúncio do Squatty Potty, Jared Mecham, amigo e criador do YouTube, estava em uma cena em que ele era um elfo que ativava a esteira para mover o sorvete. Jeffrey disse que precisávamos cortar a cena de Jared. Argumentei que a cena era muito engraçada para mim; era uma grande quebra de padrão. Jeffrey bateu o pé, e fiquei feliz com isso, pois o anúncio realmente ficou melhor quando cortamos a cena. Jeffrey segue a regra de vendas, "Primeiro a mensagem, depois o conteúdo", e isso é verdade 100% do tempo. Nunca sacrifique a mensagem do seu conteúdo ou da sua marca pela comédia ou por qualquer outra coisa. Você não apenas foge do escopo da sua marca, como provavelmente também perderá engajamento. Para vendas, a mensagem sempre vem primeiro, depois o conteúdo. Contudo, para entretenimento, primeiro o conteúdo, depois a mensagem.

## Quebras de Padrão

Preste atenção às quebras naturais ao assistir a vídeos no YouTube. Observe quando começar a ficar entediado ou distraído. Faça o mesmo em seus vídeos. Nesse ponto em que você começa a se desconectar, deve ser implementada uma quebra de padrão que redefinirá sua mente para comportamentos ou situações no vídeo. Isso pode ser feito com novas informações que dão um gostinho do que está por vir no vídeo. Você pode fazer uma interrupção dizendo ou fazendo algo engraçado, adicionar justaposições, como um videoclipe de outra coisa, acrescentar um efeito sonoro ou simplesmente bater palmas ou mudar de voz. A técnica mais poderosa é alterar a posição da câmera com diferentes ângulos ou zoom. Observe os altos e baixos do seu vídeo nas métricas e adicione uma quebra de padrão nos pontos baixos para reengajar o público.

MrBeast é um dos melhores que já vi na arte de quebras de padrão. Assista a qualquer vídeo recente no canal dele e verá o que quero dizer. CJ, seu irmão, está apenas começando seu próprio canal no YouTube e quis que eu desse feedback sobre um vídeo no qual estava trabalhando. CJ fez um excelente trabalho e tinha um conteúdo ótimo, mas era um vídeo longo; em certo ponto, eu disse que houve um desengajamento. Ele precisava de uma quebra de padrão. MrBeast sorriu e disse que alertou CJ sobre a mesma coisa no mesmo momento do vídeo. Grandes mentes do YouTube pensam da mesma maneira.

## Dominando o Engajamento

Quanto mais tempo você criar conteúdo e prestar atenção aos pontos baixos, melhor reconhecerá os momentos em que precisa reengajar seu público. No entanto, você precisa ser um espectador ativo e prestar atenção em quando as pessoas perdem o interesse em seus vídeos. Atente-se ao que o atrai e ao que o repele para que saiba usar táticas de engajamento. Tenha seu gancho e sua narrativa sempre em mente para manter o espectador interessado. Se não tiver certeza dos pontos em que deve adicionar quebras de padrão, o YouTube fornece os dados para identificá-los. Observe os dados para saber em que ponto o reengajamento é necessário.

O principal objetivo do YouTube é prever a que os espectadores querem assistir. Quando assistem mais, o tempo de exibição e a AVD se acumulam. As pessoas só precisam ficar no YouTube o maior tempo possível. Então, se o seu conteúdo faz isso, o algoritmo o recompensa. Os criadores sempre querem saber exatamente quanto tempo de exibição o YouTube deseja, mas não há um número preciso desse tempo; o YouTube só quer mais. Mais tempo de exibição. Mais AVD. Portanto, crie seu conteúdo com "Mais" em mente.

## Exercício de Ação

**Tarefa 1:** Revise seus três melhores vídeos no que diz respeito à AVD e à APV.

**Tarefa 2:** Faça uma análise com base nas regras de 50% e 30%. O que você faria de diferente sabendo o que sabe agora?

**Tarefa 3:** Observe os altos e baixos em seus vídeos e veja se consegue encontrar um padrão.

Obtenha a apostila complementar e encontre mais recursos em www.yt-formulabook.com [conteúdo em inglês].

# 17 Criando uma Estratégia de Conteúdo no YouTube

As estatísticas de crescimento do YouTube mudam tão depressa que qualquer número que eu divulgar neste livro provavelmente estará desatualizado quando você o ler. De acordo com a Omnicore, as estatísticas atuais mostram que existem mais de 31 milhões de canais do YouTube. Não vídeos, canais. (O número de vídeos é bem maior que 5 bilhões.) Obviamente, esses milhões de canais têm assuntos ou temas que variam em todos os aspectos. Há um canal para tudo o que você possa imaginar. Aos milhões. O grande volume de canais, além de sua diversidade inerente, faz com que uma estratégia multifuncional de conteúdo seja absurda e impossível.

No Capítulo 13, você aprendeu estratégias gerais para narrativas e padrões de narração que funcionam de forma abrangente. O mesmo vale para a sua estratégia de criação desse conteúdo: há coisas que funcionam, não importa o tipo de canal que você tenha. Se você quer que seu canal cresça, a estratégia de conteúdo deve ser sua prioridade. Neste capítulo, falaremos sobre isso em duas partes:

1. Estratégias para o seu público
2. Estratégias para alavancar o algoritmo

O crescimento no YouTube depende da sua compreensão de como seu público-alvo se identifica com seu conteúdo, para que você possa criar mais material parecido. Isso inclui coisas como seus metadados e reengajamento. O crescimento também depende da sua compreensão dos dados. O YouTube nos fornece tantos dados que às vezes podemos nos sentir sobrecarregados ao decifrá-los e utilizá-los para fazer mais vídeos. Esse monte de dados é uma coisa boa (obrigado, YouTube!), então tente não ficar desanimado. Vou ajudá-lo a entender como usar fontes de tráfego e relações de dados para ter vantagem estratégica. O objetivo é descobrir como combinar as duas partes da estratégia de forma correta, pois isso proporciona a preparação do conteúdo para um crescimento gigantesco.

## Parte Um: Crie estratégias para o seu público

Como criador, sua primeira tarefa é proporcionar uma experiência leve e previsível para seus atuais espectadores e inscritos. Dê a eles uma sensação de segurança, uma vibe de "mesma hora, mesmo lugar, mesmo canal". Eles precisam reconhecer que é você toda vez que voltarem. Seja previsível. Um canal consistente é um canal de sucesso. Seus espectadores devem prever e aguardar seu próximo vídeo porque conhecem seu cronograma e esperam isso de você.

### Crie

YouTubers sempre querem saber o que criar. Eles costumam me perguntar:

- Que conteúdo de vídeo devo fazer para engajar melhor meu público?
- Como faço para criar conteúdo diferente ou exclusivo?
- Como posso me destacar permanecendo leal à minha marca?
- Como posso criar conteúdo online em escala?

A dura verdade sobre escala é a seguinte: não há como um criador ou uma marca criar todo o conteúdo necessário para alimentar o apetite voraz dos consumidores por vídeo, principalmente em dispositivos móveis. Não há tempo, dinheiro ou recursos suficientes. O segredo é gerar conteúdo gradualmente e criar uma biblioteca que mantenha as pessoas engajadas ao longo do tempo. Isso pode parecer assustador se tomarmos como ponto de referência a mentalidade de produção tradicional. Mas, para produzir em escala, é necessário repensar esse enorme processo de produção. Não é preciso um set de produção e equipamentos sofisticados para criar em escala; na verdade, você pode ter sucesso simplesmente usando seu smartphone se criar conteúdo que engaje pessoas.

Criar pode se resumir a fazer um vídeo divertido que chama a atenção das pessoas. Mas, ao considerar o interesse do seu público e com o que ele terá engajamento, pense nos micromomentos que ele pode vivenciar. Os micromomentos acontecem quando as pessoas recorrem aos seus dispositivos para encontrar respostas, descobrir coisas novas, tomar decisões, se entreter ou comprar algo. No Capítulo 11, há mais informações no guia de micromomentos elaborado pelo Google. Crie conteúdo que atenda às necessidades de seus espectadores, seja para entreter, informar, inspirar, tirar dúvidas e/ou vender. Além disso, pense em usar o vídeo para criar histórias das quais os espectadores façam parte, em vez de contar uma história sem engajamento.

Com milhões de canais, o apelo para "ser diferente" pode parecer piada. O YouTube dá a impressão de estar lotado, principalmente em relação a gêneros de conteúdos populares. Mesmo assim, há sempre uma maneira de dar seu próprio toque e descobrir como ser diferente. Por exemplo, Kristen, do canal de culinária *Six Sisters Stuff*, sabe que existem muitos canais de culinária, provavelmente milhões deles. Ela conseguiu seu lugar concentrando-se em receitas fáceis de panela de pressão elétrica, e seu canal faz muito sucesso. Já ouvi todas as desculpas para justificar a dificuldade de ingresso nesse gênero. Outra pessoa encontrou uma forma de ser diferente em seu gênero, então ponha a cabeça para funcionar e faça pesquisas. Você dará um jeito.

Mas como se destacar sem mudar quem você é? A resposta mais fácil é ser criativo sem sacrificar sua consistência. Há sempre uma maneira de se destacar! Sim, alguns criadores escolheram se vender para isso, mas você não precisa mudar quem você é.

## Faça Colaborações

Dan Markham queria fazer um vídeo de futebol para seu canal, *What's Inside*. Ele acessou o eBay e comprou três bolas de diferentes Copas do Mundo para compará-las. Ele sabia que o vídeo seria mais interessante se um jogador de futebol de verdade as chutasse, então fez uma colaboração com outro criador do YouTube, Garrett Gee, que foi jogador de futebol na faculdade. Garrett morou na Rússia, que por acaso era onde a Copa do Mundo estava sendo realizada naquele ano, então ele também tinha algumas contribuições culturais interessantes e relevantes. No final do vídeo, Dan abriu as bolas para fazer jus à marca registrada, a pergunta *"What's Inside?"* [O que tem aqui dentro?]. Ele lançou o vídeo em conjunto com a Copa do Mundo, e tanto o seu canal quanto o de Garrett receberam muitas visualizações. Na verdade, isso fez com que o vídeo de Garrett mencionado na descrição obtivesse mais de 1 milhão de visualizações, sendo o primeiro vídeo dele a atingir essa marca.

Colaborações podem fornecer tráfego que seu canal não alcançaria de outra forma. Falamos detalhadamente sobre os benefícios das colaborações no Capítulo 19, então não esqueça de passar por ele. Dou vários exemplos com Brooklyn e Bailey McKnight, vloggers gêmeas idênticas que fazem algumas colaborações de sucesso com o canal de comédia *Studio C*, da BYUtv. Sua estratégia em dupla deu muita visibilidade e muito dinheiro a esse canal, que na época era pequeno. Claro que isso também ajudou Brooklyn e Bailey. Seu tempo de exibição, número de inscritos e receita também podem ganhar um impulso grande com colaborações, portanto, crie espaço para elas em sua estratégia de conteúdo.

## Faça Curadoria

Para ter um canal do YouTube bem-sucedido, você precisa ser organizado. Programe seu conteúdo, defina seu público-alvo, forneça uma proposta de valor e cumpra as promessas em seu título, sua miniatura e no próprio vídeo. Seja coerente com sua marca em tudo o que você faz, mas não fique soterrado em cronogramas e checklists; simplifique as coisas. Priorize o que não deve ser negligenciado, mas viabilize uma margem de manobra quando surgirem imprevistos, porque eles surgirão.

Faça um calendário de conteúdo. Ele servirá como um esboço semanal de:

- Qual conteúdo você posta e quando
- Quais públicos você segmenta
- Quais canais sociais você alcança

Não posso dizer exatamente como seu calendário deve ser, porque todo canal é diferente, assim como todo criador. Mas elaborei um modelo de programação de conteúdo genérico que você pode personalizar para o seu canal. Acesse www.ytformulabook.com para obtê-lo, bem como ter acesso a treinamento adicional [conteúdo em inglês]. Você deve saber qual é a sua programação ideal com base nas impressões, na taxa de cliques e nas visualizações do seu próprio canal. Um dos meus clientes posta dois vídeos por dia, enquanto outro posta um por semana. Mark Rober, o cientista da NASA que virou YouTuber, posta um vídeo por mês, e seu canal está fazendo muito sucesso, pois seu conteúdo mensal é incrível. Use as ferramentas disponíveis para entender de onde vem seu tráfego e criar estratégias. Dica de amigo: sempre priorize sua estratégia de recomendação, uma vez que ela representa três quartos de todo o tráfego do YouTube.

Não pense demais na sua estratégia de marketing de conteúdo do YouTube. Com os profissionais de marketing de marca, muitas vezes há uma desconexão entre saber qual conteúdo fazer e como fazê-lo. Não perca tempo complicando demais: o vídeo é o que os consumidores querem no celular, então otimize para dispositivos móveis. Crie vídeos que se encaixem na mistura da sua paixão com o que seu público deseja.

## Saiba de Onde Vêm os Espectadores

O YouTube observa o público de perto, e o que isso lhe diz? Que você também deveria fazer isso. Você reflete sobre a origem dos seus espectadores antes de fazer um novo vídeo? Cada um de vocês — mesmo aqueles com milhões de inscritos — precisa entender melhor seu público, saber como ele assiste ao seu conteúdo. Minha regra geral é otimizar primeiro para dispositivos móveis, pois geralmente é onde as pessoas assistem ao YouTube. O tráfego móvel é responsável por 70% do tempo de exibição diário. A maioria dos criadores não leva isso em consideração ao criar novos vídeos. Vá até suas fontes de tráfego e veja de onde as pessoas vêm para assistir às suas coisas. Se estiverem no celular e você estiver no seu computador, mude para o seu dispositivo móvel e tenha a experiência de seu vídeo da mesma maneira que o seu espectador. Ao observar o YouTube do ponto de vista do seu espectador, você ficará muito mais atento a como ele se comporta e ao que está bom para ele e provavelmente notará coisas que pode mudar para otimizar a sua experiência de visualização.

À medida que criar novos vídeos, saiba para qual fonte de tráfego você otimizará esse vídeo específico, pois isso mudará a maneira de criar e o que será feito com esse material. Há momentos em que alcançar um público que encontra vídeos a partir de uma barra de pesquisa funciona bem. Às vezes, é melhor alcançá-lo em uma colaboração com outro criador ou empresa. E, outras vezes, é melhor alcançá-lo a partir da descrição do vídeo, cartões e telas finais, playlists, posts da comunidade e stories. No entanto, 75% de todas as visualizações de vídeo no YouTube vêm das recomendações do YouTube. O algoritmo segue o público para saber o que recomendar. Se você conseguir desenvolver um público engajado, o algoritmo prestará atenção ao que o mantém dessa forma e recomendará mais do seu conteúdo — se você tiver feito o necessário para conectar seu conteúdo. Vamos dar uma olhada em como conectar seu conteúdo criando estratégias para o algoritmo.

## Parte Dois: Crie estratégias para alavancar o algoritmo

Como você viu muitas vezes neste livro, a IA observa os padrões e comportamentos de um espectador para prever a que ele vai querer assistir. Por causa disso, sua segunda tarefa é ajudá-la a entender quais conteúdos combinam entre si. Se você não fizer primeiro a estratégia para o seu público, conforme exposto na parte um, a parte dois nunca acontecerá.

As táticas de regularidade que implementamos mantêm o público satisfeito, mas também fornecem à IA informações consistentes que ela reconhecerá e agrupará com conteúdo semelhante. A IA recomendará seus vídeos vinculados em conjunto uns com os outros aos espectadores possivelmente interessados neles. Ao criar um padrão com esses vídeos ou criar uma série de vídeos, facilitamos muito o trabalho do YouTube de reconhecer nosso conteúdo. A IA adora padrões previsíveis de dados e conteúdo relacionado. Um bom lugar para dar uma olhada primeiro ao criar a estratégia para o algoritmo é seu tráfego de pesquisa.

### Pesquise

A pesquisa existe desde o advento da internet. "Pesquisar" significa ir até a barra de pesquisa de um site e fazer uma consulta. Mas as pessoas não digitam apenas uma ou duas palavras-chave; elas são muito boas em perguntar coisas específicas quando necessitam de uma resposta precisa. Por exemplo, alguém pode pesquisar: "Como instalar fossa séptica junto a uma piscina?" em vez de procurar "fossa séptica de piscina". Eu peço que cada um dos meus clientes organize uma lista com todas as perguntas frequentes feitas em seu nicho ou empreendimento. Você também precisa fazer isso. Não é preciso organizar a lista em uma ordem específica, apenas anote as perguntas. Isso é útil para todas as empresas e todos os criadores do YouTube.

Uma vez, um cliente fez uma lista com cerca de quarenta perguntas frequentes. Parece uma quantidade boa, certo? Bem, para tirar o máximo proveito desse exercício, você precisa ir muito além dessas perguntas. Então, depois que ele anotou as quarenta, eu o coloquei para pensar em todas as perguntas que lhe fizeram e pedi para adicioná-las à lista. Quando ele terminou, estava com mais de 250 perguntas. Agora é possível organizar sua lista de acordo com as perguntas mais frequentes e ficar pronto para criar conteúdo que responda a todas as perguntas que seu potencial espectador possa fazer na barra de pesquisa, dando prioridade às que se repetem mais. Se o seu conteúdo aparecer no topo dos resultados, é mais provável que os espectadores cliquem no seu vídeo e que você ganhe outro espectador. Também é preciso considerar que o YouTube é de propriedade do Google, portanto, seu conteúdo também precisa aparecer em uma pesquisa desse site, pois seu tráfego pode vir de lá.

Em seguida, quero que faça uma lista de perguntas que as pessoas *deveriam* fazer a você. Ambas devem se interconectar. Como? Digamos que você crie um vídeo para responder a uma de suas perguntas frequentes. Nele, você também deve suscitar uma pergunta que deveria ser feita e que esteja relacionada a essa pergunta frequente. Essa estratégia satisfaz a curiosidade do seu espectador, entrega mais do que o que ele veio buscar e ainda fornece uma experiência de visualização leve, fácil de absorver e que entrega valor. Além disso, outra ótima estratégia a ser usada é criar outro vídeo (ou dois, ou três...) com a mesma linha de questionamento em mente. Então você pode recomendar a que seu espectador deveria assistir em seguida, verbalmente, com um end card ou ambos. Há também uma probabilidade maior de que o YouTube o coloque nos vídeos Sugeridos. Essa é uma ótima maneira de manter o espectador engajado e vendo mais do seu conteúdo ou comprando seus produtos. Fazendo isso, a IA ficará muito feliz e o recompensará enviando seu conteúdo para outros espectadores semelhantes.

Gosto de enxergar a Pesquisa como um ponto de entrada no seu mundo de conteúdo. A maioria dos criadores e educadores do YouTube se concentra em pesquisa e classificação, mas eu vejo isso como um funil para atrair tráfego extra. Quando conseguimos o tráfego inicial para o conteúdo, podemos transformá-lo em tráfego de consumo, o que significa que convertemos espectadores de primeira viagem em consumidores recorrentes do conteúdo. Matthew Patrick, ou "MatPat", é um criador do YouTube com canais de sucesso em uma variedade de gêneros. Ele sabe como usar o Pesquisar como um funil. Por exemplo, se você pesquisar: "Videogames geram violência?", seu vídeo "Videogames geram violência? É complicado" supera os vídeos de conteúdo científico e de noticiários. Mas o importante é o que vemos depois de clicar no vídeo dele — vários de seus outros vídeos como sugestões para assistir em seguida. Ele agora tem um novo espectador consumindo seu conteúdo. Matthew fez a mesma coisa com outras perguntas frequentes altamente pesquisáveis em seu gênero, por exemplo: "Como funciona a Força?" e "O que é um Yoshi?". (De fato, essas são algumas das perguntas mais importantes que alguém poderia fazer. Qualquer coisa relacionada a Star Wars ou a Super Mario Bros. deve estar no topo da lista de coisas que todos deveriam saber.)

Isso também vale para empresas. A Gillette, a empresa de lâminas de barbear, fez um vídeo para responder à pergunta: "Como fazer a barba?" Toda uma série de vídeos foi criada para dar soluções a qualquer tipo de problema que uma pessoa possa ter ao se barbear. Eles variam em temas, indo desde o básico até técnicas mais avançadas. Responda às perguntas das pessoas e certifique-se de que conectou o seu conteúdo para que os espectadores possam clicar em seguida. Mesmo quando os dados demográficos de seu público mudam, você terá uma nova geração e um novo público chegando e o descobrindo, porque as pessoas procuram uma resposta a uma pergunta.

Recomendado/Sugerido

As recomendações do YouTube representam 75% de todas as visualizações no site. Notou que não é a primeira vez que usei essa estatística? (Dica: preste atenção.) É daí que vêm 75% das visualizações, e seu vídeo precisa ocupar esse espaço. O YouTube recomenda vídeos em três locais: no "Procurar" da Página inicial e das Inscrições; na aba "Em Alta", dentro de Explorar; e em "Vídeos Sugeridos", em conjunto com um vídeo que está sendo reproduzido e o que virá em seguida. A aba "Em Alta" apresenta temas populares especificados por localização, com um apelo mais amplo. Adote abordagens diferentes para sua estratégia de conteúdo com base na fonte de tráfego. O algoritmo de cada fonte de tráfego tem indicadores para saber quando o conteúdo é bom e quando é ruim. O YouTube separa os vídeos indicados como "bons" e os coloca onde provavelmente obterão a melhor resposta.

Alguns criadores acham que liberar o máximo de conteúdo possível lhes dá mais oportunidades de serem vistos. Embora isso possa ser verdade em certas situações, como para conteúdo infantil e de jogos, ainda pode ser prejudicial ao próprio conteúdo. Múltiplos uploads em um intervalo muito próximo significam que o algoritmo precisará escolher um para impulsionar. E quando um é escolhido, o que acontece com o outro? Fica estagnado. Um deles passa, mas o resto fica em total inércia.

O algoritmo específico para o tráfego da navegação acompanha aquilo em que o espectador clica ou não clica para saber o que colocar em Explorar no seu próximo acesso ao YouTube. Recentemente, cliquei em um vídeo que me foi recomendado no Explorar; a miniatura era tão boa que tive que clicar para matar a curiosidade (além disso, meus filhos Bridger e Thatcher já haviam me pedido para vê-lo). O nome do vídeo era "Work Stories (sooubway)", do canal *TheOdd1sOut*. Depois de assistir ao vídeo, assisti a mais conteúdo do criador. Então, quando fiz login no YouTube novamente, quem você acha que foi recomendado para mim? Claro, era o mesmo canal, e eu nem tinha me inscrito nele. (Não se preocupe, James, agora estou inscrito.)

A navegação na Página Inicial do YouTube é a maneira mais rápida de obter visualizações para o seu vídeo. Isso é muito atraente, por razões óbvias; não é preciso esperar para conseguir muitas visualizações e impulso. Se essa é a sua estratégia de conteúdo, saiba que é fácil ficar exausto com isso. Se você se concentrar primeiro na busca, precisará também ter uma estratégia de feed Sugerido. A maioria dos vloggers que posta diariamente não tem uma estratégia de vídeo sugerido. Ao longo de anos observando e trabalhando com muitos desses vloggers, aprendi que a rotina de busca ideal é três vezes por semana. Muitos vloggers acham que, para ter sucesso, precisam lançar um novo vídeo por dia. Nesse ritmo, qualquer um fica propenso ao burnout. Felizmente, ter intervalos naturais entre os uploads funciona melhor, tanto para o espectador ter tempo para assistir ao conteúdo quanto para o YouTube descobrir para quem enviar o conteúdo e quais vídeos sugerir em seguida.

Em vez de sofrer com uma rotina diária interminável, descubra como associar todo o seu conteúdo. Faça uma série de vídeos para que as pessoas tenham que assistir a tudo para saberem a história completa. Ou tenha um tema recorrente. Isso o ajudará a criar uma biblioteca de vídeos mais ampla, o que aumenta sua oportunidade de crescimento no valioso feed de sugestões. Assim, você não dependerá apenas do seu tráfego de navegação para suportar o peso de todo o seu canal.

Deixe-me falar sobre um canal cuja estratégia de conteúdo inclui uma enorme biblioteca de vídeos. O canal da World Wrestling Entertainment, ou WWE, recebe entre 1,4 e 1,5 bilhão de visualizações de vídeos *por mês*. Eles são conhecidos por fazer upload de 24 a 50 vídeos em um dia. Esse cronograma insano sobrecarrega a navegação, mas funciona muito bem nas sugestões. Se o seu canal tiver cerca de 50 mil vídeos (o da WWE tem!), o YouTube colocará seu novo conteúdo no feed Sugeridos. Mas não se esqueça de vincular esse conteúdo novo ao antigo. Novo conteúdo com dados relacionados a seus vídeos antigos dá a eles um novo fator para serem sugeridos novamente, mesmo que já tenham muitos anos. Quanto mais tempo seu conteúdo estiver no YouTube, mais visualizações você acumulará com essa estratégia. Isso pode ser extremamente lucrativo.

Tínhamos um canal no qual fazíamos upload três vezes por semana até termos 1.200 vídeos na nossa biblioteca. Fizemos uma pausa de um mês, mas continuamos recebendo visualizações e receita por meio de nossa biblioteca simplesmente porque ainda havia muito conteúdo a ser recomendado.

Amy Wiley, diretora sênior de operações do YouTube da WWE, deu ótimos insights sobre as estratégias de sua empresa. Amy disse que, se houver outro canal enviando visualizações para os vídeos do seu canal, é útil que você entenda esse relacionamento. Você pode ir até esse vídeo e ver por que seu conteúdo está sendo recomendado junto com ele. É possível descobrir temas que você deveria abordar e que funcionam bem com sua marca ou fazer uma colaboração com o criador do vídeo. Certa vez, o canal da WWE recebeu 2 milhões de visualizações que vieram de um único vídeo de outro canal. "Isso mostra o poder do algoritmo", disse Amy, "e o poder de fazer parte do ecossistema do YouTube". Ela acertou na mosca. Você precisa descobrir como fazer o algoritmo considerar seu conteúdo uma parte útil ao sistema.

A WWE presta muita atenção no que está dando certo em outros canais e modifica seu próprio conteúdo de acordo com isso. Por exemplo, eles sabiam que a queda de braço havia sido popular no passado, não considerando-a, a princípio, uma tendência atual, mas notaram que ela estava ressurgindo. Então, a empresa fez uma montagem com alguns clipes de queda de braço em um novo vídeo que teve mais de 140 milhões de visualizações. Esse tema não era seu foco, mas, ao prestar atenção no que outras empresas da área estavam fazendo, eles adicionaram o mesmo tipo de conteúdo à sua própria estratégia, e valeu muito a pena.

## Relacionamento de Dados

Cada novo vídeo enviado para o YouTube recebe um ID digital. No Capítulo 2, falamos sobre o sistema de identificação de conteúdo e por que ele foi necessário. O ID é como uma impressão digital. Além disso, quando criamos uma playlist, ela também recebe um ID, e o mesmo ocorre ao adicionarmos um vídeo a uma playlist existente. Quando juntamos vídeos em uma playlist, a tática para fazer com que os espectadores assistam aos vídeos sem parar funciona muito bem, pois eles são vistos em uma ordem específica. Além do mais, o YouTube observa os IDs agrupados. Portanto, se alguém assiste a um vídeo vinculado a partir de uma playlist, há uma probabilidade maior de que o algoritmo conecte esse vídeo relacionado ao feed de recomendação. Isso não acontece sempre e se baseia na ação seguinte do espectador. Mas, se houver uma pequena porcentagem de espectadores assistindo aos vídeos sequencialmente na playlist, a chance de o YouTube recomendar esse conteúdo com base nas relações de dados e visualizações aumenta.

Crie sua estratégia de conteúdo para que seus vídeos sejam relacionados por tema e natureza. Isso aumentará a probabilidade de que seus vídeos sejam sugeridos. É aqui que colocamos tudo em prática e a contagem de visualizações decola. É o que eu chamo de "Zona da Cachinhos Dourados". Você se lembra de como aquela menina dos cabelos dourados gostava de tudo "certinho" na casa dos três ursos? É desse jeito. Uma estratégia de conteúdo que atende tanto ao público quanto ao algoritmo dá aos vídeos a melhor chance de serem sugeridos e vistos e de realmente fazerem sucesso.

Outra ótima maneira de criar um relacionamento de dados entre seus vídeos é colocar seus vídeos de melhor desempenho como telas finais e end cards em vídeos relacionados. Mesmo que apenas 2% dos espectadores assistam ao final do vídeo e cliquem na recomendação, já vale muito do ponto de vista do algoritmo. O YouTube é capaz de encontrar outros espectadores que tenham o mesmo tipo de relacionamento de dados desses 2% e recomendar esse vídeo aos espectadores em potencial. Se eles engajarem e gostarem do seu conteúdo, o YouTube continuará recomendando não apenas esse vídeo, mas outros conteúdos da sua biblioteca. Essa pequena porcentagem estimula outro olhar da IA, que continuará a encontrar espectadores com padrões de visualização semelhantes e a impulsionar seu conteúdo para eles também. Todo impulso ajuda.

## Descrição do Vídeo

Muitas vezes, a descrição do vídeo é ignorada porque não produz resultados rápidos ou gigantescos, mas esse recurso pode ajudá-lo de outras formas. Além de dar boas palavras-chave para a Pesquisa e um resumo do vídeo, a descrição também cria links para outros vídeos e playlists. A maioria das pessoas não abre a descrição, mas algumas abrem. Repito: mesmo que essa porcentagem seja pequena, qualquer atividade adicional do espectador no vídeo cria um padrão de visualização para a IA conectar os dados. Quando o espectador clica no vídeo seguinte, a relação entre os dois vídeos se aprofunda, e isso também aumenta o tempo de visualização no seu canal. Sempre que essas pessoas clicam nos seus links de descrição e assistem mais, o YouTube o recompensa. Além disso, os espectadores que clicam na descrição geralmente são os mais ativos, portanto, o YouTube observa seu comportamento com mais atenção.

### Playlists e YouTube Mix

As playlists podem ser ferramentas poderosas para reter e engajar espectadores ativos. Como criador, você pode criar playlists para seus inscritos e espectadores assistirem consecutivamente. Os espectadores podem assistir aos seus vídeos de forma quase ininterrupta porque o vídeo seguinte não é sugerido pela IA do YouTube, mas o próximo que você adicionou a essa playlist será. Quem nasceu antes de 1985 (ou quem viu o filme *Guardiões da Galáxia*) entenderá a analogia; é como fazer uma mixtape, na qual você grava sua própria seleção de músicas em uma fita K7. Criar conteúdo a ser consumido na ordem decidida por você é uma ótima maneira de melhorar a experiência de visualização. Isso ajuda o espectador a saber qual vídeo dessa série ele deve ver em seguida. Eu amo playlists, pois as pessoas que as assistem fornecem mais tempo de exibição ao canal. Eu já criei muitas estratégias de conteúdo bem-sucedidas com base nelas. As playlists enfatizam a jornada do espectador com seu conteúdo.

Deixe-me dar um exemplo rápido de como transformar o conteúdo do YouTube em uma série. Digamos que eu tenha um canal de crítica tecnológica, no qual eu apresente os mais novos produtos de tecnologia. Eu poderia criar um vídeo dos "boatos e especulações" de um novo iPhone que está para ser lançado e falar sobre suas características e projeções. Seria um ótimo vídeo para esse tipo de canal. Depois eu poderia fazer um vídeo sobre o anúncio do novo iPhone. Em outro, eu apareceria usando o novo telefone pela primeira vez depois de ter sido lançado. O próximo poderia ser um detalhamento do telefone com seus componentes expostos. Em seguida, poderia ser um vídeo listando todos os prós e contras do telefone após quinze dias de uso (não do que foi desmontado). Todos esses vídeos poderiam ser adicionados a uma playlist para um novo espectador consumir de uma só vez, do início ao fim.

A maioria dos criadores não usa playlists assim; eles postam vídeos no YouTube e adicionam um título sem sentido algum. Ao criar uma playlist a ser assistida sequencialmente e adaptada ao seu espectador, você cria um ambiente que lhe dará o seu melhor tempo de exibição, ou seja, a IA começará a recomendar que esses vídeos sejam assistidos nessa ordem como "próximo vídeo".

A equipe de descoberta do YouTube notou os dados de visualização de playlists e decidiu fazer sua própria mixtape ou playlists definitivas para os espectadores. A IA faz um ótimo trabalho analisando vídeos para os espectadores assistirem, então um novo recurso chamado YouTube Mix foi testado. O YouTube Mix é uma playlist sem interrupções que a IA adapta ao espectador. Esse recurso criou um tempo de exibição incrível para o YouTube.

## Stories e Posts da Comunidade

A aba Comunidade é uma funcionalidade concebida para ajudar os criadores a interagir com o seu público-alvo fora dos vídeos que colocam no canal. Os posts podem ser enquetes, textos e imagens. É um ótimo lugar para promover vídeos antigos, merchandise ou outros produtos que você vende. Também é um ótimo espaço para pedir ideias para vídeos diferentes ao seu público. Os criadores descobriram que essa é uma maneira excelente de atender aos desejos de seus espectadores, pois eles não teriam essas ideias sozinhos. Os posts da Comunidade podem ser encontrados nas abas de um canal, geralmente entre Playlists e Canais ou Loja, se houver uma. (Se não a encontrar, é porque o YouTube considera seu conteúdo voltado para crianças ou porque você não atingiu o número mínimo de inscritos.)

Os stories são vídeos curtos e exclusivos para dispositivos móveis que expiram após sete dias e que permitem que você se conecte com seu público de forma mais casual em qualquer lugar. Eles aparecem na Página Inicial e se parecem com stories de outras plataformas, com a visualização rolando para a direita à medida que novos stories são postados. O feed de Stories funciona como um banner ou um outdoor para sua marca.

O YouTube impulsiona seus stories e seus posts da Comunidade para inscritos e não inscritos. Eu vi criadores crescerem muito usando esses recursos. Essas são recomendações baseadas em inscritos, isto é, o objetivo do algoritmo é enviar stories e posts da Comunidade para os espectadores que viram seu conteúdo, mas não se inscreveram no seu canal. Isso também significa que o algoritmo enviará stories e posts para novos espectadores e inscritos em potencial.

## Sustentação

Para acelerar a visibilidade, use uma estratégia de "sustentação". Pense em como uma vara de barraca mantém a parte que sustenta de pé. Há um efeito de "pico" no topo da barraca. O pico representa um evento ou algo relevante para o conhecimento geral de um grupo. Pode ser um feriado, o dia de estreia de um grande filme, o Super Bowl ou a Copa do Mundo. Alinhe seu tópico e conteúdo de vídeo em torno de um desses picos para acelerar a visibilidade do seu canal em conjunto com esse evento.

Por exemplo, quando trabalhei com Jared Shores, o cocriador e diretor do *Studio C*, canal de comédia da BYUtv, analisamos um calendário e discutimos quais eventos regionais, nacionais e mundiais aconteceriam naquele ano. O outro cocriador, Matt Meese, também era roteirista e ator e deu uma ideia que sempre quis transformar em um vídeo com um jogo de futebol. Então vimos para quando o campeonato masculino de futebol da NCAA estava programado (em meados de novembro) e decidimos fazer o lançamento de um vídeo. Usamos duas grandes universidades, Yale e Carolina do Norte, como adversárias em nosso vídeo. Matt escreveu um roteiro incrível. O goleiro

"Scott Sterling", representado por Matt, teve o infeliz papel de levar boladas no rosto repetidas vezes (com a ajuda de ótimos efeitos especiais, uma boa edição, uma bola de futebol macia e muita maquiagem).

Três dias antes do campeonato da NCAA, fizemos um post em um subreddit com o vídeo de Scott Sterling. Os fãs de futebol que assistiram a ele sabiam que era falso, mas adoraram porque era muito engraçado e porque era futebol. Essa exposição e impulso ajudaram o post a aparecer na primeira página do Reddit, e ele foi compartilhado diversas vezes em outros lugares online. Obtivemos 12 milhões de visualizações em menos de 24 horas, o que catapultou o pequeno canal. Em poucos dias, começou a circular um boato de que o goleiro havia morrido pelos ferimentos. É claro que isso não era verdade, mas continuou a nos gerar buzz. Essa estratégia de lançamento de vídeo foi uma dupla sustentação: o material foi programado para sair a tempo do campeonato nacional de futebol dos EUA, mas também apelava para um público global de futebol.

Vamos voltar ao vídeo de futebol de que falamos nas colaborações. Dan Markham usou a ajuda de seu amigo jogador Garrett para fazer um vídeo interessante sobre bolas de futebol da Copa do Mundo, as quais ele acabou abrindo no final do vídeo. Você já sabe que essa foi uma estratégia de colaboração bem-sucedida, mas também é muito importante falarmos sobre a estratégia de lançamento de conteúdo de Dan como sustentação. Ele filmou esse vídeo em janeiro, mas a Copa só ocorreu em junho, então ele deixou o vídeo guardado.

Em junho, ele começou a observar a página de tendências do Google. No primeiro dia do torneio, "Copa do Mundo" estava realmente em alta, então ele percebeu que finalmente era hora de lançar seu vídeo de futebol. Dan fez o upload à 1h no fuso horário dos Estados Unidos, um bom horário, internacionalmente falando. A seleção norte-americana nem se classificou para a Copa naquele ano, mas o hype internacional em torno do evento gerou muitas visualizações para o vídeo de Dan e para Garrett Gee, o criador do YouTube com quem ele colaborou.

A sustentação é uma tática muito inteligente a ser adicionada à sua estratégia geral de conteúdo, especialmente porque o conteúdo costuma ser duradouro, ou seja, ele recebe um impulso sempre que o evento acontece. Explore seus arquivos de vídeo para ver o que pode se encaixar em uma estratégia de sustentação e, em seguida, crie novos conteúdos com relacionamentos de dados conectando esses vídeos. Prometo que isso funciona para outros assuntos além do futebol!

## Baldes de Vídeo

Depois de entender bem suas estratégias de conteúdo básicas, está na hora de subir de nível com algo que chamo de baldes de vídeo, ou baldes de conteúdo. Os baldes são um agrupamento associado para vídeos, palavras-chave, características e comportamentos do público relacionados. Cada balde é um assunto ou tema semelhante que atrai seu público-alvo. Considere "balde" o equivalente a "categoria".

Imagine que você tem um balde. Você põe um doce nele e o deixa na porta da frente da sua casa. Enquanto isso, seu vizinho fez uma fila de vários baldes coloridos, e cada um contém um doce diferente. Todos os dias, um grupo de crianças do bairro caminha pela sua rua e escolhe qual estoque de guloseimas atacar. Qual casa você acha que elas escolherão? Qual você escolheria? É seguro pressupor que todos escolheríamos a casa com muitos tipos diferentes de guloseimas.

As pessoas que frequentam o bairro do YouTube também querem variedade. Por mais que possam adorar um vídeo incrível do seu canal, elas não querem assistir a ele toda vez que visitam. Por isso é importante ter uma variedade de "baldes". Se tudo o que você oferece são "vídeos cookies", seus espectadores vão parar de voltar para pegar mais cookies, porque às vezes querem um donut, uma barra de chocolate ou um refrigerante.

## Criando uma Estratégia de Conteúdo no YouTube

Quando eu era criança, adorava um programa de TV chamado *Esquadrão Classe A*. O esquadrão era um grupo de veteranos do Vietnã incriminados por um crime que não cometeram. Então eles fugiram da prisão e decidiram se tornar mercenários que ajudavam os mocinhos a fugir dos bandidos. O enredo era o mesmo em todos os episódios: os mocinhos se metiam em problemas, o esquadrão aparecia, o caos tomava conta quando o esquadrão tramava um plano maluco e, no final, de alguma forma ele realizava o impossível. No fim de cada episódio, um personagem chamado Coronel Smith dizia: "Adoro quando um plano dá certo." O episódio sempre tinha um desenvolvimento insano e eles sempre modificavam o plano.

Em algum ponto no meio da segunda temporada, eu fiquei entediado com a série. A audiência caiu porque todo mundo ficou entediado. Todo episódio parecia o mesmo. Era basicamente a mesma trama com personagens diferentes. Você pode ter uma ótima ideia de conteúdo, mas, se usá-la em excesso, ela vai parar de fazer sucesso, assim como o *Esquadrão Classe A*.

Depois de entender em qual nicho você se enquadra, é possível dividir seu próprio canal em baldes de vídeo. A divisão do seu conteúdo em categorias ajuda o seu público a saber exatamente o que receberá com um determinado tipo de vídeo, e ele recebe isso quando você o disponibiliza. Então é possível repetir essa dose em todos os tipos de vídeo. Quando você fizer isso corretamente, terá uma baixa taxa de evasão, o que significa que perderá menos espectadores. Para ser claro, ter categorias ou baldes não é o mesmo que ter um canal de variedades. Esse tipo de canal não funciona. Baldes são categorias relacionadas, não aleatórias. Reduza seu nicho, mas não ao ponto de os espectadores perderem o interesse porque não existe variedade.

O MrBeast, por exemplo, é um mestre dos baldes de vídeo. Ele impõe um padrão muito alto para si mesmo ao criar novos conteúdos. Se o material não couber em um de seus baldes de vídeo, ele não o postará em seu canal, mesmo que seja um ótimo vídeo. Seus baldes incluem categorias como "desafios extremos", "o último a _____ ganha", "você prefere" e "desafios de 24 horas". O MrBeast tem uma taxa de evasão muito baixa.

Ao criar baldes de conteúdo, você perceberá que é uma ótima maneira de sistematizar a programação do seu canal. Isso o ajudará a elaborar um cronograma e saber exatamente o que fará com antecedência. Crie calendários editoriais, programe conteúdo e crie cópias com facilidade, conhecendo os vários temas que deve abordar. Isso poupará muito tempo e estresse.

Dito isso, não seja inflexível demais com seus baldes. Os temas podem variar dependendo do que faz sucesso no momento. Se algo não fizer mais sucesso, tente criar um novo balde. De qualquer forma, experimente sempre. Caso contrário, você ficará estagnado e acabará cancelado, como o Esquadrão Classe A.

## Como Escolher seus Baldes

É muito divertido escolher os baldes para o seu canal. Acesse seus vídeos e procure padrões entre eles. Leve em conta principalmente seus vídeos de melhor desempenho e certifique-se de criar um balde para eles. Agrupe vídeos semelhantes e dê um título para cada balde. Consulte suas listas de perguntas frequentes e prováveis elaboradas no início deste capítulo para garantir que você aborde os temas importantes.

Eu apresentei Kristina Smallhorn no Capítulo 10. Ela é uma corretora de imóveis da Louisiana que veio me pedir ajuda com seu canal. Ela vinha criando conteúdo com base em palavras-chave e SEO. Eu a ajudei a categorizar seus vídeos de melhor desempenho em baldes e disse a ela para criar mais conteúdo para esses baldes. Ela conectou metadados e estrutura de vídeo, e em pouco tempo seu canal decolou. Uma boa estratégia de balde era tudo o que ela precisava para dar uma guinada em seu canal. Verifique seus picos ao longo do tempo após a implementação dos baldes, mostrados nas Figuras 17.1 a 17.5.

## Pessoas assistiram aos seus vídeos 93.653 vezes durante as datas selecionadas

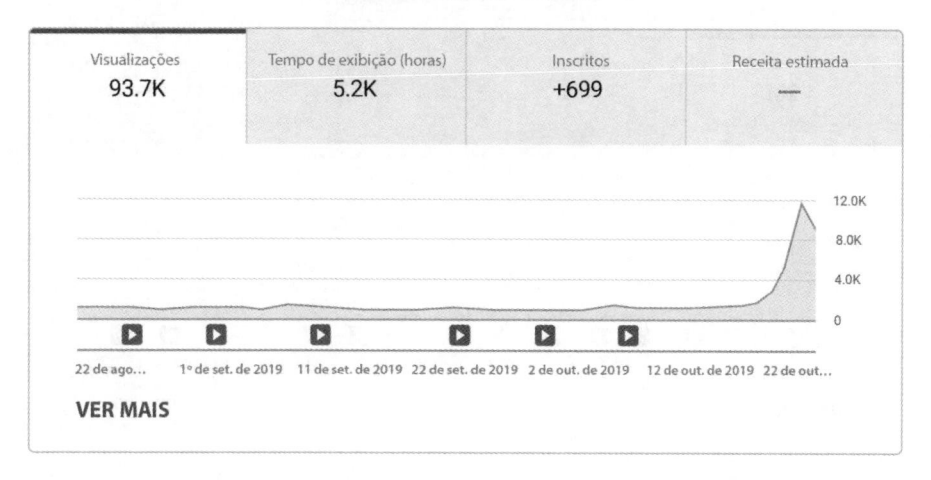

| Visualizações | Tempo de exibição (horas) | Inscritos | Receita estimada |
|---|---|---|---|
| 93.7K | 5.2K | +699 | — |

Figura 17.1   28 dias

## Pessoas assistiram aos seus vídeos 333.871 vezes durante as datas selecionadas

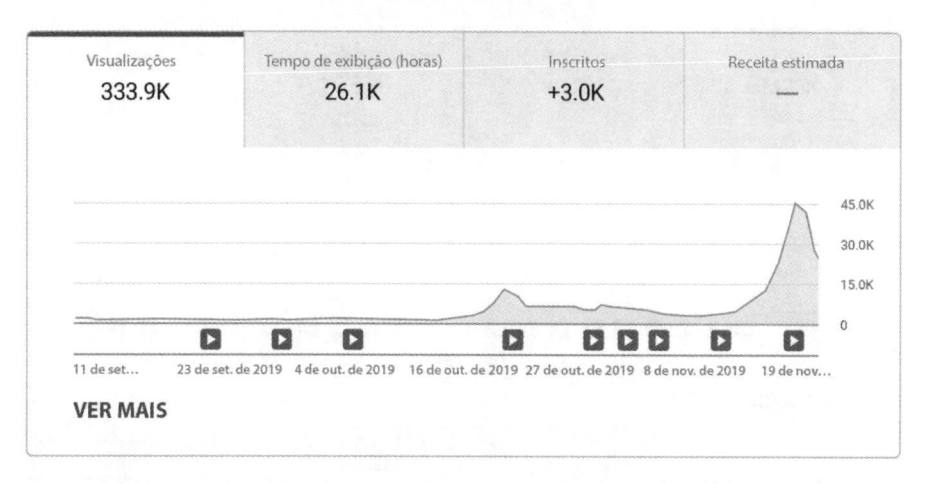

| Visualizações | Tempo de exibição (horas) | Inscritos | Receita estimada |
|---|---|---|---|
| 333.9K | 26.1K | +3.0K | — |

Figura 17.2   90 dias

**Pessoas assistiram aos seus vídeos 1.180.400 vezes durante as datas selecionadas**

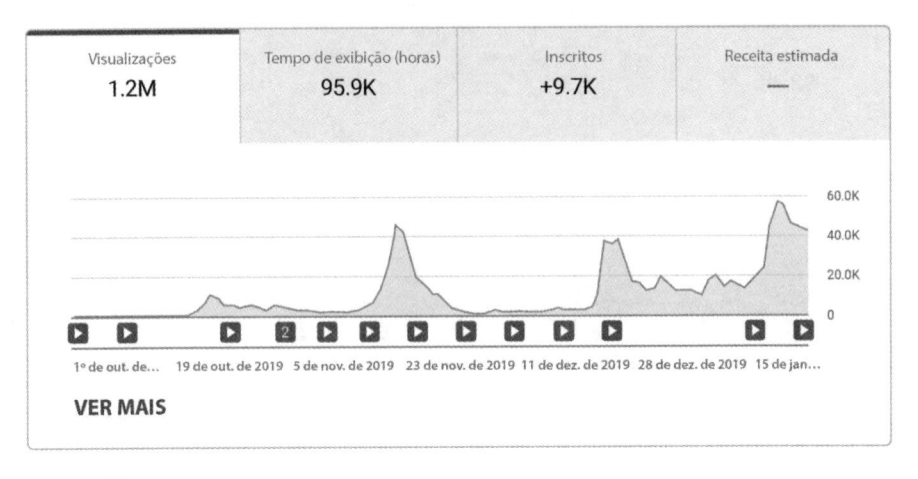

| Visualizações | Tempo de exibição (horas) | Inscritos | Receita estimada |
|---|---|---|---|
| 1.2M | 95.9K | +9.7K | — |

Figura 17.3   4 meses

**Pessoas assistiram aos seus vídeos 2.157.897 vezes durante as datas selecionadas**

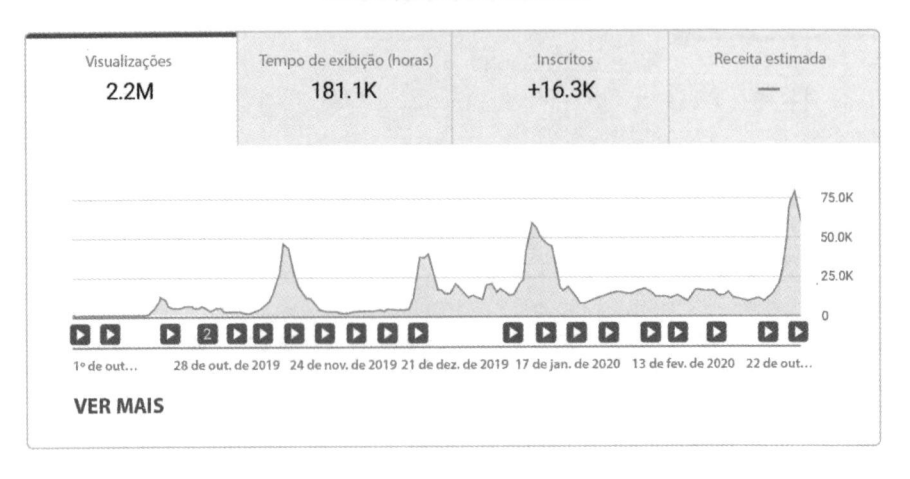

| Visualizações | Tempo de exibição (horas) | Inscritos | Receita estimada |
|---|---|---|---|
| 2.2M | 181.1K | +16.3K | — |

Figura 17.4   6 meses

Veja o primeiro pico menor na Figura 17.5 (a seta está apontando para ele). É aquele pico que parecia enorme na Figura 17.1. Podemos ver que a estratégia de baldes cresce continuamente ao longo do tempo e à medida que você lança mais vídeos nesse balde.

**Pessoas assistiram aos seus vídeos 4.974.439 vezes durante as datas selecionadas**

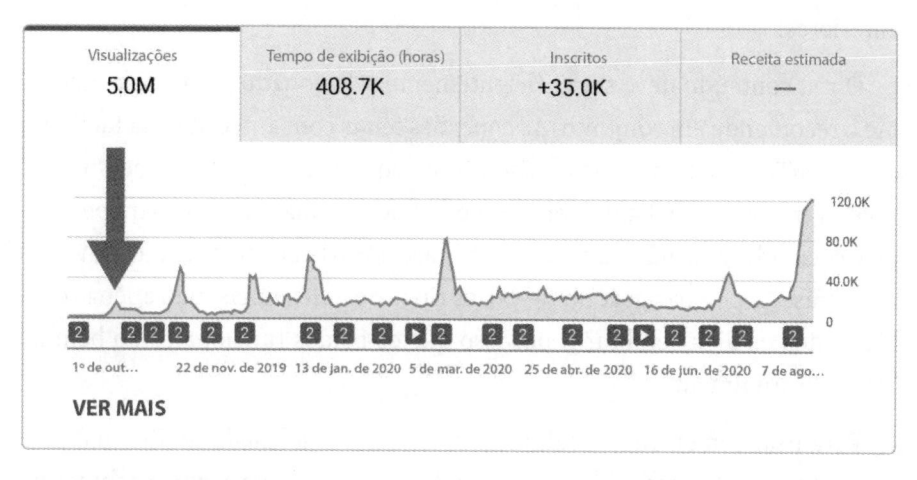

| Visualizações | Tempo de exibição (horas) | Inscritos | Receita estimada |
|---|---|---|---|
| 5.0M | 408.7K | +35.0K | — |

VER MAIS

Figura 17.5    1 ano

## Como Criar Baldes

Como se coloca um vídeo "no balde"? Depois de rotular seus baldes de conteúdo por assunto ou tema, certifique-se de que os vídeos agrupados tenham metadados semelhantes. Eles devem ter títulos, palavras-chave, descrições e tags semelhantes. Os vídeos também devem ser estruturados de forma parecida. A estrutura, o ritmo e a edição devem seguir padrões específicos.

O YouTube costumava recomendar apenas correspondências de conteúdo exatas. Mas a plataforma descobriu que, para manter o espectador nela por mais tempo, precisava fazer com que ele seguisse um de três caminhos: tocas de coelho, vídeos semelhantes ou personalizados para o espectador. As recomendações "toca de coelho" levam o espectador cada vez mais a fundo em um tema ou tipo de vídeo. Recomendações de vídeos semelhantes incluem vídeos que seriam altamente relacionados, mas não super-relacionados como os do tipo toca de coelho. Esses vídeos têm um relacionamento natural, seja em dados de visualização ou dados de temas. Os personalizados para o espectador levam em consideração algo com o qual o espectador engajou, mas que não está relacionado ao que ele está assistindo no momento; mesmo assim, é provável que ele assista com base em seus padrões de visualização e inscrições anteriores.

O seu conteúdo deve ser suficientemente relacionado para que o algoritmo o recomende em conjunto. As conexões feitas com antecedência facilitam que o YouTube encontre suas coisas e as coloque à mostra para as pessoas. Se você tiver apenas um balde, seu conteúdo pode decolar, mas acabará perdendo velocidade, pois não há o suficiente para o YouTube recomendar de várias maneiras. As pessoas gostam de vários tipos de guloseimas, não apenas cookies todos os dias, lembra? É por isso que os baldes funcionam tão bem no YouTube atualmente.

Para usar um exemplo real, vejamos o canal *Legal Eagle*, de Devin Stone, um dos meus clientes. Ele é advogado de contencioso cível em Washington, D.C., e sua missão é ajudar a explicar as leis cotidianas e as questões legais a pessoas comuns. Ele conhece seus baldes de vídeo e sempre encaixa um vídeo novo em um deles. A seguir, há uma lista dos baldes de Devin, alguns deles mostrados na Figura 17.6.

**ADVOGADO REAL REAGE A**  **RESENHAS DE VIDA E DE LEI**  **LEIS VIOLADAS**

**O BÁSICO DA LEI**  **EXPERIMENTAL**

Figura 17.6   Baldes do *Legal Eagle*

- Advogado real reage a
- Resenhas de vida e de lei
- Advogado real responde a
- Leis violadas
- O básico da lei
- Advogado real versus
- Experimental

Assista a um dos vídeos de Devin e role o feed Sugerido para baixo. O próximo vídeo provavelmente será outro do *Legal Eagle* que se encaixa na mesma categoria do que está sendo reproduzido. A segunda posição pode ser ocupada por uma playlist de sua biblioteca de canais, e a terceira posição pode ser outro vídeo dele dentro do balde atual. No Capítulo 11, expliquei como Devin descobriu um modo de alcançar um público mais amplo, indo além dos estudantes de direito para os quais ele criava. Os baldes foram uma revolução para ele, ajudando-o a alcançar um público mais mainstream.

É mais fácil pensar em novas ideias quando você escreve seu conteúdo e o divide em categorias. Quando as listas estão bem na sua frente, novas ideias de conteúdo surgem com mais facilidade. Você também pode identificar em que pontos há pouco conteúdo. Também é possível criar vídeos que se encaixam em vários baldes. Na verdade, é ótimo fazer esse crossover. O MrBeast faz muitos vídeos de "desafio" que se encaixam facilmente em mais de um balde. Isso funciona muito bem porque você pode usar uma palavra-chave para conectar os baldes e fazer com que mais partes do seu conteúdo sejam recomendadas.

Faz sentido dizer que uma estratégia de conteúdo bem elaborada atrai mais a atenção de seus espectadores do que ter apenas um único tema muito bom, não faz? Ao criar listas de baldes de conteúdo, você pode descobrir que seu canal não é tão variado quanto pensava, pode chegar à conclusão de que só tem um tipo de balde, pode descobrir que um dos seus baldes não é bom e pode detectar um descuido óbvio e ser capaz de criar um novo balde que dará ao seu canal o impulso desejado.

O objetivo de tudo isso é facilitar sua estratégia de criação de conteúdo e torná-la mais eficaz na obtenção e na retenção de espectadores. Uma boa estratégia de baldes fornece todos os elementos que retêm espectadores engajados. Eles se tornam parte da sua comunidade, que é leal à sua marca. O que mais um criador de conteúdo do YouTube poderia querer?

## Atenha-se ao Simples

É fácil para criadores do YouTube terem um bloqueio na rotina de estratégia de conteúdo. Sim, é importante planejar e implementar táticas para utilizar seus dados, mas às vezes a resposta é optar pelo simples. Desde que você se lembre de criar estratégias para o seu público e para o algoritmo, tudo dará certo. Otimize para dispositivos móveis e crie relacionamentos de dados entre seu conteúdo para que o YouTube continue recomendando você aos espectadores. E não se esqueça da primeira parte do título deste capítulo: Criar. A melhor estratégia é sempre manter seu conteúdo renovado e interessante.

## Exercício de Ação

**Tarefa 1:** Observe sua biblioteca de vídeos e agrupe vídeos semelhantes.

**Tarefa 2:** Rotule esses grupos de vídeos por tema. Esses são seus baldes.

**Tarefa 3:** Analise seus vídeos nos baldes usando os Quatro Qs (Exercício de Ação do Capítulo 14).

**Tarefa 4:** Analise os títulos e as miniaturas em cada balde, procurando padrões entre os que têm a maior CTR e AVD.

**Tarefa 5:** Planeje, crie e envie um novo vídeo que se encaixará em um de seus baldes.

Obtenha a apostila complementar e encontre mais recursos em www.ytformulabook.com [conteúdo em inglês].

# 18 Construindo uma Comunidade em Torno do seu Conteúdo

**A**o longo da minha carreira, observei *muito* conteúdo online, alguns materiais incrivelmente maravilhosos e outros dolorosamente péssimos. Eu queria saber por que alguns conteúdos tinham bom desempenho e outros davam com os burros n'água. Isso me ensinou a encontrar padrões que funcionam. Comecei a notar que o conteúdo de certas marcas ou pessoas quase sempre fazia sucesso, então me aprofundava para descobrir o porquê. É claro que a qualidade dos vídeos fazia diferença, mas descobri que o que mais importava tinha menos a ver com o vídeo em si e mais com quem assistia a ele. Quando o conteúdo era construído em torno de uma comunidade leal, ele tinha um desempenho consistentemente melhor do que os outros.

Comunidade é tudo. Os seres humanos precisam uns dos outros; nós ansiamos por conexões de todas as formas. Precisamos sentir que pertencemos a alguma coisa. Queremos fazer parte de algo maior do que nós mesmos. Gostamos de pertencer a uma equipe, nos tornar membros do fã-clube de uma banda, conhecer pessoas com ideias parecidas em convenções e eventos esportivos e conversar com pessoas semelhantes em grupos online. Essas comunidades podem ser tão amplas quanto nações ou tão específicas quanto homens que gostam de My Little Pony e se autodenominam "Bronies" (veja essa divertida história no Capítulo 12). Você pode pertencer a um pequeno clube de assistência local que ajuda famílias necessitadas durante as férias ou pode pertencer à organização de caridade internacional do Rotary, que conta com milhões de pessoas. Meu amigo Pat Flynn escreveu um livro incrível sobre a construção de uma comunidade online chamada *Superfans*. Seus insights são precisos quando se trata de desenvolver e ativar um público online. Eu recomendo que você o leia depois deste livro.

Como criadores do YouTube, precisamos estabelecer nossas próprias comunidades, independentemente do gênero no qual nosso canal se enquadre. Mas como? O que é preciso para construir uma comunidade? Quando trabalho com clientes, sempre faço com que eles desenvolvam um plano para conseguir seguidores antes de criarem mais conteúdo. É claro que você precisa ter material para eles compartilharem, mas esteja certo de que o conteúdo será criado especificamente para eles. Não é possível fazer isso sem conhecê-los primeiro. E como fazer isso? Nos capítulos anteriores, falamos sobre personas de espectadores e sobre compreender verdadeiramente o que mexe com seus espectadores. Depois de conhecer seu público, você está pronto para convertê-lo em uma comunidade leal em torno do seu conteúdo.

Para explicar melhor, deixe-me contar como meus sócios e eu criamos um séquito leal em torno de uma série de TV sobre a vida de Jesus Cristo chamada *The Chosen*, e não tem nada a ver com religião. Todos os clientes com quem trabalho são obrigados a ler um livro chamado *Primal Branding*, que ensina os fundamentos da criação da comunidade. Foi escrito por Patrick Hanlon em 2006 e permanece relevante em todas as mudanças nas tendências e na tecnologia até hoje.

Quando meu novo sócio, Dallas Jenkins, e eu nos conectamos, uma das primeiras coisas que conversamos foi sobre desenvolver um público. Ensinei a Dallas os fundamentos do *Primal Branding* e o encorajei a ler o livro quando nos propusemos a criar uma cultura. Dallas estava completamente de acordo com o *Primal Branding*, pois o estabelecimento de uma comunidade seria a melhor maneira de arrecadar dinheiro para o projeto — e tínhamos que conseguir muito dinheiro. Falamos sobre marcas que têm comunidades leais, como Apple ou Tesla, e até sobre seguidores fanáticos, como os da banda Grateful Dead e do seriado Star Trek. Precisávamos seguir esses modelos para ter fãs dedicados.

No livro, meu bom amigo Patrick nos lembra de que os humanos simplesmente querem se sentir incluídos, reconhecidos e aceitos. Queremos pertencer a algum lugar, sabendo que existem pessoas como nós. Precisamos sentir que não estamos sozinhos. As comunidades oferecem esse senso de pertencimento, mas têm seu próprio conjunto de regras, linguagem e identidades. Dallas e eu detalhamos nosso avatar e listamos os passos que seriam necessários para transformá-lo em um culto leal em torno de *The Chosen*. Sabíamos o quanto era importante encontrar o "nosso povo". Precisávamos de um exército social fervoroso que conseguisse enxergar e assumir nossa visão e missão. Uma vez que se apropriassem delas, sabíamos que fariam doações, mas, ainda mais importante, eles compartilhariam e divulgariam o projeto para outros que se juntariam e promoveriam a causa.

Deixe-me guiá-lo passo a passo pelos fundamentos do *Primal Branding* como os implementamos em nossa estratégia de construção da comunidade do *The Chosen*. Existem sete fundamentos: História da Criação, Credo, Ícones, Rituais, Palavras Sagradas ou Léxico, Incrédulos e Líder. (Não perca os fundamentos extras.)

## História da Criação

Primeiro, precisamos contar nossa História da Criação. Patrick nos diz que ela é o início da narrativa da marca. Como humanos, queremos saber quem somos, de onde viemos e para onde vamos. O mesmo vale para comunidades. As pessoas desejam saber a história por trás de empresas, organizações, produtos e até mesmo criadores do YouTube para decidirem se querem se tornar apoiadoras. Não é só porque é uma "empresa" que as pessoas não queiram que seja algo pessoal. Quando as pessoas veem sua *história* como parte da *História*, isso as conecta significativamente a alguma coisa. Tem que haver um elemento pessoal. Patrick chama a História da Criação de legado, que invoca sentimentos de pertencimento a uma família ou grupo ao longo de gerações. Legado significa deixar um impacto duradouro, enquanto a história trata apenas de fatos do passado.

Um exemplo bem conhecido de uma marca com uma boa história de criação é a Apple Inc. A maioria das pessoas já ouviu falar dos dois Steves — Jobs e Wozniak —, que abriram a empresa na casa onde Jobs vivia desde a infância. Eles venderam uma calculadora e uma Kombi para comprar peças e construir os primeiros computadores Apple do mercado. Eles deram o nome de Apple à empresa, pois, recentemente, Jobs havia passado um tempo em um pomar de maçãs em Oregon. As pessoas adoram essa História da Criação.

Dallas e eu, junto com nossos sócios de distribuição Jeffrey Harmon e Neal Harmon, escrevemos nossos pensamentos, valores, paixões e nosso Motivo. Se tínhamos paixão por esse projeto, então deveria haver pessoas por aí que conseguiriam se identificar — pessoas apaixonadas pela mesma coisa. Sabíamos que, se vislumbrassem nossa visão, também gostariam de fazer parte dela. Nós já sabíamos quem era o nosso avatar ideal, então começamos a criar conteúdo que espalharia nossa mensagem e que teria impacto nele. O episódio piloto de *The Chosen* contou a história do nascimento de Jesus Cristo pelos olhos de um pastor deficiente. Foi recebido com muita paixão e entusiasmo por pessoas do mundo todo. Agora que tinham visto o nosso trabalho, precisávamos mostrar quem éramos e como começamos a cumprir o primeiro fundamento do estabelecimento de uma comunidade leal.

Nosso vídeo de História da Criação, "The Story Behind The Chosen", teve nove minutos de duração e começou com Dallas explicando um momento pessoal emocionante. Ele estava sentado em casa no pior dia de sua carreira profissional, desesperado com o fracasso de seu filme mais recente, quando teve uma clara lembrança de uma história bíblica. Era a história de Jesus alimentando 5 mil pessoas com apenas alguns pães e um punhado de peixes. Dallas explicou que sabia que Deus queria que ele espalhasse a mensagem de

Jesus Cristo, mas não sabia o que isso implicaria na época. Então ele se comprometeu a colocar seus pães e peixes na mesa, por assim dizer, sabendo que Deus multiplicaria seus esforços.

Pouco tempo depois dessa conversa franca com Deus (e com a esposa), Dallas recebeu uma mensagem de um amigo sobre seu trabalho ser "levar pão e peixe". Quando Dallas perguntou a seu amigo por que ele dissera aquilo naquele momento específico, o amigo respondeu: "Não fui eu... me senti induzido a dizer isso agora." Já no início, Dallas contou aos nossos espectadores como a série sobre Jesus havia surgido, mergulhando-os no nosso Motivo.

Em seguida, em nossa História da Criação, Jeffrey e Neal explicaram como foram atraídos ao projeto e se juntaram à empresa de distribuição de *The Chosen*, a VidAngel. Então contei como eu entrei no projeto e por que era tão significativo para mim. Falei que sentia que tudo o que fiz na vida tinha me levado a esse projeto, coisa na qual realmente acredito. Para ser claro, o conteúdo de nossa História da Criação não foi um roteiro para acumular números; ela contava genuinamente como todos nós nos apaixonamos por *The Chosen*. Queríamos que as pessoas soubessem que não havia um bando de executivos almofadinhas nos bastidores. Nós nos tornamos uma equipe porque trabalhamos rumo ao único objetivo de espalhar nossa paixão pela mensagem.

Nosso projeto recebeu mais doações financeiras do que poderíamos imaginar. Por isso, reaproveitamos nosso vídeo da História da Criação para demonstrar nossa gratidão pela resposta surpreendente. Isso ajudou nossos seguidores a ver para onde o dinheiro estava indo e que isso era importante para nós. No vídeo estendido, Dallas compartilhou os resultados da campanha contínua de crowdfunding. Ele encerrou o vídeo dizendo que nossa equipe e nossos investidores haviam contribuído com seus pães e peixes e que Deus multiplicaria nossos esforços. No final do vídeo, o espectador sabia exatamente de onde tínhamos vindo, por que estávamos lá e como eles poderiam se tornar parte da nossa comunidade fervorosa.

A História da Criação facilita a inclusão de seus espectadores, passando de "minha visão" para "nossa visão". Eles consideram a sua paixão como se fosse deles e querem compartilhá-la com sua esfera de influência. Então, essa esfera de influência também se apaixona e quer compartilhar, e é assim que o conteúdo e a comunidade se propagam.

Boas marcas sempre contam sua História da Criação. Quando as pessoas sabem de onde você veio e por quê, estão prontas para saber qual é a sua essência, que é o segundo fundamento.

## Credo

O segundo fundamento é o seu Credo, o seu sistema de crenças. Se seus valores e princípios não são claros para você, como serão claros o suficiente para que seus seguidores saibam por que deveriam pertencer à sua comunidade? Eles querem saber no que você acredita e por que se uniu a seus sócios. De acordo com Patrick: "O Credo é uma ideia central com a qual todos querem estar associados." Em algumas comunidades, a primeira característica que as distingue é o Credo. Pense no "Semper Fi", dos fuzileiros navais norte-americanos, ou no "Just Do It", da Nike. Se você conhece a marca, sabe recitar seu Credo. Em *The Chosen*, o nosso evoluiu com o crescimento da comunidade. Começou como um grito de guerra. Não queríamos que ninguém em Hollywood controlasse o processo criativo; queríamos ter as rédeas da criação de conteúdo nas mãos, porque assim poderíamos nos basear em nossas próprias regras. É por isso que precisávamos de financiamento coletivo para tudo dar certo.

Com o crescimento da comunidade de *The Chosen*, nosso Credo mudou de acordo com o feedback e as interações com nossos seguidores. No episódio sete da primeira temporada, Pedro argumenta contra o chamado que Jesus fez a Mateus para que largasse tudo e o seguisse. Mateus era o cobrador de impostos de Pedro, e ele precisava que Mateus ficasse. Ele diz a Jesus que o trabalho de cobrador de impostos justificava sua permanência ali, que a situação de Mateus era diferente da sua. A resposta de Jesus, "Get used to different" [Acostume-se com o diferente], se tornou um slogan ao qual os espectadores realmente responderam bem. Ela virou um Credo. Desde então, criamos produtos com essa frase estampada. A mesma coisa aconteceu com a frase "Binge Jesus" [Maratone Jesus]. Os espectadores se apegaram a ela e também a integramos ao nosso Credo e aos nossos produtos. Às vezes, o Credo vem da comunidade e é adotado pela marca ou criador, e outras vezes o contrário é verdadeiro. É um processo orgânico do qual você precisa estar ciente ao estabelecer sua comunidade.

## Ícones

Agora que seu público sabe de onde você veio e o que defende, ele precisa saber como identificá-lo, o que nos leva ao terceiro fundamento: Ícones. Ícones consistem em qualquer representação da sua marca. A explicação de Patrick é simples, mas perfeita: "Os Ícones nos lembram de que estamos aqui, e não lá." É como se você entrasse em uma loja de calçados e visse um "swoosh" impresso em todos os produtos — nem preciso dizer que você está em uma loja da Nike, não da Adidas ou da Reebok. Nós internalizamos o Ícone. Orelhas do Mickey Mouse = Disney. A bandeira norte-americana = Estados Unidos, patriotismo, orgulho e muito mais. Como pode ver nesse último exemplo, os Ícones podem estar associados a mais do que um lugar ou uma empresa; eles podem representar valores, visões e sentimentos. Formas, sons, aromas e sabores também podem ser icônicos. Patrick também diz que os Ícones são "concentrações rápidas de significado com as quais instantaneamente nos identificamos e sentimos algo". Podem ser logotipos, embalagens, design de produto, experiências e ambientes.

Para *The Chosen*, a frase "Get used to different" reflete um dos nossos Ícones. Nos créditos de abertura, há um mar de peixes cinzentos nadando em círculos, enquanto apenas alguns peixes de cor turquesa nadam contra corrente, na direção oposta. Isso simboliza Jesus Cristo e seus seguidores se movendo em uma direção completamente diferente da maioria da multidão. Esse Ícone também pode ser encontrado em nossos produtos. Quando nossa comunidade o vê, se identifica com ele e o associa à comunidade.

Dallas e eu descobrimos que ambos éramos grandes fãs de um designer gráfico e cineasta chamado Saul Bass, que criou designs icônicos para muitos cartazes de filmes populares e sequências de títulos de filmes. Seu trabalho, que ficou famoso na década de 1950, abrangeu quatro décadas e incluiu obras como *Psicose*, *O Homem do Braço de Ouro*, *O Iluminado*, *Amor, Sublime Amor* e *Quero Ser Grande*. Queríamos incutir a essência de Saul Bass em nossa sequência de títulos, e Eric Fowles, da Voltage, era o cara certo para fazer isso. Ele nos ajudou a criar um Ícone simples e direto, mas com significado e profundidade. Veja a Figura 18.1.

Era extremamente importante que esse Ícone fosse desenvolvido da forma correta. Ele precisava retratar nossa mensagem do jeito certo para as pessoas certas. Eric fez um ótimo trabalho atendendo aos nossos critérios, e nossa comunidade adora esse Ícone.

Nossa lista de Ícones também inclui pessoas associadas à série. Quando nossa comunidade vê o ator Jonathan Roumie trajado como Jesus em um vídeo ou em uma miniatura, ela o reconhece como um dos nossos Ícones. Dallas também é um Ícone como nosso representante nas redes sociais. Quando nossos telespectadores veem os rostos dessas pessoas e de outros atores ou veem os peixes na tela, sabem que somos nós.

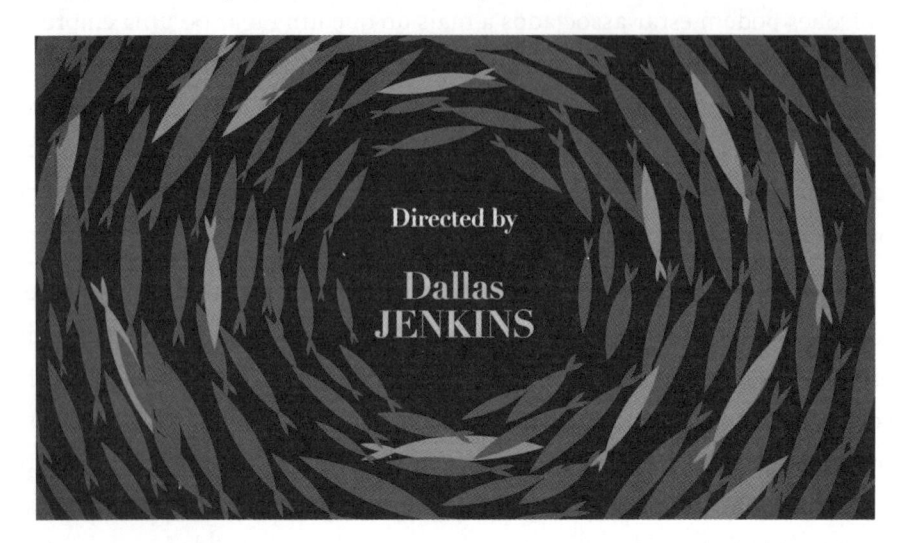

Figura 18.1   *The Chosen*

## Rituais

Agora que as pessoas sabem como identificá-lo, precisam saber como você opera e o que você faz. O quarto fundamento do *Primal Branding* são os Rituais, ou seja, seus processos, métodos e procedimentos. Patrick chama os rituais de significado em movimento. Em linguagem simples, é "como fazemos as coisas". As pessoas viram o que você é, agora precisam ver como você age. Um exemplo clássico e divertido de um Ritual vem da série de TV Batman, dos anos 1960. No final de cada episódio, o narrador dizia: "Sintonize amanhã! Na mesma bat-hora! No mesmo bat-canal!" Esse Ritual era esperado e amado pelos fãs da série.

Quando se trata da série *The Chosen*, as pessoas sabem o que esperar de nós e quando. Mostramos a elas o processo de criação — como tudo se junta — e muita coisa dos bastidores. Essa é uma abordagem incomum para criadores durante o processo de criação, mas funcionou extremamente bem para a nossa comunidade. E nos proporcionou um modo de compartilhar com o nosso pessoal os sucessos e as decepções que tivemos ao longo do caminho. Tornou-se um Ritual importante para nossos espectadores.

Decidimos realizar um Ritual de programação durante a pandemia da Covid-19, no qual oferecemos um episódio gratuito todas as noites por oito dias. Em seguida, fizemos uma transmissão ao vivo no final de cada episódio com rituais familiares que mantinham o engajamento e a retenção. Dallas dava as boas-vindas aos espectadores, apresentava o episódio, dava uma prévia da entrevista com um membro do elenco, passava o episódio, falava sobre momentos interessantes do episódio, fazia a entrevista com o membro do elenco, dava uma prévia do próximo episódio e fechava a transmissão. Isso tornou-se um Ritual para nossos espectadores, que continuaram a aumentar no decorrer da semana. Até aparecemos na página de tendências do YouTube! Foi algo muito importante! Éramos, basicamente, um canal inexistente, e então ganhamos 146.886 inscritos a mais em 14 dias. Outros rituais para nossos seguidores incluem nosso crowdfunding, presença social e apoio a causas. Cada meta e cada marco alcançados se tornam um Ritual que compartilhamos com nossa comunidade.

## Palavras Sagradas/Léxico

O quinto fundamento no desenvolvimento da comunidade é como as pessoas falam. Chamamos de Palavras Sagradas, ou Léxico. As palavras nos identificam. Não importa se você fala inglês, espanhol, mandarim ou klingon, esse idioma o identifica como parte de uma cultura de falantes ou de cidadãos de um lugar específico. O mesmo se aplica às comunidades de esportes, empresas, jogos, música e plataformas online. O exemplo favorito de Palavras Sagradas de Patrick é pedir uma bebida no Starbucks: Caramelo Machiatto Venti. Você precisa conhecer as palavras para que eles entendam o seu pedido. Até famílias têm suas próprias Palavras Sagradas. Se eu dissesse: "Eu te amo seis vezes" ou "Tenha bom ânimo" para alguém da minha família, significaria algo específico para nós que pessoas de fora não entenderiam.

Patrick explica que pertencemos a muitas comunidades ao mesmo tempo. Você pode ser músico, bancário, artista ou jogador de pôquer... ou pode ser todas essas coisas. Você tem palavras e associações diferentes para todas elas, e não pode misturá-las. Você não usa seu jargão de roqueiro ao trabalhar no banco. Quando consegue um novo emprego, precisa aprender todo o vocabulário, as piadas e a se encaixar nesse espaço.

O Credo e as Palavras Sagradas podem se misturar, então nosso Credo "Get used to different" também pertence ao Léxico de *The Chosen*. Pessoas que não pertencem à nossa comunidade não entendem o que isso significa. Saber as palavras certas prova que você pertence àquilo. Se você não entende, é um forasteiro. Na verdade, é ótimo ter pessoas de fora — quando o Léxico de uma comunidade é compartilhado verbalmente, virtualmente ou em mercadorias, dá a oportunidade de pessoas de fora perguntarem o que aquilo significa. Assim, os membros da comunidade podem divulgar a conscientização da marca, o que traz mais pessoas para o grupo.

Dallas inventou um pequeno jingle para incentivar as pessoas a contribuírem ou compartilharem *The Chosen*. Ele cantava a frase: "www.thechosen.tv...", que evoluiu para "www.thechosen.tv barra merch" ou "...barra store". Esses jingles fazem parte do nosso Léxico. Alguns fãs chegaram a nos enviar vídeos de si mesmos cantando o jingle. Outra coisa que Dallas faz às vezes no final dos vídeos é lembrar nosso público de nossa História da Criação e nosso Credo dizendo: "Seu trabalho não é alimentar os 5 mil, é apenas fornecer os pães e peixes."

## Incrédulos

Sexto, o que seria de uma comunidade sem os haters? No *Primal Branding*, eles são chamados de Incrédulos. São a contracultura de quem você é, do que acredita e do que faz. Em *The Chosen*, os Incrédulos não são necessariamente não cristãos, mas não acreditam no projeto ou na mensagem. Alguns dos nossos maiores Incrédulos se denominam cristãos, mas não concordam com a nossa mensagem ou o nosso trabalho. Tivemos uma reação muito negativa em relação à nossa licença poética. Algumas pessoas acham que a série deveria ser completa e historicamente precisa, de acordo com a sua versão da Bíblia ou os ensinamentos de sua religião.

Nossa equipe tem sido extremamente meticulosa quando se trata do enredo de *The Chosen*. Queremos narrar a vida de Jesus Cristo como é contada nos evangelhos da Bíblia, mas também temos como referência obras históricas, estudiosos e líderes de muitas religiões diferentes. Temos muito cuidado para manter nossa mensagem aberta, sem vinculá-la a uma religião específica. No entanto, não importa o nosso cuidado, sempre haverá haters e não temos problema com isso. Quando uns odeiam, outros defendem. A polarização muitas vezes dá energia a uma comunidade e a ajuda a prosperar ainda mais. As pessoas se envolvem mais no conteúdo quando o defendem. Exemplos clássicos de comunidade contra haters incluem Democratas versus Republicanos ou Apple versus Android.

## Líder

O último elemento do *Primal Branding* é ter um Líder. Alguém precisa ser a voz da comunidade. Marcas e canais que apresentam bom desempenho possuem um Líder definido. Os líderes dão um grito de guerra e os seguidores leais respondem. Eu finalmente convenci Dallas a se tornar o Líder ou o influenciador da comunidade *The Chosen*, mesmo que ele tenha resistido a isso por alguns anos. Ele concordou e fez uma live, pedindo aos nossos seguidores que comprassem nossos produtos. Ele cantou seu pequeno jingle e, veja só, um monte de dinheiro entrou rapidamente. Isso foi uma grande confirmação para Dallas de que ele precisava ser o Líder da nossa marca. Ele é nosso Líder em tantas frentes — diretor, roteirista — que simplesmente precisava ser nosso Líder como um todo. Esse era o gatilho de que precisávamos para realmente crescer e levar nossa mensagem para a multidão. Outros exemplos de líderes de comunidades são: Bill Gates para a Microsoft e Elon Musk para a Tesla e a SpaceX. Eles são o rosto da marca, e isso funciona muito bem.

Depois de reunir esses sete fundamentos, somos capazes de criar uma narrativa com a qual as pessoas podem se identificar e se conectar. Podemos construir uma comunidade em torno de produtos e serviços, personalidades ou influenciadores de mídia social, colegas de trabalho ou funcionários, entre outros. Se temos um sistema de crenças e conseguimos compartilhá-lo de forma que construa uma comunidade, então temos vantagem sobre a concorrência que não desenvolve uma comunidade de forma eficaz.

## Distribuição

Em um artigo do site medium.com que Patrick escreveu em 2015, ele acrescenta que há um oitavo fundamento para a construção da comunidade: Distribuição. Você precisa transmitir sua mensagem para o povo. Onde fará isso? Quais elementos funcionam bem em qual plataforma? Você conta sua História da Criação no Facebook? Como são seus Ícones em produtos físicos e online? Sua comunidade passa muito tempo no Instagram? No Twitter? Saiba como implementar suas estratégias de branding no espaço em que seu público ocupa. Existem plataformas sociais e comunidades online onde seu público-alvo já se reúne, então vá ao lugar em que ele está. Esse conceito parece óbvio, mas quero reforçá-lo porque é extremamente importante que você vá ao lugar em que seu público está. Se seu público é gamer, você não vai para o Pinterest, vai para a Twitch. Muitas marcas ainda estão tentando encaixar um pino quadrado em um buraco redondo, achando que, se pressionarem ou gastarem dinheiro suficiente, isso dará certo. Não force seu conteúdo onde ele não se encaixa. Vá ao lugar em que seu público já está.

## O Nono Fundamento

Analisamos os sete (ou oito) fundamentos da construção da comunidade, mas ainda há um elemento importante que precisamos abordar. É importante o suficiente para que eu o chame de nono fundamento do *Primal Branding*. Depois de realizar todos os passos e construir uma comunidade leal em torno do seu conteúdo, deve haver uma aquisição orgânica de pessoas que levem essa comunidade adiante. Essas pessoas vão além de consumir seu conteúdo; elas se tornam superfãs. São basicamente como presidentes do seu fã-clube. Elas se tornam evangelistas, facilitadoras e organizadoras da sua marca. Não são as pessoas que simplesmente "nunca perdem um episódio"; elas gastam o tempo livre pregando o que você prega e até mesmo criando seu próprio conteúdo em torno de sua marca. São as pessoas que fazem fan art e enviam para você, constroem réplicas em LEGO de um de seus ícones ou cenas de um episódio, organizam eventos em torno da sua marca. Elas assumem sua visão como se sempre tivesse sido delas.

Entramos em contato com um cara que se tornara seguidor e defensor de *The Chosen* e perguntamos se ele poderia nos ajudar a moderar os comentários. Ele acabou sugerindo que criássemos um grupo no Facebook e leiloássemos mercadorias autografadas de *The Chosen* para ajudar nosso crowdfunding. Foi uma ótima ideia, que gerou dezenas de milhares de dólares. Não teríamos conseguido esse dinheiro se não tivéssemos integrado esse fã que virou um militante na construção de nossa comunidade. Acolha-os e recompense-os, porque eles o ajudarão a crescer.

O principal exemplo de superfãs é bem conhecido por seu apelido, "Deadheads". São seguidores leais da banda Grateful Dead que se tornaram uma subcultura orgânica por si só. Eles se fundiram a ideais comunais e rituais enquanto seguiam a banda em turnê juntos, às vezes durante vários anos seguidos. Tiveram até influência sobre as escolhas de músicas da banda em tempo real no palco. A banda permitiu que os Deadheads gravassem os shows, o que era incomum na era pré-smartphone. A comercialização de fitas dos shows se tornou um Ritual dos Deadheads, e isso prolongou a fidelidade e a longevidade do grupo mesmo depois que o vocalista da banda, Jerry Garcia, morreu e a banda acabou. Ser um Deadhead era um estilo de vida, não uma atividade de fim de semana. Não que esse deva ser seu objetivo, mas esse é o tipo de superlealdade que você deve ter em mente ao criar seu próprio séquito.

Analisemos isso a partir de uma perspectiva de elemento de narrativa. Você se lembra do padrão de narração do Capítulo 13? Depois de contar uma boa história, sua melhor carta é o "elemento-surpresa", ou o bônus. É a agradável surpresa no final que mantém o público como um espectador recorrente. Se relacionássemos a construção da comunidade ao padrão de narração, os superfãs seriam como o "elemento-surpresa". Eles são o recurso extra que faz toda a diferença para sua marca. Você saberá que sua campanha de construção da comunidade é um sucesso quando vir essas pessoas assumindo seus lugares na sua comunidade. Quando você converte essas pessoas, seu movimento continua sem o Líder; elas são um organismo próprio. Se continuar alimentando sua paixão com novos conteúdos, mesmo uma variedade de conteúdos em todos os meios, elas levarão seu conteúdo para o mundo. Você precisa alimentar o fandom. Valide-o e faça com que se sinta visto e importante para você. Agradeça pelas fan arts, diga que gosta muito de seu amor e apoio. Você precisa identificar essas pessoas, ou elas se desconectarão.

## As Pessoas São a Marca

Sua comunidade é seu santuário da alegria. Ela está emocionalmente ligada a você, sua marca, suas crenças e sua mensagem. Para ser claro, você não está manipulando ninguém. Na verdade, isso vai contra os métodos tradicionais de publicidade que trabalham com manipulação. Ao tentar estabelecer uma

## Construindo uma Comunidade em Torno do seu Conteúdo

comunidade leal, não mude quem você é, apenas ouça seu povo e responda dando a ele mais conteúdo com o qual se conecta.

Os ex-clientes Steven Sharp Nelson e Jon Schmidt, também conhecidos como "The Piano Guys", têm uma comunidade extremamente leal. Seu canal do YouTube tem 1,9 bilhão de visualizações no total, e seus vídeos são assistidos mais de 3 milhões de vezes todos os dias. Seus vídeos populares exibem eles tocando belas músicas em cenários lindos por todo o mundo. Eu os vi fazendo uma apresentação incrível para um vídeo, e então decidimos filmar um desfecho engraçado, com uma cena de luta. O arco do violoncelo foi usado como espada, e o piano foi uma superfície onde se batia a cara de alguém. O conteúdo ficou ótimo, mas quando Steven e Jon conversaram, decidiram não incluir esse desfecho. Eu insisti que o mantivessem, pois sabia que era viral, mas eles não cederam. Conheciam sua comunidade e sabiam que esse era o conteúdo errado para ela, mesmo que fosse um ótimo conteúdo. Então eles fizeram um final normal e "chato". Parabéns a Steven e Jon por protegerem sua mensagem e seus fãs. Isso me ensinou mais sobre como se manter fiel à marca e não desviar da sua mensagem, mesmo quando temos conteúdo que pode ser um grande hit.

A comunicação no consumismo costumava vir de cima para baixo: o fabricante informava o consumidor sobre o produto, mas agora é o contrário. Os consumidores estão no topo, dizendo: "Ei, eu tenho dinheiro; venha me encontrar", e a marca precisa reagir a isso para conseguir o negócio. Patrick afirma: "A maior mudança é que as marcas costumavam estar relacionadas a produtos e serviços — mas, hoje, a 'Marca' está relacionada às pessoas que os compram." Tudo está relacionado à comunidade.

Certa vez, Patrick palestrou em um evento e havia um cara na plateia que levou sua mensagem muito a sério. Ele voltou ao seu escritório e descobriu como os sete fundamentos do *Primal Branding* se relacionavam com seus negócios. Ele transformou sua empresa construindo uma comunidade. A empresa cresceu muito e foi vendida cinco anos depois por US$12 milhões. Então, o comprador fez mudanças e a vendeu por US$150 milhões nove meses depois. Eles atribuíram o valor da empresa à sua comunidade, afirmando que ela não poderia ser replicada.

A mensagem do *Primal Branding* é clara: acredite no que você faz. Saiba de onde você é e qual é a sua essência. Descubra uma maneira de se definir e se declarar para que outros possam achá-lo e se identificar com você. Crie um Ritual para as pessoas e um vocabulário ou linguagem para sua própria comunidade. Certifique-se de que elas saibam o que é oposto a você e guie-as. Você não precisa ter uma comunidade tão grande quanto a da Apple Inc. para mudar o mundo, basta apenas estarem unidos. Se você tiver os componentes certos para uma comunidade, terá sucesso e poderá realmente fazer a diferença, independentemente do tamanho do seu canal. Existem canais que eu simplesmente não entendo, então não faço parte da sua comunidade, mas há muitas pessoas por aí que os entendem e querem fazer parte dela. O mesmo se aplica aos grupos com os quais me importo, e outras pessoas, não. Todos temos um lugar; todos pertencemos a algum lugar.

Encorajo todos vocês a analisar suas comunidades. Vocês conseguiram seguidores leais? Estão utilizando os fundamentos da construção de uma comunidade? Vocês podem achar que não têm o gênero ou o conteúdo certo para conquistar seguidores leais, mas lembrem-se de que até o Squatty Potty encontrou um público único que compartilharia sua mensagem. Se os Bronies têm sua própria comunidade, vocês também podem ter.

## Exercício de Ação

**Tarefa 1:** Usando sua persona de espectador, desenvolva um plano para construir uma comunidade com seus seguidores mais leais. Pergunte-se:

Como você se envolverá com seu público mensalmente?

Quais medidas sua comunidade tomará a cada mês?

**Tarefa 2:** Identifique e entre em contato com alguns de seus seguidores mais leais e peça-lhes para serem moderadores do seu canal.

Obtenha a apostila complementar e encontre mais recursos em www.yt-formulabook.com [conteúdo em inglês].

# 19 Otimizando, Lançando e Promovendo Seu Vídeo

A maioria dos criadores de conteúdo faz upload de um vídeo e o deixa trabalhando sozinho, mas o upload não é o fim. Se você quer mesmo ter sucesso no YouTube, precisa assistir e responder ativamente aos dados que chegam após essa etapa. Seu principal objetivo é conseguir o tipo certo de espectador rapidamente para que o algoritmo possa identificá-lo e saber para quem impulsionar seu conteúdo. Você deve tratar o upload como parte de uma sequência de lançamento de um novo vídeo. Vamos percorrer o passo a passo de upload de vídeo no YouTube. Depois passaremos à parte divertida de otimizar, lançar e promover seu conteúdo.

## Como Fazer Upload de um Vídeo

No YouTube Creator Studio, clique no ícone no canto superior direito que exibe a opção de fazer upload de um vídeo. Em seguida, você pode enviar seu vídeo de duas maneiras: arrastar e soltar ou clicar em Selecionar um arquivo. Você pode fazer upload de até quinze vídeos de uma vez, o que pode ser uma grande economia de tempo. O tempo que leva para fazer upload depende do tamanho do arquivo e da velocidade da sua internet, é claro. Assim que passar o tempo de processamento, altere o título-padrão para aquele que você criou cuidadosamente e personalizou no exercício do Capítulo 15. Depois preencha a descrição, que também é importante para incluir palavras que cumpram a promessa do título e do vídeo. Em seguida, altere a miniatura gerada automaticamente para a personalizada, que você passou muito tempo criando (também no Capítulo 15).

Depois de inserir sua miniatura incrivelmente clicável, você poderá escolher adicionar seu vídeo a uma ou mais playlists. Então verá um recurso de upload bastante novo: escolher seu público. O YouTube adicionou essa etapa devido aos problemas com a COPPA (Lei de Proteção e Privacidade Online Infantil). Eles só precisam saber se o seu conteúdo é voltado para crianças ou para um público adulto. É muito importante preencher essa etapa corretamente para não ser desmonetizado.

A essa altura, na tela, muitos criadores pulam a próxima parte, que é "Mais Opções". Clique nessa opção para definir se o seu conteúdo inclui ofertas de marca integradas, patrocínios ou outras promoções pagas. Aqui também é onde as tags são adicionadas. Inclua tags com palavras-chave do título e da descrição do seu vídeo, para começar. Em seguida, escolha seu idioma e as preferências de CC (closed caption, ou legenda oculta). Costumo pular a opção seguinte, pois ela pede a data de gravação e o local do meu vídeo, o que realmente não importa; isso não afeta o algoritmo ou a exposição do vídeo. Na seção de licença e distribuição, escolha a Licença Padrão do YouTube, que protege seu conteúdo contra violação de direitos autorais, ou a Creative Commons, que dá a qualquer pessoa uso livre do conteúdo sem repercussões legais.

É importante verificar se as próximas duas caixas estão marcadas para que você possa incorporar o vídeo em outros sites e, o mais importante, para que seus assinantes sejam notificados quando houver um novo vídeo. Agora você está pronto para escolher a categoria e as preferências de comentários. Se você quiser revisar comentários potencialmente inapropriados ou desativar totalmente os comentários, marque essa caixa aqui.

Agora que finalizamos a guia Detalhes, podemos ir para a guia Monetização. Se a monetização estiver disponível para você, é possível escolher com exatidão o tipo de anúncio que virá com seu conteúdo, sejam overlays, bumper ou anúncios puláveis/não puláveis. Também é possível escolher se os anúncios serão exibidos antes, depois ou durante o vídeo, se este tiver mais de dez minutos.

Se você for parceiro do YouTube e puder exibir anúncios com seu conteúdo, a próxima parte é importante, pois ajuda a restringir a compatibilidade deles. Repito: preencha corretamente para não ser desmonetizado. Você pode especificar exatamente o que há em seu conteúdo no que diz respeito a conteúdo adulto, violência, atos prejudiciais ou perigosos, conteúdo relacionado a drogas, discurso de ódio, conteúdo relacionado a armas de fogo ou questões sensíveis. Há uma opção "Nenhuma das opções anteriores", mas não a selecione se houver algo questionável nele, pois o algoritmo encontrará esse trecho, e você provavelmente levará um strike com base nas Diretrizes da Comunidade, o que definitivamente não é desejável. Novamente, não se arrisque a ser desmonetizado.

Estamos quase acabando! Agora você pode especificar quais elementos de vídeo deseja adicionar, como telas finais e cards. As telas finais são executadas no final do vídeo, enquanto os cards podem ser adicionados em qualquer lugar escolhido. Quando terminar de adicionar tudo o que quiser, clique no botão Retornar ao YouTube Studio.

Chegamos à última guia: Visibilidade. Na maioria das vezes, o melhor é que o vídeo seja público, mas há momentos em que é possível escolher uma das outras opções para torná-lo privado, não listado ou apenas para membros. O link do vídeo aparecerá nessa tela. É preciso clicar no link e ir para as configurações do vídeo para conferir se ele foi totalmente processado e está pronto, em alta resolução. Depois disso, você pode agendar o lançamento de seu vídeo para um dia e horário específicos. Eu quase sempre os agendo. Isso me dá a liberdade de trabalhar nos uploads quando tenho tempo, não sendo escravo do relógio.

Um serviço incrível que recomendo a todos os criadores é chamado TubeBuddy, uma extensão que oferece muitas ferramentas úteis para otimizar seus vídeos e economizar muito tempo. Ao se inscrever e instalá-lo, você verá todas as coisas incríveis que ele pode fazer para ajudá-lo a simplificar o processo de upload e otimizar seu vídeo.

## Como Otimizar um Vídeo

A otimização é uma questão de pessoas e cliques. Eu poderia dizer cem vezes que o trabalho do algoritmo é prever a que os espectadores assistirão, seguindo as pessoas e observando no que elas clicam ou não. Uma taxa de cliques (CTR) mais alta informa ao YouTube que as pessoas estão muito interessadas no seu conteúdo. Faça com que tenham interesse nele!

Noventa por cento de todos os vídeos com melhor desempenho no YouTube têm miniaturas personalizadas. É por isso que você deve começar dando atenção à criação de uma boa miniatura. Dedique energia e tempo para deixá-la ótima. Isso leva mais tempo do que você imagina... e talvez leve ainda mais.

Use cores para fazer suas miniaturas se destacarem bastante. Use palavras quando necessário. Use a emoção, porque isso cria a curiosidade que desejamos em um espectador em potencial. Seja sempre honesto. Sua miniatura e título precisam realmente refletir o conteúdo do vídeo, ou você provavelmente terá uma duração média de visualização (AVD) baixa. Use títulos cativantes e clicáveis que atraiam humanos (não robôs). Uma boa regra geral para títulos é ser cativante, mas conciso. Coloque sua palavra-chave principal ou primária o mais próximo possível do início do título — isso o ajuda a ser classificado e sugerido. É claro que seu título precisa ser relevante. Títulos sensacionalistas e irrelevantes geram menos AVD. E não se esqueça dos seus baldes! Use palavras em seu título que conectam um vídeo a outros no mesmo balde ou categoria.

As palavras-chave certas em sua descrição o ajudarão a obter mais visualizações e visibilidade na pesquisa. A parte mais importante da descrição é a que fica "acima do corte", pois é o que as pessoas e o algoritmo veem primeiro. "Abaixo do corte" é um conteúdo que fica sob as palavras "mostrar mais". As pessoas precisam clicar ali para ver o que está abaixo do corte. Há apenas duzentas palavras acima do corte, mas você pode escrever muito mais abaixo dele. Na descrição, diga às pessoas o que esperar, mas sempre escreva como um humano. O algoritmo gosta de humanos, lembre-se disso. Abaixo do corte é um ótimo lugar para links para outros vídeos, para suas redes sociais, tags relevantes e marcações de data e hora. Mas cuidado: não reutilize a mesma descrição repetidas vezes; o algoritmo não gosta disso.

Alguns criadores não otimizam com end cards e telas finais, o que eu acho loucura. Por que você não gostaria de dar ao seu espectador mais maneiras de ver mais conteúdo seu? No entanto, não cometa o erro de colocar um card no primeiro terço do vídeo, pois o espectador acaba saindo do vídeo muito antes e isso prejudica a sua AVD. Em seus cards e telas finais, inclua um vídeo da sua biblioteca pelo qual o espectador tenha mais probabilidade de se interessar. Eu chamo isso de vídeo-alvo. Pense nele já na pré-produção, juntamente com o seu título e a sua miniatura, pois conectar os seus dados e os seus baldes é o seu objetivo final. Eu também uso um recurso em telas finais chamado "melhor para o espectador", que permite ao algoritmo escolher um vídeo da minha biblioteca a que ele ache que o espectador em particular assistirá. Use isso para complementar, e não substituir, sua sugestão de vídeo-alvo. Além disso, aproveite os últimos oito a dez segundos para usar uma chamada verbal pedindo que seu público assista ao vídeo-alvo. Mesmo que a porcentagem de pessoas que clicarem em seus cards sugeridos e nas telas finais seja baixa, ainda é uma atividade que será vista e recompensada pela IA. E adivinha o que acontece quando elas clicam na sua sugestão? O algoritmo reconhece a conexão e a coloca no feed de sugestões.

Escreva tags relevantes. As tags são menos importantes do que o título, a miniatura e a descrição, mas ainda são úteis, principalmente se algumas dessas palavras são muitas vezes escritas incorretamente pelas pessoas.

Para tags, use suas palavras-chave primárias e secundárias e outras que sejam relevantes. Mantenha suas tags com menos de trezentos caracteres. O TubeBuddy é uma ótima ferramenta para mostrar tags relevantes com base no conteúdo do seu vídeo atual.

**Dica incrível nº 1:** Use legendas (CC), mas não as CC automáticas do YouTube, pois podem prejudicar sua classificação e CPMs; elas não são muito boas. Há serviços de baixo custo para isso. As CC ajudam a validar o trabalho feito pela IA com inteligência de vídeo e linguagem natural. As CC também aumentarão seu tempo de exibição.

**Dica incrível nº 2:** Use perfis-padrão no TubeBuddy. Isso me poupou horas e horas ao longo dos anos. Ele permite que você salve suas tags e descrições mais usadas, que podem ser ajustadas dependendo do vídeo em edição, mas você não precisará começar do zero.

## Como Lançar Conteúdo

Lembra da estratégia de Dan Markham para o lançamento de seu vídeo de futebol no Capítulo 17? Foi uma ótima aplicação de colaboração, tendências, sustentação e até mesmo timing do lançamento para a hora exata a fim de maximizar seu público e sucesso. Isso é ótimo para lançar um vídeo, mas é possível levar isso mais longe ao abrir um canal.

Usei o MrBeast como exemplo do que fazer diversas vezes. Ele conhece a Fórmula e a executa com perfeição. O canal principal do MrBeast está indo muito bem, mas ele estava pronto para iniciar um canal de jogos. Ele queria criar seu novo conteúdo em torno de *Minecraft* e outros games, porque foi onde ele começou e passou mais tempo. Começamos a fazer nosso reconhecimento e nossa pesquisa com análise comparativa em canais de jogos semelhantes. Fomos extremamente sensíveis à Fórmula do YouTube e encontramos o espectador certo. MrBeast teve muito cuidado para não empurrar o público de seu canal principal para seu novo canal de jogos, pois eram

## Otimizando, Lançando e Promovendo Seu Vídeo

avatares diferentes. Se o espectador errado assistir a seu conteúdo, o algoritmo se embola.

Começamos a criar e testar conteúdo meses antes do lançamento do canal, e nosso avatar ideal acabou sendo diferente do que imaginávamos. Com base nos dados que recebemos, descartamos nossa estratégia e nosso conteúdo anteriores e redefinimos a criação de conteúdo voltado para o avatar ideal. Um mês antes do lançamento, desenvolvemos quem seria o avatar ideal e criamos conteúdo relevante com combinações calculadas de título/miniatura. Nosso foco principal era obter o clique certo. O teste A/B nos ajudou a identificar o que poderia funcionar. Conseguimos pessoas que tinham muito sucesso no nicho por causa de nossos contatos no YouTube. O ritmo e as edições habituais do MrBeast não dariam certo nesse canal de jogos, por isso foi interessante vê-lo mudar e fazer algo completamente diferente para esse novo canal.

Decidimos lançar novos vídeos três vezes por semana, o que é muito agressivo, mas não para um canal de jogos. Sabíamos que tínhamos conteúdo suficiente para começar a impulsionar, então fomos em frente. Precisávamos promover o conteúdo, mas esperamos até o terceiro vídeo para começar. Tudo o que fizemos foi pedir a alguns grandes criadores da área de jogos que compartilhassem nossos vídeos na guia Comunidade. Eram criadores com quem queríamos colaborar. Quando fizemos isso, nossas visualizações passaram de 200 mil diárias para 1,1 milhão em um dia. Aproveitamos o algoritmo e usamos a Fórmula do YouTube, e funcionou. No dia seguinte, tivemos 1,6 milhão de visualizações e, um dia depois, 1,7 milhão. Tínhamos acionado o algoritmo para mostrar nosso vídeo aos espectadores certos. A receita também começou a chegar.

Isso foi um lançamento de canal, mas também se aplica a um lançamento de vídeo. Dê ao algoritmo exatamente o que ele procura. Não o confunda impulsionando para os espectadores errados nos lugares errados, incluindo seus amigos e seguidores das redes sociais. Dos 10,6 milhões de espectadores individuais, cada um assistiu a quatro vídeos, e um em cada dez se inscreveu no canal. Esses números são incrivelmente bons. Você precisa entender:

- Seu público

- O que torna um conteúdo bom

- Tráfego e impulso para conduzir uma boa CTR

- Como chamar a atenção e manter o engajamento

- Como usar o sistema de baldes para recomendar conteúdo semelhante de forma que ele seja sugerido

Ao entender esses aspectos, você compreende a Fórmula para alavancar o poder do YouTube.

## Como Promover um Vídeo

Estou no YouTube desde 2005 e há uma pergunta sobre crescimento que ouço ano após ano: Por que não posso simplesmente exibir anúncios para crescer mais rápido? A resposta é complicada e espero simplificá-la neste capítulo. Se quiser expandir seu alcance, lançar um produto ou vender, a veiculação de anúncios pode ser realmente eficaz. Mas campanhas de sucesso são muito mais do que despejar dinheiro em um anúncio.

Já vi muitas marcas grandes jogarem dinheiro em um problema e esperarem uma solução mágica. Suas visualizações podem subir por pouco tempo, mas esse vídeo não necessariamente resultará em conversões. Isso pode ser uma métrica meio esnobe, pois o anúncio dá um certo resultado — é como um tapinha nas costas virtual. Quando trabalho com clientes pela minha agência, faço um teste A/B depois do outro, exibindo anúncios contra conteúdo orgânico. Para qualquer trabalho que eu faça, quero criar um anúncio que converta em 100% do tempo, que não seja apenas um Band-Aid para um problema de números. Eu não sou a favor de direcionar uma estratégia paga do Google apenas em torno de um conteúdo. É uma ferramenta que pode amplificar o que você faz, mas é preciso usá-la direito. Anuncie de forma orgânica e complemente com estratégias pagas para ter uma maior probabilidade de sucesso.

## Primeiro, Promova de Forma Orgânica

Quando ajudei a produzir o anúncio viral do Squatty Potty, "This Unicorn Changed the Way I Poop", combinamos alcance orgânico e estratégias pagas. Planejamos e testamos tudo meticulosamente. Nossa edição final teve um excelente desempenho após o lançamento, pois fizemos vários testes para saber qual conteúdo se encaixava com qual público. Se você quer expandir um canal, precisa descobrir quem vai clicar no vídeo.

Para entender um público, eu gosto de observar onde ele se reúne online e offline. Também quero saber com qual conteúdo e com quais produtos ele se conecta. Isso me ajuda a descobrir o que será relevante para divulgar nosso conteúdo para mais pessoas. Também quero saber qual é o objetivo final do cliente: quando um cliente tem a meta de fazer uma venda, eu uso estratégias pagas de forma diferente do que quando seu objetivo é aumentar o público. Em vez de gastar dinheiro aleatoriamente, prefiro gastar dinheiro em cem canais relevantes para promover de forma orgânica. É assim que você faz pessoas dedicadas se engajarem com seu conteúdo.

## Estratégias Pagas para Aumentar o Público

Se o objetivo do cliente é atrair mais espectadores, vou atrás de um criador semelhante que possa colaborar com meu cliente e enviar organicamente os espectadores certos para nosso conteúdo novo. Nos dados analíticos do YouTube, podemos conferir a visualização cruzada em "Outros vídeos que seu público assistiu". Isso facilita encontrar alguém para desenvolver uma relação de colaboração. Veja a Figura 19.1.

Também analiso o material mais antigo dos influenciadores certos que seja relevante para o conteúdo novo do meu cliente, e nós os pagamos para adicionar elementos de tela final, links e reconhecimento que direcionem seu público para o nosso conteúdo. Quando um espectador fiel de um determinado influenciador assiste ao conteúdo dessa pessoa até o fim, e esse influenciador divulga seu conteúdo ou produto, é muito mais provável que você obtenha o que precisa desse espectador, pois ele veio organicamente pelo ecossistema do YouTube.

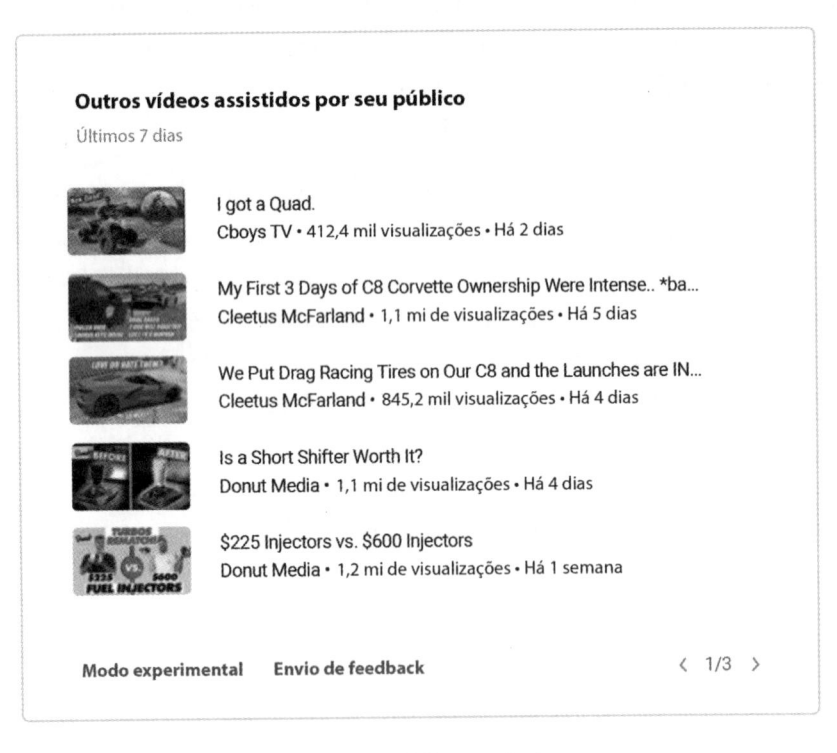

**Outros vídeos assistidos por seu público**
Últimos 7 dias

I got a Quad.
Cboys TV • 412,4 mil visualizações • Há 2 dias

My First 3 Days of C8 Corvette Ownership Were Intense.. *ba...
Cleetus McFarland • 1,1 mi de visualizações • Há 5 dias

We Put Drag Racing Tires on Our C8 and the Launches are IN...
Cleetus McFarland • 845,2 mil visualizações • Há 4 dias

Is a Short Shifter Worth It?
Donut Media • 1,1 mi de visualizações • Há 4 dias

$225 Injectors vs. $600 Injectors
Donut Media • 1,2 mi de visualizações • Há 1 semana

Modo experimental    Envio de feedback              ‹ 1/3 ›

Figura 19.1   Outros vídeos que seu público assistiu

Além disso, use um post da Comunidade ou Story para enviar mais visualizações para o novo conteúdo. Você precisa ter uma estratégia combinada como essa para impulsionar seu conteúdo para um tráfego variado. Quando o algoritmo perceber que o público encontra seu conteúdo em várias fontes, ele o recomendará mais.

Deixe-me dar o exemplo perfeito de uma ótima estratégia combinada. Quando o canal *Studio C*, da BYUtv, estava começando, eu os ajudei com desenvolvimento de público, fazendo reconhecimento e pesquisa e usando todas as ferramentas possíveis para tentar descobrir quem seria seu espectador ideal. Contatei as criadoras gêmeas idênticas Brooklyn e Bailey para colaborar com o *Studio C*, pois notei que tínhamos alguns dados cruzados. As meninas eram grandes fãs do *Studio C* e estavam dispostas a uma colaboração. Nós oferecemos uma permuta — faríamos dois vídeos: um que produziríamos no canal delas e outro no nosso. Na época, Brooklyn e Bailey tinham 300 mil inscritos, e o *Studio C* tinha 20 mil. Quando estávamos prontos para lançar nossa campanha, Brooklyn e Bailey já estavam perto de 1 milhão de inscritos.

O vídeo de Brooklyn e Bailey, "The Other Parent Trap" [A Nova Operação Cupido], era uma paródia do filme *Operação Cupido*, com as gêmeas se descobrindo irmãs em um acampamento de verão e trocando de lugar. Brooklyn chega à casa do pai e é recebida de braços abertos porque ele não é muito esperto, enquanto Bailey é imediatamente pega, pois a mãe sabe que ela não é Brooklyn. O vídeo do *Studio C*, "Prom Dress Gone Wrong" [O Vestido do Baile Formatura Deu Errado], apresenta Brooklyn e Bailey junto com atrizes do programa, todas usando vestidos de formatura ridículos, para a decepção de seus acompanhantes. Esse vídeo tem, atualmente, mais de 11 milhões de visualizações.

Além dos dois vídeos serem lançados, usei uma estratégia de remarketing muito interessante: selecionei um clipe das meninas falando sobre o quanto amavam o *Studio C* e o utilizei em uma campanha publicitária paga. Em doze dias, o *Studio C* recebeu 162 mil inscritos que vieram da recomendação de Brooklyn e Bailey. Também fizemos campanhas para beneficiar as gêmeas. Foi um acordo excelente de ganho mútuo.

Tínhamos um orçamento pequeno para fazer outra estratégia de remarketing de anúncios, que impulsionamos estrategicamente para os espectadores certos. Outros 62 mil inscritos vieram daí. Então, repetimos a dose. Por que não? Estava dando certo! Esperamos mais três ou quatro meses para acumular dados, analisamos os dados e direcionamos para outro público específico com uma estratégia de anúncio pago, que gerou outros 12 mil inscritos.

Um ano depois, decidimos fazer outra campanha de troca de vídeo semelhante à primeira colaboração. Criamos dois vídeos novos e seguimos as mesmas estratégias. Dessa vez, a maior parte do orçamento foi para a criação de conteúdo. No canal de Brooklyn e Bailey, fizemos um vídeo chamado "High School Boyfriend Drama" [O Drama do Namorado na Escola], com um dos atores do *Studio C* interpretando um namorado que foi largado por uma garota e imediatamente encontrou outra namorada que era idêntica à primeira. No canal do *Studio C*, fizemos um vídeo chamado "Dance Battle Boys vs Girls" [Batalha de Dança: Garotos vs Garotas] e incluímos Brooklyn e Bailey como parte de um grupo de meninas que faz uma batalha de dança desajeitada com um grupo de meninos (atores do *Studio C*, é claro). Lançamos os vídeos ao mesmo tempo e observamos nossas visualizações aumentarem para milhões, mais uma vez.

Brooklyn e Bailey enviaram tráfego para nós de forma orgânica fazendo divulgações em suas mídias sociais. Nossos anúncios foram direcionados especificamente para os espectadores que estavam inscritos no canal delas, mas não no do *Studio C*. Conseguimos mais de 80 mil inscritos dessa vez. O objetivo de aumentar o público com uma estratégia paga combinada foi alcançado.

## Estratégias Pagas para Vender

Quando o objetivo é vender produtos, a maioria dos criadores erra. Eles não sabem como impulsionar o lançamento do produto de maneira orgânica ao mesmo tempo em que o impulsionam com uma estratégia de promoção. Não seja arrogante em achar que seus espectadores assistirão ao vídeo até o fim, onde estará a divulgação do produto. Você precisa disponibilizar várias maneiras e lugares para o produto estar visível. Gaste seu orçamento da maneira correta, que é desenvolver e entender seu conteúdo e deixá-lo perfeito para o seu avatar ideal, que se torna seu cliente ideal. Deve parecer natural e orgânico, mesmo quando pagamos por isso. É a melhor maneira de fazer com que as pessoas façam o que queremos, que geralmente é se inscrever, assistir mais ou comprar. Nesse caso, a última opção.

Um dos meus exemplos favoritos de estratégia paga de sucesso para vendas vem, novamente, do *Studio C*. Em 2014, eles fizeram uma esquete de futebol com um personagem chamado Scott Sterling, que levou boladas no rosto várias vezes em uma competição. O vídeo inicial, "Top Soccer Shootout Ever with Scott Sterling" [A Maior Cobrança de Pênaltis da História, com Scott Sterling], viralizou. Tentei encorajá-los desde o início a vender produtos relacionados, mas eles não o fizeram. Então, quiseram fazer uma sequência com Scott Sterling no hospital; dessa vez, o objetivo era vender camisetas. O vídeo, "Scott Sterling Breaking News Update" [Notícias Urgentes Sobre Scott Sterling], foi lançado quase cinco meses depois do original.

No vídeo, um repórter intrometido entra no quarto de hospital de Scott Sterling e começa a fazer perguntas sobre seus planos de retornar ao futebol no futuro. O treinador de Sterling interrompe o repórter irritante e o defende. O vídeo tem pouco mais de dois minutos de duração e inclui o ritmo cômico habitual do *Studio C*, o que o torna natural para seu espectador regular e ideal. Porém, 47 segundos depois, vemos a primeira caixa de chamada à ação — "Clique para comprar". Então, o treinador puxa a chamada à ação para o script, mantendo o espectador engajado ao adicionar o elemento cômico. Eles terminam a esquete e, no final, a caixa de chamada aparece na tela novamente. O treinador faz comentários sarcásticos sobre a venda de produtos relacionados, dizendo aos espectadores que não comprem para seus amigos e familiares, falando da qualidade do tecido e do preço justo. Gastamos apenas alguns milhares de dólares nessa promoção e ganhamos milhões em vendas de camisetas.

Como você pode ver, os melhores resultados são produzidos pela promoção com uma estratégia combinada de alcance orgânico e impulsionamento pago. Isso vale tanto para aumentar o público quanto para vender alguma coisa. Sempre faça seu dever de casa sobre as pessoas que quer alcançar. Então, poderá procurar criadores ou empresas com dados cruzados que podem ajudá-lo a alcançar essas pessoas organicamente. Já fiz isso várias vezes com clientes de diferentes gêneros. Faça tudo corretamente e conseguirá a conversão que você procura.

## Exercício de Ação

**Tarefa 1:** No seu próximo vídeo, use as estratégias deste capítulo para otimizar, lançar e promover seu vídeo.

**Tarefa 2:** Observe suas análises para ver a quais outros vídeos seu público assistiu. Faça uma lista de cinco a dez criadores com quem você gostaria de colaborar.

Obtenha a apostila complementar e encontre mais recursos em www.yt-formulabook.com [conteúdo em inglês].

# 20 Ajustando Seu Conteúdo

Conversamos sobre como criar conteúdo envolvente, bons títulos e miniaturas e como postar seu vídeo no YouTube. No Capítulo 19, passamos pelas práticas de otimização e promoção do seu vídeo. Agora você está pronto para aprender o que fazer depois que seu vídeo é lançado. Você sabe o que fazer se o seu vídeo estiver com baixo desempenho? Você ao menos sabe se ele está com baixo desempenho se baseando em fatores que vão além das visualizações? E se estiver fazendo sucesso? Como responder a isso?

Já disse mil vezes: é preciso analisar e ajustar, analisar e ajustar. Na teoria, isso significa que é preciso melhorar o conteúdo. Na prática, é observar os dados das estatísticas do YouTube, ver o que está acontecendo e o que se pode fazer a respeito. Avalie o seu progresso. Isso se aplica a todos os canais do YouTube, independentemente de serem grandes ou pequenos, antigos ou novos. É aqui que você põe em prática tudo o que aprendeu neste livro.

Certos conteúdos são bons para ganhar novos inscritos, outros são bons para reter inscritos e alguns são bons para ambos. Descubra com qual tipo de conteúdo você está lidando e para quem ele está voltado para saber qual ajuste fazer quando ele apresentar um desempenho baixo. Por exemplo, eu estava em um retiro privado em Las Vegas com MrBeast e outros criadores orientados por dados. Estávamos falando sobre o conteúdo e os espectadores do MrBeast. Perguntei quais vídeos ele mais gostava de fazer, e ele respondeu que gostava daqueles em que ajudava pessoas necessitadas. MrBeast tinha diversos vídeos doando dinheiro e outras coisas, mas geralmente doava para seus amigos.

Analisei os vídeos do MrBeast e o desempenho médio deles. Notei que os vídeos em que ele fazia doações para pessoas necessitadas, em vez de para seus amigos, de fato apresentaram um melhor desempenho. Ele conseguiu quatro a dez vezes mais inscritos novos com esses vídeos, então precisava fazer mais vídeos como esses, o que era incrível, porque esse era seu tipo de vídeo favorito. Foi um pequeno ajuste que trouxe um enorme retorno em inscritos e público.

## Ajustes em Tempo Real versus Ajustes de Longo Prazo

Analise e ajuste de duas maneiras: em tempo real e criando estratégias para conteúdo futuro. Para isso, é necessário saber qual o desempenho atual do seu conteúdo em relação ao desempenho médio que ele tem. E como analisar se o seu vídeo está se saindo bem? Quando se aprende a analisar, qual o ajuste adequado para corrigi-lo? Vou mostrar como encontrar suas médias, também chamadas de linhas de base, para saber qual é o desempenho do seu novo vídeo em relação ao desempenho médio do seu conteúdo. Em seguida, mostrarei o que fazer para ajustar os pontos fora da curva — vídeos que ficam acima ou abaixo da média.

Enquanto você aprende a rastrear suas linhas de base, passará a reconhecer padrões que informam o que dá certo e o que precisa mudar para que seu conteúdo tenha um desempenho melhor. Não estamos falando de grandes mudanças e correções. São manobras pequenas, então as chamamos de "ajustes". Pequenos ajustes podem se traduzir em grandes picos em seus gráficos de métricas. É como o efeito borboleta: uma borboleta batendo as asas de um lado do mundo pode mudar significativamente o clima do outro lado. Pequenos ajustes podem alterar significativamente a trajetória do seu vídeo, mas é preciso conhecer suas linhas de base para saber o que ajustar.

## Como Determinar Suas Linhas de Base

*(Observação: se o seu canal for novo e você ainda não tiver os dados necessários, volte ao reconhecimento e à pesquisa, observe outro canal que esteja indo bem em seu nicho e analise o que está dando certo para saber o que deve fazer.)*

A maioria dos criadores tenta determinar suas linhas de base a partir de uma perspectiva de um canal inteiro, mas isso é um grande erro. Uma abordagem de canal inteiro não fornece médias precisas para poder alavancar quem está assistindo e de onde. Para ilustrar esse ponto, digamos que você está na escola e tem cinco matérias. Suas notas são muito boas em quatro delas, mas você está reprovando em uma. Se observar apenas a pontuação média das cinco matérias combinadas, parece que você está indo bem. Essa pontuação geral não mostra que o fator que reduz um pouco a média é, na verdade, uma nota de reprovação. Mas, se você dividir as notas por matéria, verá que uma delas precisa de atenção imediata. Por isso é necessário ir da visão macro para a visão micro ao determinar suas linhas de base e saber qual conteúdo ajustar. Para isso, faça o detalhamento no nível de fontes de tráfego.

O YouTube não fornece linhas de base respaldadas pela origem do tráfego; você precisa procurar esses dados manualmente. Ao fazer o upload de um vídeo, rastreie as métricas mais importantes por origem de tráfego. São elas:

- Taxa de cliques (CTR)
- Impressões
- Duração média da visualização (AVD)
- Porcentagem média de visualização (APV)
- Tempo de visualização e visualizações
- Média de visualizações por espectador (AVPV)

Para conseguir uma linha de base robusta, gosto de obter dados de pelo menos dez vídeos. Para estabelecer suas linhas de base, selecione uma fonte de tráfego e escolha dez vídeos dela. Então, se fizer isso primeiro com o tráfego sugerido e a CTR, você escolherá seus dez vídeos, somará esses números e dividirá pelo número de vídeos. Essa é a sua linha de base CTR/tráfego sugerido. (Observação: se você estabeleceu seus baldes de vídeo, agrupe os vídeos por balde e só então calcule sua média.) Para a CTR, repita esse processo para as outras origens de tráfego. Depois, passe para a próxima métrica e repita o processo de definição da linha de base em cada origem de tráfego, como feito para a CTR.

As linhas de base de CTR e de Impressões são as mais importantes a serem estabelecidas, especialmente para observação em tempo real. No entanto, você também precisa encontrar suas linhas de base para a AVD e a APV para observação de longo prazo. Isso é importante porque, mesmo que você tenha uma ótima CTR, se ela não produzir bons números de AVD e APV, a IA não sugerirá seu conteúdo para um público mais abrangente. O YouTube quer levar o seu conteúdo ao público mais amplo possível para que ele possa obter mais impressões e visualizações. Quanto mais impressões o conteúdo tiver, mais baixa será a sua CTR, pois o vídeo aparecerá para mais espectadores.

## O que Fazer com Suas Linhas de Base em Tempo Real

Tudo o que fazemos nas estatísticas do YouTube decorre do conhecimento das linhas de base das métricas. Não caia na armadilha da comparação, sempre medindo seus dados junto aos de outros criadores. Os números deles não se comparam aos seus porque há muitos fatores que os determinam. Concentre-se apenas em seus próprios números. Existem diversas maneiras de analisar as métricas em suas estatísticas, mas siga as mais importantes, listadas anteriormente. Faça o seguinte com seus dados de CTR e Impressões:

1. Observe sua CTR assim que o YouTube as fornecer, geralmente de duas a três horas após o upload de um novo vídeo. Esses são os seus dados em tempo real.

2. Se a CTR estiver abaixo da linha de base estabelecida, seu próximo passo é analisar os dados de impressão antes de alterar qualquer coisa. Isso é muito importante porque, se as impressões aumentaram, significa que a IA está levando seu vídeo para um público mais amplo. Mais pessoas têm a chance de ver sua miniatura e seu título, o que é bom, então, mesmo que isso diminua sua CTR, seu vídeo está sendo visto por mais espectadores! Muitos criadores não entendem esse conceito. Mude a mentalidade "CTR baixa = ruim" para "CTR baixa = pode ser bom, vamos olhar um pouco mais".

3. Se a CTR estiver baixa, mas as Impressões estiverem altas, não altere nada ainda. Deixe seu conteúdo progredir e veja o que acontece. Mas, se a CTR estiver baixa e as Impressões estiverem na média ou abaixo dela, é hora de ajustar em tempo real. Você precisa alterar a miniatura ou o título imediatamente. Recomendo trocar primeiro a miniatura, pois é o que chama a atenção dos espectadores antes de verem o título.

A maioria dos criadores erra nesse ponto e observa coisas pouco importantes ou nem separa por fonte de tráfego. Não se sobrecarregue, se confundindo ao observar coisas demais. Você aprenderá a olhar essas linhas de base e entender o que precisa fazer para ajustar e obter resultados. Apenas lembre-se de que, em tempo real, a linha de base mais importante é a CTR. Tudo na máquina do algoritmo vem dela. Caso não esteja considerando essa métrica uma prioridade, passe a fazer isso agora.

## Tenha Planos Alternativos

Essa é minha diferença para a maioria dos criadores: eu tenho um plano A, um plano B, um plano C e um plano D, todos prontos para serem usados quando faço upload de um vídeo. Algumas pessoas acham que isso é exagero. Talvez seja. A questão é que precisamos de opções de miniatura prontas para trocar o mais rápido possível, se necessário. Quando conseguimos corrigir o curso velozmente, o algoritmo verá que fizemos uma mudança rápida e responderá de acordo. Trabalhei com um cliente que tinha uma miniatura e um vídeo ótimos. Antes de fazer o upload para seu canal, ele pediu feedback ao nosso grupo no Discord e recebeu ótimos conselhos. Mas, quando fez o upload do vídeo, ele ficou abaixo da linha de base, então trocamos a miniatura, não uma ou duas vezes, mas três. Finalmente, o vídeo fez sucesso, e ele conseguiu 50 milhões de visualizações. *Cinquenta milhões.*

Você acha que ficamos arrependidos de ter preparado quatro miniaturas com antecedência? A mesma coisa aconteceu com outro cliente: ele postou um vídeo que simplesmente não estava com bom desempenho. Ele esperou dois dias para mudar a miniatura, e o vídeo pegou ritmo, mas, se tivesse mudado a miniatura duas horas após o upload, teria sido muito melhor.

Deixe-me explicar: quando enviamos um novo vídeo para o YouTube, o relógio dele começa a contar. O vídeo "envelhece". O fator "novidade" dele está em constante declínio desde o início. Como aquele ditado sobre comprar um carro novo: ele começa a perder o valor assim que o tiramos da concessionária. Por isso é necessário responder rapidamente aos dados que chegam sobre o desempenho de um vídeo. Você não conseguirá capitalizar os recursos de Navegação da Página Inicial, das Tendências e do feed de Inscrições se não agir rapidamente. Essas são suas métricas de "ação rápida".

## O que Fazer com Suas Linhas de Base de Longo Prazo

Ao observar suas linhas de base de AVD e APV, que geralmente ficam disponíveis 48 horas após o upload, veja se estão abaixo ou acima da média. Em seguida, vá para o ponto do vídeo em que você perde espectadores ou em que há mais engajamento e tente encontrar um padrão para o motivo disso acontecer naquele momento do vídeo (leia mais sobre AVD e APV no Capítulo 16). Já fiz isso milhares de vezes, e sempre há um padrão a ser descoberto. Quando você conseguir identificá-lo, saberá o que ajustar para a criação de conteúdo no futuro.

O feed de Sugestões requer consistência lenta e regular e pequenos ajustes. Nas Estatísticas, clique em Alcance e observe sua fonte de tráfego mais alta nos últimos sete dias, noventa dias e no último ano. É aqui que muitos canais do YouTube erram; eles observam apenas o vídeo mais atual e o que está acontecendo com ele naquele momento. Mas, ao analisar o desempenho do seu conteúdo ao longo do tempo, você verá padrões diferentes.

Mesmo que sua maior porcentagem de tráfego ao longo do tempo aponte para Navegação e Inscrições, adivinhe: você pode fazer pequenos ajustes que, com o tempo, ajudam seu canal a ter um tráfego cada vez maior nos Sugeridos. Você não precisa e nem quer ficar estagnado como um canal com tráfego proveniente apenas da Navegação. Seu tráfego de recursos de Navegação (Página inicial, Tendências e feed de Inscrições) é o grupo de espectadores mais valioso e você precisa tomar decisões para atendê-los. Eles são seus seguidores leais. Mas, se você não estiver trabalhando para melhorar também a sua porcentagem de sugestões, está errado.

## Teste A/B

Há anos tenho usado uma ferramenta chamada TubeBuddy e a recomendo de olhos fechados para o seu canal. Você pode baixar o TubeBuddy em www.tubebuddy.com/go. Isso lhe poupará muito tempo e energia, sem falar que o ajudará a descobrir algumas coisas sobre o seu conteúdo. Um recurso incomensurável que eu adoro usar é o teste A/B. Para executar um teste A/B, clique em um vídeo da sua biblioteca e adicione uma miniatura secundária com uma variação sutil, como uma cor de fundo alterada. Isso não funciona tão bem se você usar uma miniatura completamente diferente. Depois de realizado, observe qual miniatura teve melhor desempenho e, mais especificamente, de onde o tráfego veio. Tenha cuidado para não olhar rápido demais e tomar uma decisão precipitada; os números podem enganá-lo se a análise não for feita com cuidado. Use seu cérebro e vá além. Veja qual fonte de tráfego está melhorando e se esse é o seu objetivo para esse vídeo específico.

## Pequenos Ajustes

Passamos um capítulo inteiro falando sobre como fazer as pessoas escolherem seu vídeo. Você precisa de bons títulos e miniaturas. Quando as pessoas clicam no seu vídeo, acionam dados que alimentam suas métricas. Então você poderá ver como esse vídeo se classifica em relação aos seus desempenhos médios, para saber se precisa mudar alguma coisa. Essa mudança geralmente implica trocar primeiro a miniatura para ver se as coisas se acertam. Se você observar as linhas de base após a troca e não tiver funcionado, ajuste seu título e observe as linhas de base novamente. Se ainda não der certo, volte e troque a miniatura de novo. Não tenha medo de fazer isso; já vi várias vezes a segunda ou terceira (às vezes a quarta!) miniatura finalmente resolver tudo e os números começarem a subir.

Um dos meus alunos tem um canal que está fazendo sucesso, o *Matt's Off Road Recovery*. Matt documenta os reboques que faz em sua região. Ele procurou a mim e minha equipe para conseguir ajuda com seu canal, então observamos suas métricas e o ajudamos a determinar suas linhas de base por fonte de tráfego.

A primeira coisa que fizemos foi nos concentrar em suas miniaturas. Encontramos as linhas de base para todas as miniaturas que tinham a CTR mais alta e notamos um padrão. As que tinham Matt fazendo uma expressão facial apresentavam um desempenho três vezes maior. Fizemos alguns testes e determinamos que nossa hipótese sobre seu rosto com expressões era verdadeira.

Em seguida, precisávamos corrigir suas AVD/APV. Veja as Figuras 20.1, 20.2 e 20.3 do canal de Matt. Na Figura 20.1, a AVD do vídeo teve uma grande queda. Separamos todos os vídeos de Matt com desempenho inferior, procuramos padrões e levantamos a hipótese de por que os espectadores se desinteressaram. Depois, analisamos atentamente o grupo de vídeos com melhor desempenho e notamos alguns padrões em seus vídeos que tinham maiores AVD e APV. Conseguimos testá-las em alguns vídeos subsequentes,

# Ajustando Seu Conteúdo

implementando estratégias que achávamos que funcionariam. Então analisamos onde os espectadores mais engajavam.

Depois de analisarmos as linhas de base de Matt, conseguimos fazer pequenos ajustes no conteúdo ao longo do tempo. Veja a Figura 20.2. Eles recuperaram a média de AVD/APV de Matt. Observe que a APV passou de 52,5% para 71,8%.

Figura 20.1  Queda da AVD de Matt

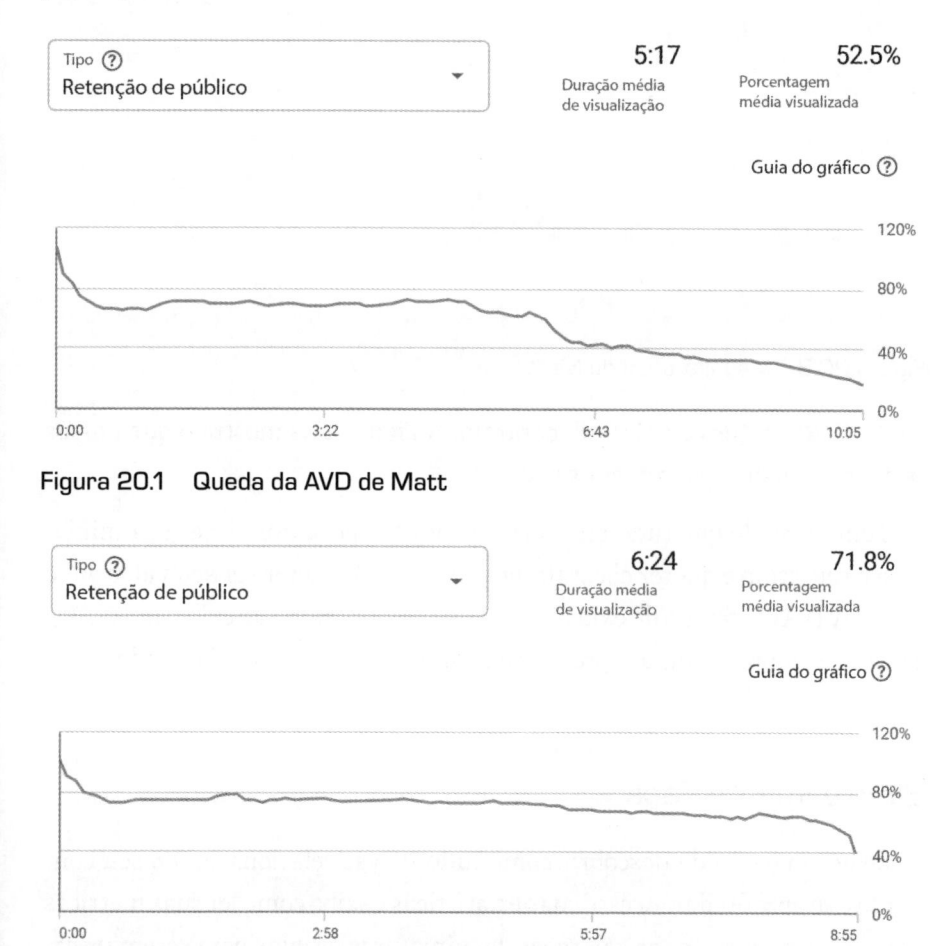

Figura 20.2  Recuperação da AVD de Matt

**Figura 20.3** Visualizações de Matt

As visualizações de Matt dispararam. A Figura 20.3 mostra o que nossos pequenos ajustes fizeram por seu canal.

Lembre-se de que tudo tem relação com o espectador — ver sua miniatura e seu título e querer clicar (impressões, CTR), querer ver seu vídeo até o final (AVD/APV, tempo de exibição) e assistir mais (tempo de exibição, AVPV). Trata-se sempre de tentar aprender e melhorar analisando e ajustando.

## Simplesmente Faça

A melhor maneira de descobrir como tudo isso se relaciona com o seu conteúdo é se aprofundar. Acesse suas estatísticas e saiba como ler suas métricas mais importantes. Tenha variações de miniaturas prontas para serem trocadas rapidamente quando uma não estiver funcionando. Saiba de onde vem o seu tráfego e quais são as suas linhas de base. É quase impossível corrigir um vídeo que não está funcionando se você não conseguir ler seus dados em tempo real. Quanto mais praticar, melhor verá os padrões. Você saberá quando agir rapidamente e quando deixar seu conteúdo fazer o trabalho dele, ficando expert em estatísticas quando menos esperar. Como resultado, seu conteúdo melhorará significativamente.

Você vai dar um jeito. Vai levar tempo e exigir esforço, mas prometo que vale a pena. O que há a perder fazendo isso? Algumas pessoas aprendem os padrões e a análise de dados mais rapidamente do que outras, mas, não importa quanto tempo leve para aprendê-los, o resultado final é o mesmo. Você aprenderá a analisar os dados do seu canal para fazer os ajustes necessários ao sucesso.

## Exercício de Ação

**Tarefa 1:** Seguindo os passos descritos neste capítulo, descubra suas linhas de base para vídeos de um de seus baldes.

Eu me aprofundo na análise de linhas de base no curso complementar para este livro. Obtenha a apostila complementar e mais recursos em www.ytformulabook.com [conteúdo em inglês].

# 21 Tentar, Errar, Analisar, Ajustar: Seu sucesso no YouTube

**D**eixe-me contar uma história de uma família incrível no YouTube. O canal de Jase e Rachel Bennett é *The Ohana Adventure*, ou *TOA*, como o chamam. É um vlog familiar que proporciona um estilo de vida confortável para a família Bennett, mas nem sempre foi assim. Em 2013, Jase colocou a jaseboards, sua marca de longboard, na Costco e em outros grandes espaços de varejo quando um vídeo de skate subaquático viralizou no YouTube. Jase viu uma oportunidade no YouTube para sua esposa, Rachel, que há anos era uma blogueira comum. Rachel gostou da ideia de começar um vlog familiar, então nasceu o *TOA*.

Rachel começou a fazer vlogs sem muito objetivo. No início, nem assistia a outros canais do YouTube para ver o que outras famílias vlogueiras faziam. Mas ela fez algo impactante: encontrou seu Motivo. Ela queria ser uma daquelas famílias que inspiram os outros a nutrir relacionamentos familiares saudáveis divertindo-se juntos. O canal demorou nove meses para conseguir visualizações e foi ótimo quando atingiu cem inscritos (assim como, mais à frente, foi ótimo quando conseguiu 1 milhão).

Um vídeo em particular impulsionou o sucesso do *TOA* no YouTube. Rachel fez um vídeo chamado "How to Shave Your Legs" [Como Depilar as Pernas] com sua filha adolescente. Isso desencadeou um bom período de monetização, a ponto de Jase decidir largar o emprego e ficar no YouTube com sua família em tempo integral. Os Bennett filmavam tudo na vida normal de uma família, incluindo os momentos de "sustos", como uma criança batendo a cabeça ou se machucando de alguma outra forma. Então, veio a Lei de Proteção e Privacidade Online Infantil (COPPA) e uma resposta extremamente rígida do YouTube: todo o conteúdo infantil "questionável" foi desmonetizado, incluindo o *The Ohana Adventure* por causa de seu conteúdo de "sustos". Esse foi um duro golpe para a família Bennett, cujo sustento dependia da renda no YouTube.

Eu conversei com Jase e Rachel nessa época. Falamos sobre a importância de criar relacionamentos de dados entre seus vídeos e fazer seu conteúdo chegar no feed de Sugeridos. Falamos sobre colaborar com outras famílias vlogueiras. Eles desenvolveram um novo plano baseado nessas ideias e se comprometeram a executá-lo. Rachel estava determinada a colocar seu canal de volta nos trilhos, então deu a si mesma um prazo para restabelecer a monetização e começou a trabalhar para fazer um conteúdo melhor.

Jase e Rachel se cercaram de pessoas com opiniões semelhantes e fizeram ótimas colaborações. Até compartilharam público, temas e agendamentos de upload com outras famílias vlogueiras do mesmo estilo. Eles se certificaram de que seu público tivesse bons dados cruzados com os canais que escolheram para fazer colaborações, de modo que os espectadores certos assistissem a seu conteúdo. Toda segunda-feira à noite, durante dois anos, eles faziam uma live jogando em família. Sabiam que a consistência era importante, então nunca pularam uma semana sequer. Essa foi uma nova estratégia, que deu ao seu público a oportunidade de se conectar mais profundamente. Os espectadores faziam ótimos comentários que lhes davam ideias para mais vídeos, e eles prestaram atenção.

O engajamento do público foi enorme. Quando ouviam as sugestões e agradeciam aos espectadores que as davam, mais de seus espectadores ideais eram atraídos para seu conteúdo. Jase começou a fazer um rap bobo no final de cada live, no qual falava os nomes de usuários dos espectadores. Isso lhe deu a ideia de fazer um vídeo com sua filha parodiando a música "Look What You Made Me Do", de Taylor Swift. A paródia se tornou o vídeo mais visto deles, com mais de 100 milhões de visualizações. Devido ao enorme sucesso desse vídeo, eles fizeram mais a partir de relacionamentos de dados para se conectar a esse balde de conteúdo e ao seu conteúdo geral. Eles fizeram vídeos dos erros de gravação da paródia, dos bastidores e da coreografia. Essa estratégia de criar mais conteúdo sobre o que estava funcionando gerou US$20 mil no AdSense na primeira semana.

Todo canal do YouTube comete erros, e o *TOA* não foi exceção. Jase e Rachel caíram na armadilha da comparação, achando que copiar o que outros criadores de sucesso faziam daria certo para eles. Não deu. Jase ficou preso em uma mentalidade de algoritmo, criando conteúdo para a máquina, e não para os espectadores. Eles pararam de falar com seu próprio público, e seu canal passou de milhões de visualizações por dia para, no máximo, 500 mil. Seu canal estava morrendo, perdendo o impulso e o interesse dos espectadores.

Então eles se reestruturaram. Voltaram aos espectadores ideais, que eram, na verdade, crianças mais velhas, e lentamente retornaram às antigas métricas. Agora, eles têm o cuidado de direcionar o novo conteúdo para o público certo. Os filhos têm canais separados do canal da família, e cada um fala para diferentes públicos com base na faixa etária e em temas específicos. Como cresceram no YouTube, os filhos conhecem bem seu público e fazem um bom trabalho criando conteúdo para seu espectador ideal.

Jase e Rachel escolheram o YouTube como carreira familiar e principal fonte de renda, mas é importante para eles que as crianças continuem se divertindo. Eles vivem e criam sob o mantra "Inspirar, não exigir". Eles tentaram, erraram, analisaram e ajustaram para chegar onde estão agora. Seus canais coletivos têm milhões de assinantes — pessoas que são inspiradas a se divertir à moda antiga e criar relacionamentos familiares saudáveis. A melhor parte é que eles retomaram o Motivo original de quando começaram no YouTube.

Quando perguntei a Rachel que conselho ela daria para si mesma se pudesse voltar ao início do seu canal no YouTube, ela respondeu que diria a si mesma para descobrir qual conteúdo tinha um melhor desempenho, para que pudesse replicar isso. Ser mais consistente. Ter bons metadados e criar relações de visualização de dados entre seus conteúdos. Mas, talvez o mais importante de tudo, diria a si mesma para não deixar os erros a derrubarem. Basta seguir em frente e criar um conteúdo melhor.

O próprio histórico do YouTube segue a fórmula de tentar, errar, analisar e ajustar com decisões baseadas em dados. Jawed Karim, Chad Hurley e Steven Chen fundaram o YouTube com a intenção de torná-lo um site de encontros. Não deu certo, então eles observaram o que estava funcionando bem e mudaram de estratégia para combinar com os dados. Você precisa seguir o exemplo deles e do *TOA* se quiser mesmo fazer sucesso no YouTube. Agora você tem as ferramentas necessárias para ser inteligente na preparação, na criação e no acompanhamento, o que significa que você sabe o que é preciso para tentar, errar, analisar e ajustar com base nos dados. Utilizar os dados em seu benefício elimina as suposições do seu canal do YouTube, contribuindo para o seu sucesso e lhe dando uma incrível sensação de competência.

Você fez um ótimo trabalho neste livro. Aprendeu como a IA mudou ao longo do tempo e como cada fonte de tráfego agora tem seu próprio algoritmo para atender. Foi muito importante aprender isso, pois o ajudou a assumir o controle de sua própria presença no ecossistema, em vez de culpar o YouTube por seus fracassos. Agora você sabe que há muitas oportunidades — um mundo inteiro de visualizações para obter e dinheiro para ganhar. Existem inúmeras maneiras de interagir e ter sucesso por meio da comunidade, de colaborações, negócios com marcas e muito mais.

À medida que crescer como criador, alinhe suas prioridades e condutas com o que o YouTube deseja. Dê mais importância a fazer com que os espectadores cliquem no seu vídeo, pois, se não clicarem, não assistirão. E, quando conseguir com que assistam a um vídeo, faça-os assistir a outro. Pense no espectador como uma pessoa, não um número, para realmente saber quem ele é e prever a que essa pessoa pode querer assistir. O espectador é tudo! E lembre-se de que o sucesso no YouTube não é uma loteria. Não pense que Jase e Rachel Bennett foram "sortudos". Entenda que qualquer um pode fazer isso — incluindo você — com a mentalidade e as ferramentas certas.

Espero ter aberto seus olhos para o poder do YouTube de mudar vidas e empresas — ele oferece um lugar para cada um de nós alcançar o mundo inteiro, não importa onde moremos ou quais sejam nossas circunstâncias. Se você cair, basta se levantar, reestruturar, analisar, entender e, então, continuar criando um ótimo conteúdo pelo qual você é apaixonado, seja um vlog, uma confecção de colchas ou a construção do seu próprio negócio. Encontre seu público e fale com ele. Crie para ele, ouça-o e nunca sacrifique sua mensagem por nada nem por ninguém. Quando algo não estiver dando certo, observe seus dados e faça ajustes inteligentes para dar ao seu conteúdo a melhor chance de ser descoberto e assistido. Essa é a Fórmula do YouTube. Use-a e veja a mágica acontecer.

# APÊNDICE: CURSO COMPLEMENTAR GRÁTIS DA *FÓRMULA DO YOUTUBE*

Eu não poderia escrever um livro sobre o YouTube sem fornecer material em vídeo. Então criei um curso complementar gratuito para ajudar a guiá-lo pela *Fórmula do YouTube*. Ele inclui conteúdo em vídeo, planilhas e todos os recursos e links mencionados neste livro. Recomendo que você se inscreva.

Acesse o seguinte link para obter acesso gratuito:

www.ytformulabook.com/go [conteúdo em inglês]

# SOBRE O AUTOR

Derral Eves é um dos principais especialistas em YouTube do mundo. É CEO da Creatus, uma empresa de marketing de vídeo e estratégia, e fundador do VidSummit, um evento anual em Los Angeles para criadores de vídeo e profissionais de marketing. Ele ajudou 24 canais do YouTube a ir de zero a mais de 1 milhão de inscritos e gerou 54 bilhões de visualizações no YouTube.

Derral é fundador, CEO e produtor executivo de *The Chosen*, o projeto cinematográfico de maior arrecadação em crowdfunding de todos os tempos. Também foi produtor executivo de várias campanhas de vídeos virais, incluindo o anúncio do unicórnio que faz cocô de sorvete, da Squatty Potty. Derral trabalha com alguns dos maiores criadores do YouTube do mundo, incluindo MrBeast, que tem dezenas de milhões de inscritos e um dos canais de crescimento mais rápido no YouTube.

Derral foi destaque em várias mídias: *The Today Show, Good Morning America*, NBC, ABC, CBS, Fox, ESPN, Forbes, World Religion News e muito mais, além de estar na lista "20 Must Watch YouTube Channels That Will Change Your Business" [20 Canais Imperdíveis do YouTube que Mudarão o Seu Negócio], da Forbes.

A paixão de carreira e a missão pessoal de Derral é ajudar indivíduos, marcas e empresas a ter um impacto positivo no mundo, mas sua maior paixão é sua família: sua esposa, Carolyn, e seus cinco filhos maravilhosos, Ellie, Logan, Kelton, Thatcher e Bridger.

## ESTE NÃO É UM AGRADECIMENTO NORMAL

**Q**uero agradecer a você, leitor. Você é uma parte importante do motivo pelo qual faço o que faço.

Deixe-me contar uma história rápida sobre o nosso propósito:

Quando eu tinha doze anos, fui acampar com meu avô Jack. Acampamos no topo de uma montanha, perto de um açude com vista para as rochas vermelhas do Parque Nacional de Zion, em Utah. Era o lugar mais bonito para acampar. De manhãzinha, eu estava dormindo em nossa barraca quando vovô Jack me acordou antes do nascer do sol e me pediu para dar uma volta com ele pelo açude. Àquela hora, a água calma parecia uma chapa de vidro. Tudo estava em paz quando a primeira luz do dia começou a atingir o pico sobre as majestosas montanhas de Zion. Então um raio de luz disparou sobre as montanhas, refletindo sobre a água, e foi o momento mais bonito e sereno. Naquele momento, o vovô Jack se abaixou e pegou uma pedra. Com a pedra na mão, ele disse: "Derral, você é como esta pedra. Você é cabeça dura, forte e um pouco imperfeito. A água é o mundo..." e jogou a pedra na água, quebrando a superfície vítrea e criando pequenas ondas por todo o açude. "O que você faz pode impactar muitas pessoas", disse o vovô Jack. "Que impacto você terá no mundo? Ser bom ou ruim?" E ele se afastou, me deixando sozinho para refletir sobre a lição de vida que acabara de me ensinar. Eu acampei com meu avô muitas vezes, e ele nunca falara nada assim antes. Foi tão fora do comum que me deixou um pouco perplexo. Como falei, eu tinha apenas doze anos, então o poder da mensagem não me atingiu totalmente na época, mas ela continuou comigo ao longo dos anos. Voltei a ela muitas vezes na vida. Obrigado, vovô Jack, pela lição mais poderosa, que me impactou de todos os jeitos. Ela continua a influenciar as decisões que tomo nos negócios e na vida pessoal.

Agora, de volta a VOCÊ. Você é sua própria pedra. Seu conteúdo e sua mensagem afetarão o mundo. Meu desafio para você é usar o que eu ensinei neste livro para impactar o mundo de forma positiva. Entretenha, inspire, motive, eduque e eleve a humanidade com o YouTube. Cerque-se de pessoas que o impulsionam, motivam e ajudam a impactar a vida alheia definitivamente.

Quero agradecer à minha esposa, Carolyn, por seu apoio constante, amor e paciência com toda a minha loucura ao longo dos anos. Aos meus filhos, Ellie, Logan, Kelton, Thatcher e Bridger, por apoiarem um pai que não tem um emprego normal. Espero que as vantagens de sair com seus YouTubers favoritos e viajar pelo mundo tenham sido uma boa troca.

Agradeço aos meus pais por sempre darem suporte à minha maneira única de aprender o que eu precisava aprender. Vocês são uma fonte constante de apoio e força para mim.

Agradeço a Melissa Young por controlar meu TDAH, encurralando meus pensamentos para escrever este livro, e por ser uma defensora constante de cada um dos meus projetos malucos. Também quero agradecer a seu marido e a seus filhos pelo espaço e pelo tempo que ela permaneceu afastada deles, ao bel prazer da minha agenda insana. Tivemos dias longos e ficamos longe de nossas famílias. Não teríamos terminado este livro sem o apoio deles.

Um grande obrigado aos meus sócios e à minha incrível equipe, que me ajudaram a cumprir prazos e a reagendar reuniões e tarefas enquanto eu terminava este livro.

Por último, quero agradecer ao meu professor da terceira série por me fazer ficar em um canto por uma semana inteira. Mesmo que tenha me dado esse castigo para tentar me humilhar, o que realmente fez foi acender minha chama-piloto e alimentar meu fogo para ser quem eu sou. Aprendi que eu não precisava me conformar com o padrão para ter sucesso, e foi isso o que me trouxe até aqui.

www.dvseditora.com.br

**Impressão e Acabamento | Gráfica Viena**
Todo papel desta obra possui certificação FSC® do fabricante.
Produzido conforme melhores práticas de gestão ambiental (ISO 14001)
www.graficaviena.com.br